Hartwig Hausdorf

Wenn Götter Gott spielen

HARTWIG HAUSDORF

# Wenn Götter Gott spielen

*Unsere Evolution kam aus dem All*
*Die Schöpfung war programmiert*

Mit 33 meist farbigen Fotos
und 10 Abbildungen

LANGEN MÜLLER

*Bildnachweis*

Archiv Autor: 2, 3, 5, 7, 10, 10 a, 12, 13, 14,
15, 16, 17, 22, 23, 25, 26, 27, 28, 29, 31
Peter Brookesmith: 11, 30
Erich von Däniken: 8, 9
Reinhard Habeck: 1
Walter Kessler: 4, 6
Peter Kolosimo: 21
Walter-Jörg Langbein: 24
Valerij Ouvarov/Werner L. Forster (UFO-Nachrichten):
32, 33, Vor- und Nachsatz
Herbert Schneider: 19
John R. R. Searl: 18
Arthur Strauch: 20

*Vor- und Nachsatz:*
*Geheimnisvolle, zum Teil mikroskopisch kleine Artefakte gab*
*der Boden im russischen Ural-Gebirge frei. Sie bestehen aus Kupfer,*
*Wolfram und Molybdän, und ihr Alter wurde mit mehr als*
*300 000 Jahren ermittelt! Was war ihr Zweck, und vor allem:*
*Wer stellte sie her? Die »Götter« aus dem All, die seit undenklichen*
*Zeiten ihr »Experiment Erde« durchführen?*

Gedruckt auf chlorfrei gebleichtem Papier

© 1997 Albert Langen/Georg Müller Verlag
in der F. A. Herbig Verlagsbuchhandlung GmbH, München
Alle Rechte vorbehalten
Umschlaggestaltung: Wolfgang Heinzel
Umschlagbild: The Image Bank, München
Grafiken: Jutta Ostermaier, Griesstätt
Reproduktion des Bildteils:
EPS, Electronic Publishing Service GmbH, München
Satz: Schaber Satz- und Datentechnik, Wels
Gesetzt aus 11/13 Punkt Stempel Garamond in PostScript
Druck: Jos. C. Huber KG, Dießen
Binden: R. Oldenbourg, München
Printed in Germany
ISBN 3-7844-2612-3

# Inhalt

# Vorwort

>»Vielleicht ist die Behauptung, die außerirdischen Raumfahrer seien nicht mehr wiedergekommen und kämen auch nicht mehr, nicht einmal richtig; vielleicht sollten wir uns auf die Feststellung beschränken, daß wir seit einiger Zeit keine direkten Verbindungen mehr zu ihnen haben. Wenn es so wäre, ließe sich unsere Lage mit jener der Bewohner eines kleinen Gebietes vergleichen, die oft hoch am Himmel Flugzeuge dahinfliegen, aber Generationen hindurch keines herunterkommen sehen, so daß sie nicht mit deren Insassen sprechen können.« (Peter Kolosimo, 1922–1978)

Von Zeit zu Zeit ist es unumgänglich, Standpunkte zu überprüfen, scheinbar feststehende Tatsachen zu hinterfragen, kurzum, altvertraute Weltbilder zu ändern. Vor zweitausend Jahren teilten die meisten Menschen die Überzeugung, daß unsere Erde eine flache Scheibe sei. Und besonders ängstliche Zeitgenossen wurden nicht müde, davor zu warnen, zu nahe an den Rand der Erdscheibe zu gehen, um nicht ins Bodenlose zu stürzen. Dann setzte sich ein neues Weltbild durch, in dem die Sonne, die Planeten und andere Gestirne um die Erde kreisen. Der Kirche gefiel dieses Modell ausgesprochen gut – predigte sie doch schon immer den Menschen als die »Krone der Schöpfung« und unseren blauen Planeten als den einzigen Ort im unendlichen Universum, an dem intelligentes Leben existiert. »Draußen« schien nur ewige Finsternis und Leere.

Auch dieses Weltbild ist überholt, und es erscheint uns wie ein makabrer Treppenwitz der Geschichte, daß zahlreiche brillante und weitsichtige Forscher ihre »revolutionären« Erkenntnisse mit dem Leben bezahlen mußten.

Jetzt stehen wir wieder an solch einem kritischen Punkt. Paradigmenwechsel ist angesagt. Zwar kreist die Erde noch immer souverän und unverdrossen um unser Zentralgestirn, aber eine lange ignorierte Erkenntnis setzt sich endlich unaufhaltsam durch. Es ist die Gewißheit, daß unsere Spezies nicht die einzige intelligente – oder sollten wir besser sagen, technologisch entwickelte – im weiten Universum ist. Nie zuvor war die breite Akzeptanz für Themen wie »Götter aus dem Weltraum«, »Unidentifizierte Flugobjekte« und andere grenzwissenschaftliche Probleme größer als heute. Nie zuvor erschienen mehr Bücher und Zeitschriften, Filme und Serien, die sich positiv mit dieser Thematik auseinandersetzen. Die ganze Sache scheint – ein paar Jahre vor der Schwelle zum dritten Jahrtausend – buchstäblich unter den Nägeln zu brennen!

Es ist, als hätte sich mit laut vernehmbarem Krachen eine Tür ins Unbekannte aufgetan, hinter der wir Tatsachen finden, die unser bisheriges Weltbild in den Grundfesten erschüttern. Ganz zaghaft wagen wir die ersten Schritte, verunsichert, denn wir wurden ja stets vor dieser Tür ins Unbekannte gewarnt. Vertreter der Kirchen, redegewandte Fernseh-Professoren – kurzum, die Gralshüter jenes nun unaufhaltsam vor seiner Wandlung stehenden Weltbildes malten stets den Teufel an diese Tür. Leugneten die phantastische Realität, die dahinter auf uns wartet. Es sind die alten Warner vor dem Schritt an den Rand der Scheibe

Erde, wohl nur im neuen Gewand agierend und geschickt unsere modernen Medien nutzend.

Schon jetzt ist eines sicher: Nach dem Blick auf das geheimnisvolle Unbekannte, so faszinierend oder beängstigend ihn der einzelne auch immer erleben mag, werden wir alle nicht mehr dieselben sein.

Adam und Eva wagten den Griff nach den verbotenen Früchten, die auf dem »Baum der Erkenntnis« wuchsen, und verloren dabei ihr Paradies. Und wenn sie aber nur ihrer *splended isolation* überdrüssig waren, endlich einmal die Welt jenseits ihrer Grenzen zum Unbekannten erleben wollten? Wir haben nun die Chance, eine neue, eine aufregende und grenzenlose Welt zu gewinnen, in der die Antworten auf so viele Fragen, die Lösungen so vieler Ungereimtheiten anstehen.

Folgen Sie mir auf eine spannende Entdeckungsreise ins Unbekannte – stoßen Sie mit mir die Tür zu dieser neuen Welt auf! Im vorliegenden Buch geht es um brandneue, höchst spektakuläre Funde und Begebenheiten, die ich auf meinen Reisen rund um die Welt sammeln und recherchieren konnte. Beginnend vor ungezählten Jahrmillionen, als selbst unser Planet noch beinahe am Anfang seiner Existenz stand, zieht sich ein roter Faden durch die ganze Erdgeschichte bis in unsere Tage. Er verbindet die Etappen eines unglaubliche Zeiträume währenden Experiments – durchgeführt von Intelligenzen, die uns so unfaßbar weit voraus sein müssen, daß unser Vorstellungsvermögen bereits im Ansatz versagt.

Hätten Sie gewußt, daß in einer afrikanischen Uranmine alle Spuren darauf hindeuten, daß dort vor 1 780 000 000 Jahren eine Reaktoranlage in elf Blöcken Atomstrom lieferte? Oder daß kürzlich in Rußland mikro-miniaturisierte Bauelemente aus Wolfram gefunden wurden, denen Untersuchungen an vier Universitäten ein Alter von mehr als 300 000 Jahren bescheinigten? In Peru wurde ein 4000 Jahre alter Schädel gefunden, der haarfeine Metalldrähte aufwies – ähnlich jenen Implantaten, von denen immer häufiger im Zusammenhang mit den alptraumhaften UFO-Entführungen unserer Tage berichtet wird.

Letztendlich sollen all diese Indizien doch einen gemeinsamen Zweck erfüllen: Unser festgefahrenes Weltbild umzustürzen, und den Beweis anzutreten, daß unsere Vergangenheit, aber auch unsere Gegenwart noch weit phantastischer sind, als wir es uns gemeinhin träumen lassen.

Die wahre Seite der Realität zu verdrängen, wäre der falsche Weg. Wir könnten sonst eines Tages vor einer Situation stehen, die uns noch weit mehr schockiert und in Panik versetzt als Orson Welles' Hörspiel »Krieg der Welten« im Jahre 1938 die Bevölkerung der Ostküste der USA.

Wenn es sich nicht länger verheimlichen läßt, daß seit undenklichen Zeiten ein paar »Götter« Gott gespielt haben. Und dies in unseren Tagen noch immer ungeniert tun!

# 1  Science-fiction in Stein: »UFO-Graffiti« vor 12000 Jahren

Unsere unbekannten Vorfahren aus dem Magdalénien – dies ist eine jüngere Periode der Altsteinzeit, die von den Archäologen zwischen 20000 und 10000 v. Chr. datiert wird – müssen gute Beobachter und darüber hinaus begnadete Künstler gewesen sein. Mit Sicherheit jedoch nicht jene grobschlächtigen und grunzenden, in Tierfelle gehüllten Wilden, die wir noch immer am liebsten in ihnen sehen. Von der Stilrichtung her dem Realismus zugetan, schufen sie in zahlreichen Höhlen der französischen Départements Dordogne und Ariège sowie der spanischen Provinz Santander Wandgemälde von atemberaubender Schönheit und unglaublicher Perfektion.

1940 wurde die heute berühmteste dieser Grotten entdeckt: Lascaux bei Montignac im Département Dordogne. Sie birgt weit über 1000 Felsmalereien und Gravierungen, faszinierend und lebensecht in der Darstellung, farbenprächtig und naturalistisch in ihrer Ausführung. Die prähistorischen Meister, die sie schufen, müssen ihr Handwerk perfekt verstanden haben. Der Betrachter, der in die Tiefe dieser Höhle steigt – die im Kampf gegen zerstörende Umwelteinflüsse mittlerweile durch drei große Metalltüren geschützt ist und elektrisch entlüftet wird –, hält vor Staunen den Atem an. Schnaubende Stiere blicken ihm von den rauhen Felswänden entgegen, zottige Bisons, galoppierende Wildpferde, flüchtende Hirsche und scheue Steinböcke. Zögernden Schrittes betritt er den »Saal der Stiere«. Was ihm hier an ziegelroten, ockergelben und braunschwarzen Farben von den Wänden entgegenleuchtet, ist von einer solchen Wildheit und Natürlichkeit, daß ihm die Worte fehlen, dies alles halbwegs plastisch wiederzugeben.

Kein Zweifel: Diese Künstler wußten, was sie schufen, sie setzten ihre hervorragende Beobachtungsgabe naturgetreu in exzellente Bilder um.

Gleichsam berühmt wurden die 200 Meter in den Fels hineinreichenden Wohnhöhlen von Altamira, in der spanischen Provinz Santander gelegen. Diese Zuflucht steinzeitlicher Menschen wurde bereits im Jahre 1879 entdeckt. Als aber im darauffolgenden Jahr Don Marcellino de Sautuola vor dem internationalen Archäologenkongreß in Lissabon seine Entdeckung der Höhlenmalereien bekanntgab, beschuldigten ihn die anwesenden Wissenschaftler einer plumpen Fälschung. Auch sein Argument, daß kein einziger zeitgenössischer spanischer Maler imstande wäre, längst ausgestorbene Tiergattungen auf solch realistische Weise darzustellen, verschaffte ihm kein Gehör vor dem akademischen Gremium. Darum rückte Altamira erst viele Jahre später, nach den Ausgrabungen in den südfranzösischen Höhlen, in den Blickpunkt der interessierten Öffentlichkeit.

Auf einer etwa 9 mal 18 Meter großen Höhlendecke waren in den Farben Braun, Rot, Gelb und Schwarz wundervolle Kunstwerke gemalt – uralt und doch so frisch wirkend, als hätte der Künstler gerade erst seine Palette aus der Hand gelegt.

Da waren 17 Bisons in natürlicher Haltung, scharrend, brüllend, am Boden liegend und von Speeren getroffen verendend. Daneben befanden sich Bilder von Wildschweinen, von einem Wildpferd, einem Reh und einem Wolf. Die Darstellung eines Wisents – ein Urrind, das heute bis auf Reste fast vollkommen ausgerottet ist – überzeugt durch eine so lebensechte Ausführung, daß der Betrachter wohl keineswegs verwundert wäre, wenn das steinzeitliche Ungetüm plötzlich aus dem Stand heraus zu einem kühnen Sprung ansetzen würde!


## Flugobjekte am Steinzeithimmel

Aber es waren nicht nur die jagdbaren Wildtiere ihrer Umgebung, die uns die steinzeitlichen Jäger an den Wänden ihrer Höhlendomizile hinterließen – als eine Art Jagdzauber, wie die meisten Archäologen vermuten. Irgend etwas, das am Himmel vor sich ging, mußte gleichfalls ihre Aufmerksamkeit erregt haben. Und dieses ominöse »Etwas« muß in den Augen jener prähistorischen Realisten ebenso bedeutend gewesen sein, daß sie es als Höhlenzeichnung ihrer Nachwelt hinterließen.

Die vorzeitlichen Menschen beobachteten Dinge am Himmel, deren Formen in frappierender Weise den Erscheinungen gleichen, die wir heute als UFOs bezeichnen, als unidentifizierte, fliegende Objekte.

Bleiben wir noch kurz in der gerade beschriebenen Höhle von Altamira. In dieser bei der Ortschaft Santillana im Norden der Iberischen Halbinsel gelegenen Höhle fand man diverse Zeichnungen von teller- oder ellipsenförmigen Objekten, die an die bei heutigen UFOs verbreiteten Formen erinnern. Bei einem dieser Objekte ist daneben sogar eine kleine Gestalt abgebildet. Ein neugieriger Urmensch oder einer der »von oben, aus dem Himmel gekommenen Götter«?

Von den Archäologen werden die Zeichnungen in diesen Höhlen auf durchschnittlich 12 000 Jahre datiert. Wohlgemerkt, jene, auf deren Echtheit man sich nach langem Hin und Her und den üblichen Fälschungsvorwürfen einigen konnte. Aber die diskusförmigen Gebilde werden unter den Tisch gekehrt, glattweg totgeschwiegen. Denn der Gedanke, die vorzeitlichen Felsbildkünstler könnten ebenso realistisch, wie sie die Tiere ihrer vertrauten Umgebung darstellten, auch technisch interpretierbare Objekte verewigt haben, erscheint auf den ersten Blick sehr spekulativ und bereitet jenen, welche die Möglichkeit von »Götterbesuchen« in unserer Vergangenheit vehement ablehnen, natürlich heftigste Magenschmerzen.

Ist diese kühne Idee tatsächlich so weit hergeholt, wie das im ersten Moment scheinen mag? Oder wurden unsere steinzeitlichen Vorfahren de facto mit etwas konfrontiert, das ohne jede Vorwarnung »von oben« in deren Welt einbrach?

In der nordspanischen Provinz Santander, im Golf von Biscaya, befinden sich – weit weniger bekannt als Altamira – die Höhlen von La Cullavera bei Ramales sowie La Pasiega bei Puente Viesgo. Auch an diesen Orten finden sich Gravuren jener »typischen« UFO-Formen. Deren Entstehen wird zwischen 13 000 und 10 500 v. Chr. datiert. Allerdings hört man auch im Kontext mit diesen beiden Fundorten nie etwas von den aus dem Rahmen fallenden Gravuren. Gezeigt und beschrieben werden immer nur jene Dinge, die problemlos in unser Weltbild passen.

Ähnliches, ja fast Gleichartiges auch auf der französischen Seite der Pyrenäen. Auf eine Entstehungszeit um 12 000 v. Chr. schätzt man Darstellungen UFO-ähnlicher Objekte in den Höhlen von Naux im Departement Ariège. Besonders pikant an diesen Malereien ist, daß sie so angelegt wurden, als zeigten sie die unbekannten Objekte in vollem Flug, mitten aus der Bewegung heraus (s. Abb. 1, Fig. 4). Ein UFO-

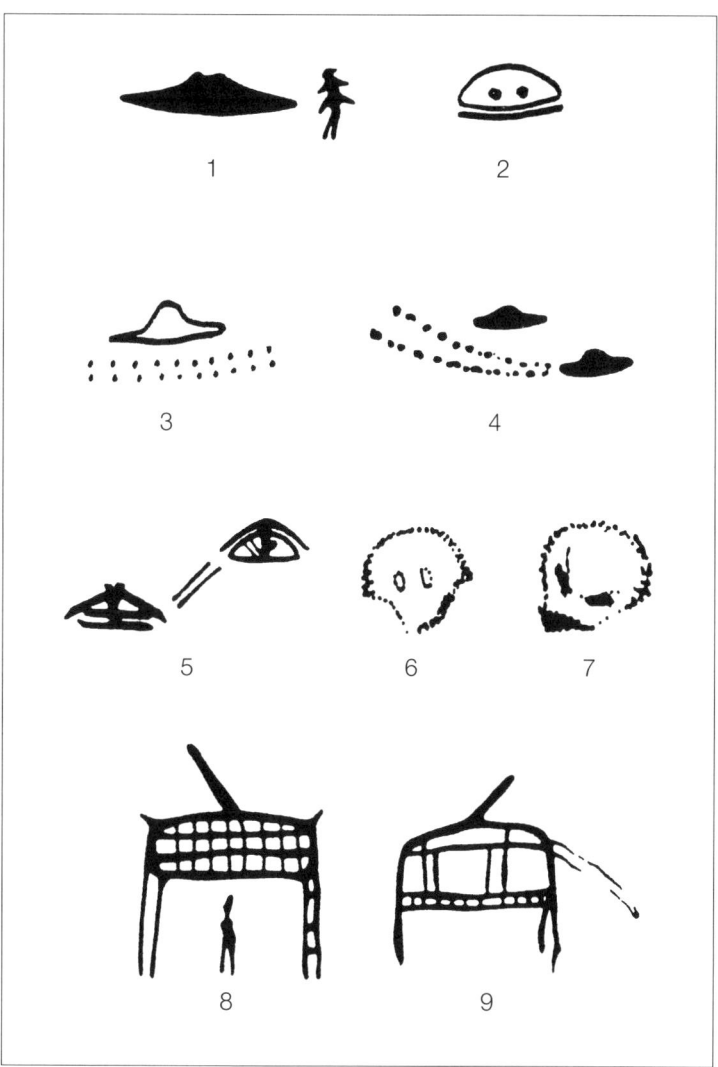

*Abb. 1  Science-fiction in Stein? Die seltsamen Höhlenzeichnungen, die uns spontan an das UFO-Rätsel unserer Tage erinnern, stammen aus: 1, 2 Altamira, Spanien, 3, 4, 5 Naux, Dépt. Ariège, 6 Les Combarelles und 7 Rouffignac, beide Dépt. Dordogne, 8, 9 Ussat, Dépt. Ariège, 3–9 Frankreich.*

17

ähnliches Gebilde mit einer Kuppel, das sich im Steigflug zu befinden scheint, zeigt auch eine Höhlenzeichnung, die auf dem mexikanischen Teil der kalifornischen Halbinsel, der Baja California, entdeckt wurde. Welche sensationelle Botschaft wurde – hier wie dort – dem Felsen anvertraut?

In den Grotten von »Les trois frères« bei Montesquieu (Ariège) finden wir seltsame dachförmige Symbole, von denen eines sogar eine kleine Treppe zu besitzen scheint. Und in Ussat im selben Département wieder scheibenförmige Zeichnungen sowie eine Konstruktion, die den französischen UFO-Forscher Aimé Michel an die Mondfähre des amerikanischen »Apollo«-Programms erinnert. Eine dieser Abbildungen ist von einer menschenähnlichen Gestalt begleitet.[1]


## Die »kleinen Grauen« – in Stein

Richtig unheimlich aber wird es in den Höhlen von Les Combareilles bei Les Eyzies und Rouffignac bei Fleurac, beide im Département Dordogne gelegen. Neben den schon bekannten elliptischen Formen findet man fremdartige, humanoide Köpfe, die mitunter sogar die Gesichtsform der schreckenerregenden »kleinen Grauen« aus den unheimlichen Begegnungen unserer Tage wiederzugeben scheinen. Ein Riesenschädel mit spitzem Kinn, jedoch ohne Mund, Nase und Ohren, die Augen bestehen dafür aus schrägen, nach oben verlängerten Strichen.

Haargenau dieselben »Humanoidenköpfe« haben uns jene unbekannten Steinzeitkünstler hinterlassen, welche die Höhlen von Peche Merle bei Cabarets im Département Lot bewohnt haben. Hatten auch sie unheimliche Begegnungen mit »von oben« gekommenen Wesen, die sie in Stein verewigten?

Diese Künstler des Paläolithikums aber sind bekannt dafür, daß sie völlig naturgetreu jenes wiederzugeben vermochten, was sie zu Gesicht bekamen und auch wiedergeben wollten. Man kann nicht umhin, ihnen absolute Glaubwürdigkeit zuzusprechen. Gegner der Theorie vom Besuch außerirdischer Intelligenzen auf unserem Planeten werden sicher einwenden, die altsteinzeitlichen Künstler hätten hier nichts als »abstrakte Formen« dargestellt. Wenn aber diese Zeichnungen partout nichts Gegenständliches darstellen sollen, dann müssen wir uns die folgende Frage gefallen lassen: Warum sollten Künstler, die auf *allen anderen* Gebieten so stark an einen puren Realismus gebunden waren, ihrer Phantasie ausgerechnet dadurch Ausdruck verliehen haben, daß sie mit geradezu unheimlicher Genauigkeit Formen schufen, welche viele tausend Jahre später zum Synonym eines weltweiten Rätsels werden sollten? Das der unbekannten Flugobjekte in unseren Tagen …

In absolut perfekter Stilisierung tauchen die häufigsten Formen von UFOs auf, wie sie uns von zeitgenössischen Fotos, aber auch durch Rekonstruktionen nach glaubwürdigen Zeugenaussagen vertraut geworden sind. Noch eine Tatsache ist in diesem Zusammenhang erwähnenswert: Einige dieser »unmöglichen« Zeichnungen befinden sich vorzugsweise an den Decken der Höhlen, in jeder denkbaren Position, oft in kleinen Gruppen bis zu vier Objekten. Charakteristisch ist auch, daß der Teil der Höhlendecken, der für diese Dinger reserviert ist, von ihnen allein ausgefüllt wird, unbeeinträchtigt von anderen Zeichnungen und Gravuren. Bei den angrenzenden Flächen ist das völlig anders: Dort wimmelt es von zusammengedrängten, oft sogar übereinanderliegenden Tierdarstellungen.[1]

Es hat den Anschein, als hätten die Künstler aus dem Magdalénien die Bedeutung jener unbekannten Objekte hervorheben und darauf aufmerksam machen wollen, daß sie ganz anders waren als alles, was den Bewohnern dieses Gebietes bekannt und auch vertraut gewesen ist.

Mir ist durchaus bewußt, daß sich hier ein weites Feld für mehr oder weniger gewagte Spekulationen auftut. Üblicherweise werden diese »UFO-Graffiti« von der Archäologie als »magische Kult- oder Sexualsymbole« der Cro-Magnon-Menschen interpretiert. Dies erinnert mich ganz frappierend an die unbeholfene Erklärung, welche man mir in der Akademie der Wissenschaften in der chinesischen Hauptstadt Beijing für die Abstammung der Form der chinesischen Pyramiden gab. Es sei das umgestülpte alte Kornmaß »Dao« gewesen, das als Formgeber für die in so großer Anzahl im Reich der Mitte herumstehenden, himmelweisenden Bauwerke herhalten mußte. So erklärten es mit vollem Ernst die gelehrten Herren, und ich will ihnen noch nicht einmal eine bewußte Täuschungsabsicht unterstellen, eher einen gewissen Mangel an Realitätsnähe.[2]

Natürlich kann man es auch gewaltig übertreiben mit solchen an den Haaren herbeigezogenen Erklärungsversuchen. Und was die angeblichen »Sexualsymbole« der Cro-Magnon-Menschen betrifft, würde Sigmund Freud noch aus dem Grab heraus aufs heftigste protestieren ob solch grober Fehlinterpretationen!

Merkwürdig im Zusammenhang mit den hier besprochenen »UFO-Formen« ist allerdings, daß man auch in anderen Teilen dieser Welt ganz ähnliche Abbildungen findet. Beispielsweise auf der legendenumwobenen Mondinsel im bolivianischen Teil des Titicaca-Sees. Und auch die alten Römer kannten entsprechendes. Sie betrachteten die »Ancilla«, die »heiligen Schilde« als Symbole gesichteter

Himmelsfahrzeuge.[3] Abbildungen diskusförmiger Objekte fanden sich auch auf Höhlengemälden, welche in Brasilien entdeckt wurden. Zuweilen sind sie in unmittelbarer Nähe von Abbildungen der Sonne, des Mondes und anderer Gestirne dargestellt.[4, 5]

Könnte es sich letztendlich nicht doch um das Ideogramm der Fahrzeuge jener aus den Tiefen des Alls gekommenen Präastronauten handeln, die unserem Bild von unbekannten Flugobjekten ausgesprochen nahekommen?


## Expedition zur Erde

Kehren wir noch einmal zurück in die steinzeitlichen Höhlen Frankreichs und begeben uns an die Cote d'Azur. Unter der Weltstadt Nizza, nur einen Katzensprung von der mondänen »Promenade des Anglais« entfernt, praktisch unter den Fundamenten unserer Zivilisation, befinden sich die Höhlen von Lazaret. Zu Anfang des 20. Jahrhunderts wären sie um ein Haar in die Luft gesprengt worden, als man den Plan gefaßt hatte, an ihrer Stelle die Umkleidekabinen eines Seebades zu errichten. Daß man dort bereits reiche prähistorische Funde gemacht hatte, störte die Planer in jenen Tagen herzlich wenig, und so begann man mit dem zerstörerischen Werk. Bei den ersten Sprengungen kamen jedoch Elefantenknochen zum Vorschein – Elefanten sind an den europäischen Mittelmeerküsten schon seit Hunderttausenden Jahren ausgestorben! Und so legte man die Pläne für den Ausbau dieses Seebades erst einmal beiseite.

In den fünfziger und sechziger Jahren kamen weitere Fossilien zum Vorschein, als ein pensionierter Marine-Offizier zusammen mit ein paar freiwilligen Helfern ausgiebige Grabungen unternahm. Darunter befand sich der Stirnknochen eines humanoiden Geschöpfes, das vor schätzungsweise 150 000 Jahren dort gelebt haben mußte. Die gut erhaltenen Abdrücke der Blutgefäße im Gehirn des freigelegten Schädelfragments deuten auf nicht unerhebliche geistige Fähigkeiten hin, wie auch die Geräte, die man in unmittelbarer Nähe der Knochen entdeckt hat und die einen verhältnismäßig hohen Stand der Technik verraten.

Dieser »Mensch von Lazaret« war seinerzeit bereits imstande, Stecheisen, Dolche und keulenartige Waffen herzustellen, deren Gewichtsverteilung er intelligent berechnet haben mußte. Unter allen Artefakten war das verblüffendste Stück ein geschickt gespaltener Griff aus Hirschknochen, an dessen Innenseite mehrere aus den Schulterblättern gewonnene Klingen aufgereiht sind. Das Ganze ist wohl der Vorläufer der »Tandemklinge«, des praktischen und gründlichen Naßrasierers von heute.

Wer mag dieser Mann gewesen sein, der zu einer Zeit, als am nordafrikanischen Strand des Mittelmeeres noch der Pithekanthropus grunzte, sogar das Bedürfnis nach einer gepflegten, glatten Rasur verspürte? Ein gestrandeter »Besucher« von einem fremden Planeten oder ein Bewohner unserer Erde, dem aus den Tiefen des Universums gekommene Kosmonauten die ersten Grundlagen der Zivilisation gebracht hatten?

Beide Annahmen sind natürlich kühne Spekulation, wenn auch denkbare, und vielleicht trifft letztlich keine dieser Möglichkeiten zu. Aber die Funde, die man knappe 20 Kilometer von den Höhlen von Lazaret entfernt gemacht hat, geben reichlich Grund zu der Annahme, daß »irgend jemand« auf der Suche nach Mustern unserer irdischen Fauna gewesen ist. In der Höhle von Vallonet bei Roquebrune-Cap-Martin (Département Alpes-Maritimes) förderten Forscher des *Centre National des Recherches Scientifiques* (CNRS) Spuren menschlichen Lebens aus der Quartärzeit (der jüngsten, bis in die Gegenwart reichenden Periode der erdgeschichtlichen Neuzeit; Dauer etwa 1 000 000 Jahre) zutage. Dieser Ort ist darüber hinaus ein richtiger »Friedhof« exotischer Tiere.[6]

Man kann davon ausgehen, daß Elefanten, Rhinozerosse, Löwen, Meerkatzen und sogar Wale wohl kaum von selbst in diese gerade 25 Quadratmeter große Höhle gekommen sind, um sich dort letztendlich zum Sterben niederzulegen. Die romantische Legende vom Tierfriedhof, wie sie von den großen Forschungsreisenden gerne den unerschlossenen Gegenden Zentralafrikas zugeschrieben worden sind, zieht hier nicht. »Irgend jemand« muß die Viecher von wer weiß woher an diesen sinistren Ort befördert haben. Womit und zu welchem Zweck?

Waren es vorgeschichtliche Menschen – oder jemand anderer? Stellen wir uns doch einmal das Szenario vor, welches Forscher auf einem fremden, von Lebensformen nur so wimmelnden Planeten erwarten würden. Eine der Hauptaufgaben der Biologen »unserer« Astronautentruppe wäre es, Musterexemplare der lokalen Fauna einzufangen und eine repräsentative Sammlung von allerlei Getier des besuchten Planeten anzulegen. In ihrer ungezügelten Wißbegierde ließen es sich unsere Expeditionsteilnehmer sicher nicht nehmen, die gefangenen Exemplare eingehend zu untersuchen, letztlich aber zu töten und zu sezieren. Aber – würde *nur* nach Tieren gesucht?

Einige Spuren in der Höhle von Vallonet weisen darauf hin, daß auch menschliche Wesen auf irgendeine Weise an dieser Sammlung beteiligt gewesen sind. Als Sammler wahrscheinlich nicht. Schon eher als – Sammelobjekte. Es wird unheimlich...

## »Fliegende Teufel« im Müllertal

Kehren wir von dieser wenig anheimelnden Vorstellung außerirdischer Experimentierfreude am lebenden Objekt zurück zu den nicht weniger phantastischen, dennoch greifbaren Hinterlassenschaften an Fels- und Höhlenwänden.

In der östlichen Ecke des Großherzogtums Luxemburg, nur einen Steinwurf von der deutschen Grenze bei Echternach, befindet sich das landschaftlich noch zur südlichen Eifel gehörende »Müllertal«. Mit seinen bizarren Sandsteinfelsen aus der Liasformation (einer Periode der Jurazeit vor etwa 180–160 Millionen Jahren) ist es ein beliebter Anziehungspunkt für Amateurarchäologen und Hobbygeologen. Auch Felszeichnungen aus mutmaßlich prähistorischer Zeit sind hier zu finden.

Westlich der »Schwarzen Enz« liegt hier am Ausläufer eines felsigen Höhenzuges die aus dem Mittelalter stammende »Heringerburg«. Ihre Überreste sind spärlich, da sie neben Felsblöcken nur noch aus einigen wenigen Mauerresten besteht. Etwa einen knappen halben Kilometer nord-nordöstlich davon sind Wall und Graben einer einstigen Fliehburg zu sehen. Jener Graben wiederum wird an seinem östlichen Eingang von zwei Felsengruppen eingesäumt, an deren linker Ecke sich eine leicht überhängende Felswand befindet.

In etwa eineinhalb Meter Höhe über dem Erdboden ist dort eine seltsame Felszeichnung eingraviert. Mit einer Höhe von exakt 20,5 und einer Breite von 14,5 Zentimetern erinnert es an eine Kreuzung zwischen einem Pfeil und einem Flugzeug. Das dargestellte Objekt weist mit der Spitze zum Himmel, besitzt eine »Rumpfstärke« von 1,5 und eine »Tragflächenbreite« von zwei Zentimetern. Bei einer Einkerbtiefe von bis zu 0,8 Zentimetern ist es sehr sorgfältig und auch relativ gleichmäßig in den Felsen eingraviert.

In der Nähe dieser Zeichnung fand man im Jahre 1909 mehrere in die Jungsteinzeit datierte Relikte menschlicher Besiedlung, ebenso solche, die man in die Bronzezeit verlegte. Unter anderem waren dies ein Dolmen mit einem vorgeblich überlebensgroßen Skelett darin sowie ein pyramidenförmiger Steinblock mit dem Abbild eines Kopfes darauf. Und wenige hundert Meter südwestlich von dieser Stelle fand man auf einer fünf Meter hohen Felswand das Flachrelief eines »schwarzen Mannes«, welcher mit seiner Größe von 1,10 Metern (!) als Gottheit aus vorrömischer Zeit angesehen wird.

Der Altertumsforscher Dr. Ernest Schneider beschrieb und fotografierte diese ominöse Figur erstmals für sein im Jahr 1939 erschienenes Buch »Archäologische Felsenkunde des Luxemburger Landes«. Dr. Schneider hielt die Zeichnung für sehr alt, und er räumte der Möglichkeit, daß sie aus einer späteren Periode der Altsteinzeit stammen könnte, eine durchaus reelle Wahrscheinlichkeit ein. Dies würde auch die Schlußfolgerung einschließen, daß die vorab erwähnte, flugzeugähnliche Gravur ein entsprechend hohes Alter aufweist.

Gerade fünf Kilometer von der oben genannten »Heringerburg« entfernt liegt die kleine Ortschaft Berdorf. In der Nähe jenes Dorfes wiederum befindet sich an einer senkrechten Höhlenwand eine Felszeichnung, die eine geradezu unheimliche Ähnlichkeit mit einem der innovativsten Produkte des modernen Flugzeugbaus aufweist.

Diese uralte Felsgravur sieht dem hochmodernen Strahltriebflugzeug F 117-A – besser bekannt auch als *Stealth-Bomber* – zum Verwechseln ähnlich. Was in diesem Zusammenhang zu gewagten Spekulationen verleiten mag.[7]

Gibt es Hinweise in den lokalen Überlieferungen? In der Tat erzählte man sich in alten Zeiten vom »Heringer Teufel«, welcher hier einst sein Unwesen trieb. Einem »Bock«, der durch die Luft flog und dabei unablässig Feuer spie. War dies alles nur Geschwafel, das sich unsere Altvordern an kalten Winterabenden am wärmenden Kaminfeuer erzählten, als das Fernsehen noch nicht erfunden war?

In meinem ersten Buch »Die weiße Pyramide« schrieb ich seinerzeit: »In der chinesischen Mythologie brachte der metallen glänzende, feuerspeiende Drachen die Urkaiser aus dem Himmel zur Erde herab.«[8]

Beruht also die Überlieferung der fortwährend feuerspeienden, durch die Lüfte fliegenden »Heringer Teufel« ebenfalls auf der Erinnerung an seltsame Objekte, die dort vor Urzeiten ängstlich am Himmel beobachtet worden sind?

## »Schälchen und Ringe«

So etwa zwischen 4000 und 1400 v. Chr. – nach einigermaßen zuverlässigen Schätzungen der Archäologen – kratzten die Bewohner der britischen Inseln Formen in die Felsen, die heute als »Schälchen und Ringe« in die Fachliteratur eingegangen sind. Manche Forscher halten sie für das älteste und verbreitetste Felskunstmotiv auf britischem Boden.[9, 10] Entdeckt wurden derartige Gravuren zumeist an freistehenden Findlingen und im Gelände liegenden Geröllblöcken, vereinzelt trifft man sie aber auch an Felswänden an.

Überwiegend handelt es sich um gleichmäßig runde Einkerbungen, die von einem oder mehreren konzentrischen Ringen umgeben sind. Manche dieser Muster ähneln auch den

Wählscheiben von Telefonapparaten älterer Bauart (s. Bildteil), oder, falls man seiner Phantasie ein wenig freien Lauf läßt, der Darstellung einer Scheibe vom Typ »UFO«. Jedenfalls von unten oder von oben betrachtet.

Man findet diese speziellen Petroglyphen in Irland (Derrynablaha/Kerry) und in England (Ilkley Moore/Yorkshire), wie auch in anderen Teilen Europas. Die größte Verbreitung findet dieses »Schälchen-und-Ringe«-Motiv in Schottland, dort vor allem in der im Nordwesten gelegenen Grafschaft Argyll. Ein ausgezeichnetes Beispiel einer Häufung dieser Steinritzungen befindet sich in *Achnabreck*, in der besagten schottischen Grafschaft. An mehreren Partien freiliegenden Felsgesteins in der Umgebung der *Achnabreck Farm* fand man die wahrscheinlich größte Anzahl dieser Steinzeichnungen an einer einzelnen Fundstelle auf den Britischen Inseln. Diese von lichtem Nadelwald umgebenen Steinplatten – mit einem herrlichen Ausblick über das nahe gelegene Tal von Kilmartin – sind mit »Schälchen und Ringen« geradewegs übersät.

Manche Einzelmotive tragen sogar so etwas wie einen »Schweif«, der den Betrachter unwillkürlich an einen Kometen erinnert. Oder aber an jene UFO-ähnlichen Darstellungen in den zu Anfang dieses Kapitels erwähnten Höhlen von Naux im Département Ariège (Frankreich), welche die unbekannten fliegenden Objekte in voller Bewegung darzustellen scheinen …

Eine weitere, außergewöhnlich reichhaltige Fundstelle in jenem Teil Nordwest-Schottlands liegt bei *Ormaig* am Loch Craignish, nicht weit vom oben erwähnten Kilmartin-Tal entfernt. Es war im Jahre 1971, als man eine glatte, rötliche Felsplatte entdeckte und, als man sie von der darüberliegenden Grasnarbe befreite, wundervoll erhaltene »Schälchen und Ringe« zum Vorschein kamen.

Ich bin mir bewußt, daß ich mich mit meiner kühnen Spekulation nicht gerade auf dem Terrain der klassischen Archäologie bewege. In der Regel mißt man dem Motiv keinen allzu großen Symbolwert bei; es handle sich demnach um »einfache geometrische Spielereien« unserer steinzeitlichen Vorfahren. Und dies soll alles gewesen sein?

Einen Schritt weiter geht da Alexander Thom, Professor für Ingenieurwissenschaften an der Universität von Oxford. Diesem fiel bei der Untersuchung steinzeitlicher Menhir-Setzungen – »Alignements« – auf, daß diesen mathematische wie auch astronomische Prinzipien zugrunde liegen. Thom ist sicher, daß solche Grundlagen auch bei der Anordnung von »Schälchen und Ringen« eine Rolle spielten. Er spekuliert: »Die Menhire scheinen irgendwelchen astronomischen Zwecken gedient zu haben. Womöglich rühren die ›Schälchen‹ von vorgeschichtlichen Himmelsbeobachtungs-Instrumenten her, die man in diese Eintiefungen einsetzte oder die durch ihre ständige Plazierung an denselben Punkten diese Eintiefungen überhaupt erst hervorriefen. Wahrscheinlich war die Astronomie für die damaligen Menschen von großer Bedeutung (!). Vielleicht dürfen wir deshalb von ihr die entscheidenden Aufschlüsse über *Schälchen und Ringe* erwarten.«[10] Und wenn es doch *etwas ganz anderes* war?


## Rätselhafte Steinverglasungen

Falls mir bei dem Vergleich mit den »UFO-Graffiti« aus den französischen Höhlen nicht nur die Phantasie durchgegangen ist, wäre zu fragen, ob es denn noch weitere Anhaltspunkte dafür gibt, daß auch in diesem Teil der Welt einst Dinge stattgefunden haben, welche auf einen Besuch fremder Wesen zurückzuführen sind.

Walter-Jörg Langbein, ein befreundeter Buchautor, der dasselbe Terrain »beackert«, berichtet von unerklärlichen Steinverglasungen. Es sind dies Veränderungen, die mit »normalen« Bränden oder vulkanischen Aktivitäten schwerlich zu erklären sind. Als bestes Beispiel hierfür gilt der *Tap O'Noth,* der wie die meisten der gerade erwähnten »Schälchen und Ringe« gleichfalls im Nordwesten Schottlands gelegen ist. Dieser Berg ist 560 Meter hoch, aber das Merkwürdigste an ihm ist seine Spitze – obgleich diese Bezeichnung im vorliegenden Fall alles andere als zutreffend ist. Eine ovale Fläche von etwa 28 mal 45 Metern muß einstmals unvorstellbaren Temperaturen ausgesetzt gewesen sein, denn die Gesteinspartien sind ineinander verschmolzen, ja regelrecht verglast.[11] Hierfür müssen die Steine einer Hitze ausgesetzt gewesen sein, die *weit über 1000 Grad Celsius* betragen hat, um diesen Effekt zu erreichen.

Gibt es eine befriedigende Erklärung? Eine Theorie besagt, auf dem Gipfel des Tap O'Noth habe sich einmal eine Siedlung mit einer aus Holz und Steinen errichteten Abwehrmauer befunden. Als diese Mauer dann abbrannte, hätten die dabei entstandenen Temperaturen jene für uns so unerklärlichen Steinverglasungen bewirkt. Gesetzt den Fall, es hätte sich tatsächlich so abgespielt: Warum finden wir derartige Verschmelzungen nicht auch bei mittelalterlichen Burganlagen, die durch Feuersbrünste zerstört wurden? Versuchsweise wurden entsprechende, aus Holz und Steinen bestehende Mauern errichtet und angezündet, um diese Theorie zu überprüfen. Doch die Steinverglasungen waren nicht bereit, sich ihr Geheimnis auf diese Weise entreißen zu lassen: Keines dieser Experimente ließ Verglasungen entstehen, wie sie auf dem Gipfel des Tap O'Noth oder an vielen anderen Stellen unserer Erde zu finden sind.

Es wurde gleichfalls die Theorie geäußert, die damaligen Bewohner dieser Region hätten bereits verglastes Gestein aus erloschenen Vulkanen herbeigeholt. Aber zu welchem Zweck? Auch dieser Erklärungsversuch steht auf recht wackeligen Füßen, denn oftmals findet man auf dem Berg Steinbrocken, die nur auf einer Seite verglast sind. Und auch ganz anders aussehen als solche Gesteine, bei denen der Verglasungseffekt auf einen Vulkanausbruch zurückzuführen ist.

Was an »natürlichen« Erklärungen jetzt noch übrigbliebe, wären Gesteinsverschmelzungen durch Blitzschlag. Dies kommt tatsächlich vor, und der Geologe nennt die derart entstandenen Schmelzgesteine *Fulgurite*. Sie treten auch bevorzugt und logischerweise auf Berggipfeln auf. Doch sind sie in aller Regel röhrenförmig und weisen nur selten einen Durchmesser von mehr als zwei Zentimetern auf. Darüber hinaus bilden sich Fulgurite ausschließlich aus Sandsteinen – für härtere Gesteinsarten reicht die Energie eines Blitzschlages schlicht und ergreifend nicht aus, um sie zum Schmelzen oder gar zum Verglasen zu bringen.

Die Steinverglasungen auf dem Tap O'Noth sind jedoch aus unterschiedlichen Ursprungsgesteinen hervorgegangen. Ihre Entstehung ist und bleibt ein Geheimnis.

Welches Ereignis, welch ungeheure Kraft ließ dann diese mysteriösen Verglasungen entstehen, wenn es die gerade erwähnten Ursachen nach sorgsamer Abwägung nicht sein konnten? Waren es etwa unbekannte »Götterwaffen« oder einfach »nur« die Antriebsenergie eines auf dem Berg landenden Flugkörpers, die das Gestein buchstäblich zum Kochen brachte, wie Autor Walter-Jörg Langbein in den Bereich des Möglichen stellt?[11]

Waren auch in diesem Teil Europas die »Götter« aus dem All einst Realität? So wie in jenem kleinen Tal in Norditalien, in dem uns unzählige Felszeichnungen sogar vom Aussehen jener von den Sternen gekommenen Wesen künden.

## Rettet die Felsbilder im Val Camonica!

Meine Ausführungen über steinzeitliche »UFO-Graffiti« wären sicher unvollständig, würde ich ein Gebiet in den norditalienischen Alpen unerwähnt lassen, in dem bis jetzt schon etwa 250 000–300 000 Felszeichnungen freigelegt worden sind. Bereits Peter Kolosimo[6] und Erich von Däniken[12] berichteten über das *Val Camonica*, welches sich von Edolo entlang dem Oglio-Fluß in südlicher Richtung bis zum Lago d'Iseo erstreckt. Die Petroglyphen, um die es hier geht, liegen hauptsächlich in der Umgebung des Städtchens *Capo di Ponte* an Felshängen und riesigen, im Erdboden steckenden Findlingen.

Erstmalig wurden die Felszeichnungen im Jahre 1914 von Gualtiero Laeng im »Guida d' Italia« erwähnt, was zur Folge hatte, daß sich eine Reihe von Archäologen zu Nachforschungen in das Tal begaben. Der erste Versuch einer chronologischen Erfassung wie auch einer Analyse der verschiedenen Darstellungen wurde von Emmanuel Anati unternommen. Er gründete 1964 das »Centro Camuno di Studi Preistorici« und konnte insgesamt vier Stilepochen unterscheiden. Die Perioden I–III reichen von der ausgehenden Altsteinzeit, vor etwa 10 000 Jahren, bis in die Bronzezeit, wogegen die jüngsten Zeichnungen in die Eisenzeit (etwa 800 v. Chr.) datiert werden.[13] Obgleich vor wenigen Jahren in der Gemarkung *Naquane*, genau gegenüber von Capo di Ponte, der »Parco Nazionale d'Incisioni Rupestri« eingerichtet wurde, und trotz der Nähe zu den Wintersportgebieten Südtirols und des angrenzenden Trentino, scheint dort die Zeit stehengeblieben zu sein. Ich bekam den seltsamen Anachronismus, der im Val Camonica herrscht, selbst zu spüren: Als ich nämlich die Rechnung für Kost und Logis im einzigen Hotel am Ort begleichen wollte, weigerte sich die Dame an der Rezeption standhaft, meine an Stelle der knapp gewordenen Lire angebotenen Deutschen Mark zu nehmen. Es war Sonntag, und auch die Banken hatten geschlossen, und im nachhinein bin ich mir gar nicht mehr so sicher, ob ich dort wirklich hätte Geld tauschen können. Mit unendlicher Mühe und Überredungskunst konnte ich meine Schuld schließlich mit einem Euroscheck begleichen, der nachgerade unter Protest akzeptiert wurde. In dieser Region hat der Tourismus noch nicht Fuß gefaßt. Vielleicht ist das auch besser so!

Unter jenen in die Hunderttausende gehenden Petroglyphen im Val Camonica fallen einige auf, die nicht so recht in das gängige Schema steinzeitlicher Felsbildkunst passen wollen, welche das tägliche Leben und die Vorstellungswelt der Altvordern dargestellt haben soll. Denn da findet man immer wieder inmitten »normaler« Darstellungen höchst fremdartige Figuren: »Göttergestalten«, die recht absonderliche Attribute tragen. Eine geradezu frappierende Ähnlichkeit dieser ominösen Gestalten mit modernen Raumfahrern sticht unübersehbar ins Auge (s. Bildteil).

Die verblüffendsten Ritzzeichnungen, mit den auffälligsten Ähnlichkeiten zu den Astronauten unserer Tage – die Einheimischen bezeichnen sie denn auch ungeniert als »astronauti« – befinden sich jedoch nicht auf dem Gelände des erwähnten Nationalparks. Sie sind etwas südlich des umfriedeten Gebietes zu finden, und zwar im Gebiet Zurla, das zur Gemarkung *Foppe di Nadro* gehört.

Etwa einen halben Kilometer südöstlich des kleinen Museums, das inmitten des Parks errichtet wurde, endet der »Parco Nazionale« an einem (niedergetrampelten) Stacheldraht. Überquert man dann eine sich auf privatem Grund befindliche, dahinterliegende Wiese und folgt einem von den dort reichlich gedeihenden Eßkastanienbäumen eingesäumten Pfad, so stößt man nach 200 Metern plötzlich wieder auf große, freigelegte Felsplatten, vor denen sogar Informationstafeln aufgestellt sind. Außerhalb der Parkanlage, wohlgemerkt. Ist es nur Zufall, daß die Felsen mit den »pikantesten« Ritzzeichnungen *nicht* in den »Parco Nazionale d'Incisioni Rupestri« aufgenommen wurden? Oder will man den (ohnehin sich nur spärlich dorthin verirrenden) Besuchern mit Absicht nicht zeigen, was in unserem traditionellen Weltbild als störend empfunden wird?

Zwar nehmen sich die bewußten Zeichnungen in natura recht bescheiden aus – messen sie doch gerade einmal 20 bis 30 Zentimeter im Quadrat –, doch scheinen sie genug Zündstoff in sich zu bergen, um unserem Geschichtsbild ein unangenehmer Dorn im Auge zu sein. Obwohl durch Umwelteinflüsse beschädigt und, so nicht bald etwas dagegen unternommen wird, in längstens 30 Jahren vollkommen zerstört und nicht mehr zu erkennen, haben sie nichts von ihrem spektakulären Charakter eingebüßt. Auf der populärsten Darstellung stehen sich beispielsweise zwei Gestalten gegenüber, mit voluminösen Helmen auf ihren Köpfen, von denen kurze Strahlen auszugehen scheinen. Bloße Phantasmagorien steinzeitlicher Felsbildkratzer? Oder Lichtreflexe der sich an einem Raumfahrerhelm brechenden Sonnenstrahlen?

Die Archäologen bezeichnen die beiden Figuren als »Duellanten« – zwei Eingeborene, die zu Ehren der Götter ein rituelles Duell aufführen. Gut und schön, dann ist es vielleicht ein *Cargo-Kult* gewesen: Die frühen Bewohner des Val Camonica versuchten, die »Götter«, die ihre Vorfahren beobachtet hatten, nachzuahmen. Derartige Kulte kennen wir auch aus unserem Jahrhundert zur Genüge, sie entstanden nämlich immer dann, wenn eine einfachere Gesellschaft plötzlich mit einer fortgeschritteneren Kultur konfrontiert wurde.[13, 14]

Man kann es drehen und wenden, wie man will: Was bleibt, sind diese heutigen Astronautenhelmen so überraschend ähnlichen Kopfbedeckungen der auf den Felsen abgebildeten Figuren!

Ein anderes Bild zeigt über dem Kopf eines Mannes mit jenem obligaten »Strahlenhelm« ein propellerförmiges Objekt. Dem Betrachter vermittelt es den Eindruck eines Fluggerätes. Die offizielle archäologische Interpretation spricht dagegen von einem »Kraft-« oder »Bewegungssymbol«, was in etwa auf dasselbe hinauslaufen könnte. Und auf einem Felsen bei Seradina, ein wenig nördlich von Capo di Ponte und gleichfalls außerhalb des Nationalparks gelegen, befindet sich eine Formation von gleich dreien dieser behelmten Wesen.

Noch rätselhafter als die behelmten Gestalten sind allerdings die Sprünge in der Logik mancher Erklärungen. Gestehen diese den Schöpfern der Felsbilder bei Tieren und Jagdszenen noch einen naturgetreuen Realismus zu, so faselt man bei jenen astronautenähnlichen Wesen plötzlich von »Phantasiegestalten«, »Geisterwesen« oder »symbolbehafteten Ritualdarstellungen«. Es *kann* halt eben nicht sein, was nicht sein *darf* …

## Hütten oder Flugobjekte?

Immer wieder fielen mir auch sonderbare Objekte auf, die in großer Zahl auf den freigelegten Felsen zu betrachten sind. Im allgemeinen als Darstellungen von »Hütten« bezeichnet, ähneln sie jedoch, ohne die Phantasie allzu großen Strapazen aussetzen zu müssen, viel eher gelandeten Flugobjekten. Besonders in der auf Abb. 2 dargestellten »Jagdszene«.

Alle Steinzeichnungen im Val Camonica haben an einem großen Problem zu knacken, und das hat nichts mit unterschiedlichsten Interpretationsmöglichkeiten zu tun: Rettung tut dringend not! Jahrtausende hindurch waren sie durch das darüberliegende Erdreich geschützt gewesen, erst seit ihrer Freilegung sind diese Petroglyphen der Erosion durch Wind und Wetter schutzlos ausgesetzt. Und die geht recht schnell zu Werke, denn die Felsplatten bestehen überwiegend aus Kalkstein und Kalkschiefer, ziemlich weichen Gesteinsarten also. Was dereinst ihr Einkerben erleichterte, macht den Zeichnungen in unseren Tagen den Garaus! Peter Krassa und Reinhard Habeck schrieben zu diesem Problem vor wenigen Jahren:

*Abb. 2   Was stellt diese seltsame »Jagdszene« aus dem Val Camonica dar? Mit nicht allzuviel Phantasie wäre man versucht, die ominösen Gebilde auf der rechten Seite als gelandete Flugobjekte anzusehen.*

»Inzwischen überlegt man in wissenschaftlichen Kreisen, das reichhaltige steinzeitliche ›Bilderbuch‹ mit einer durchsichtigen Kunststoffschicht abzudecken, um dieses kostbare Zeugnis aus unserer Vergangenheit auch den kommenden Generationen zu erhalten.«[15]

Aber geschehen ist bisher leider nichts. Und angesichts des Zustandes der »Incisioni rupestri«, auf die im Gebiet von Capo di Ponte trotz der relativ wenigen Besucher zahlreiche Wegweiser und Tafeln hinweisen, muß man damit rechnen, daß die Mehrzahl der Petroglyphen in spätestens 30 Jahren nicht mehr zu erkennen sind.

Überflüssig zu sagen, daß es schade darum wäre. Und keinesfalls ein Ruhmesblatt für unsere ohnehin angeknackste abendländische Kultur, würde man das reichhaltige Vermächtnis einer geheimnisvollen Kultur aus dem Val Camonica so sang- und klanglos sterben lassen.

Noch ist es nicht zu spät!

Zum Abschluß dieses Kapitels möchte ich Sie noch in ein Gebiet entführen, in dem bereits vor Tausenden von Jahren eine Hochkultur blühte. In dem, ähnlich jenem kleinen Tal in Norditalien, die Zeit stehengeblieben scheint. Und mehr noch: Aufgrund der zur Zeit extrem unsicheren politischen Situation findet kaum ein Besucher den Weg dorthin.


## Raketenstart in Meroë

Die Rede ist vom Sudan, diesem von inneren Unruhen erschütterten nordostafrikanischen Staat, durch den sich der Nil auf seinem Weg von der Quelle im Hochland Äthiopiens bis zu seinem Mündungsdelta in Nordägypten schlängelt.

Etwa 350 Kilometer nördlich der Hauptstadt Khartoum liegt, flußabwärts unterhalb des vierten von sechs eindrucksvollen Katarakten (durch rückschreitende Flußerosion erzeugte Folge von Stromschnellen, d. Verf.), die antike Ruinenstätte von *Meroë*. Ehemals der Mittelpunkt des

*Abb. 3   Auf unheimliche Weise vertraut: Wie ein moderner Raketenstart wirkt diese gespenstische Szene – eine Tausende Jahre alte Zeichnung auf den Mauern von Meroë, im heutigen Sudan gelegen.*

alten nubischen Reiches von Kusch, haben dort Pyramiden und Königsgräber die Jahrtausende überdauert. Dazu aus der Zeit nach der römischen Eroberung auch ein dem Gott Jupiter Ammon geweihter Tempel sowie ein römisches Badehaus.

Den erregendsten Fund jedoch machte man auf den Grundmauern eines Gebäudes, welches ein astronomisches Observatorium gewesen zu sein scheint. Es ist eine Darstellung, die trotz ihres Alters auf beängstigende Weise modern wirkt. Ein paar Wesen machen sich an einem Objekt zu schaffen, das man nicht anders bezeichnen kann als eine startbereite Rakete. An deren hinterem Ende ist deutlich das Leitwerk zu erkennen, und seitlich aus ihrer Spitze herausragende Stäbe könnten Antennen darstellen, oder im Original irgendeine Meßfunktion versehen haben. Der einem Rad ähnliche Gegenstand unter dieser »Rakete von Meroë« könnte – ähnlich wie bei heutigen Artilleriegeschossen – als Vorrichtung interpretiert werden, um den Flugkörper in den berechneten Abschußwinkel zu bringen (s. Abb. 3).

Hatten unsere Vorfahren denn nichts anderes zu tun, als Abbildungen in den Stein zu kratzen, die uns über die Raumfahrttechnologie einer uns überlegenen Zivilisation spekulieren lassen?

# 2 Insel der Ungereimtheiten:
## *Malta – Stützpunkt der Götter?*

Von uns aus sind es gerade einmal zwei Flugstunden, bis man die zwischen Sizilien und der nordafrikanischen Küste gelegene Mittelmeerinsel Malta erreicht. Besonders der Hinflug läßt es geraten sein, schon beim Check-in auf einem Fensterplatz im Flugzeug zu bestehen. Denn die malerische Xlendi-Bay auf Maltas Nachbarinsel Gozo mit ihrem schillernd grünen Wasser, die winzigen Inselchen Comino und Cominotto, und schließlich der beim Landeanflug auf Luqa-Airport auftauchende Naturhafen von Valletta bieten wahrhaft atemberaubende Ausblicke von oben. Es ist eine gelungene Synthese aus dem Türkisblau des Wassers und dem Gelb des Sandsteins, aus dem dort alles besteht.

Und es ist eine kleine Welt für sich, dieser maltesische Archipel, dessen größte Insel an ihrer längsten Stelle gerade mal 27 Kilometer, in der Breite sogar nur höchstens 15 Kilometer mißt. Auf nur 67 Quadratkilometer Fläche bringt es die grünere Schwesterinsel Gozo, und wie ein »Kümmelkorn« – so die wörtliche Übersetzung des Namens – liegt das kleine Eiland Comino in der Meerenge zwischen Malta und Gozo.

Was nur sehr wenige wissen: Auf Malta gedeihen einige hervorragende Weine! »Sauternes« und »Marsovin«, schwer und süß, sowie der »Verdala«, ein zu allen Anlässen passender Tafelwein. Während meiner bisherigen Reisen auf die maltesischen Inseln lernte ich diese edlen Tropfen sehr zu schätzen, vor allem als willkommenen Ausgleich, wenn bei der Küche wieder einmal allzusehr der englische Einfluß durchgeschlagen war. Malta führte nämlich bis zu seiner endgültigen Unabhängigkeit im Jahre 1974 den Status einer britischen Kronkolonie, war zuletzt ein quasi selbständiger Staat als konstitutionelle Monarchie unter britischer Krone und Mitglied des Commonwealth.

Es gibt zwar, dies als Geheimtip, ein paar wunderschöne Badebuchten – sogar mit feinem weißen Sandstrand – auf Malta; weitaus bedeutender jedoch ist das kulturelle Erbe der kleinen Inselrepublik. Kein anderes europäisches Land hat uns auf derart kleinem Raum so viele rätselhafte Relikte aus prähistorischer Zeit hinterlassen. Malta ist eine wahre Fundgrube, auch unter prä-astronautischem Blickwinkel.

## Puzzle für Riesen?

Die frühen Bewohner Maltas müssen recht eifrige Verehrer ihrer Götter gewesen sein. Die Zahl der megalithischen Tempelanlagen auf den maltesischen Inseln wäre sonst wohl nicht so bedeutend. Die eindrucksvollste Anlage – geht man einmal von der Größe der dabei verbauten Megalithen aus – ist *Ggantija* (ausgesprochen: »Schgantija«) auf der Insel Gozo. Dieser Name bedeutet soviel wie »die Riesen«, denn hier sind kleinere und überdimensionale Steinblöcke miteinander verschachtelt worden. Der größte der in Ggantija verbauten Monolithen mißt 7,81 Meter in der Breite. Doch wer war jemals in der Lage, solch ein Ungetüm von der Stelle zu bewegen?

Daß es sich um eine buchstäblich »steinalte« Anlage handeln muß, machen die starken Verwitterungen deutlich. Es ist im übrigen auch das einzige Monolithbauwerk des maltesischen Archipels, das mit einer Legende verknüpft ist. Die Überlieferungen berichten, eine schwangere Riesin habe den Tempel gebaut. Nachdem der Tempelbau vollendet war, gebar sie im Schutz der Mauern einen »Riesensohn«, der seine ersten Jahre in eben diesem Tempel verbrachte.[16]

Wäre der Gedanke wirklich so weit hergeholt, die Ureinwohner Maltas hätten ein High-Tech-Baugerät beobachtet, mit dem unbekannte Wesen einen Schutzraum für ihre Gerätschaften zuwege brachten? Nach getaner Arbeit entstieg jener riesenhaften Maschine ein Individuum, welches das Ding bedient hatte – und später auch die errichtete Anlage zu betreuen hatte.

Oder müssen wir den Begriff »Riesen« wörtlich nehmen? Immer wieder finden sich in uralten Überlieferungen Anspielungen auf diese legendären Gestalten. Selbst die Bibel läßt sich über jene riesenhaften Wesen aus: »Zu der Zeit und auch später noch, als die *Gottessöhne* zu den Töchtern der Menschen eingingen und sie ihnen Kinder gebaren, wurden daraus die Riesen auf Erden. Das sind die Helden der Vorzeit, die hochberühmten« (1 Mose, Kap. 6,4).[17]

Die Ruinen von Hagar Qim (sprich: »Hadschar'im«) stehen jenen von Ggantija kaum nach. Dort mißt eine gigantische Steinplatte volle sieben Meter Länge, 3,12 Meter Breite sowie 0,64 Meter in der Tiefe. Das Gewicht dürfte weit über 20 Tonnen betragen! Hatten hier wieder »Riesen« ihre überdimensionalen Hände im Spiel? Oder müssen wir eine Technik voraussetzen, welche über die Möglichkeiten der damaligen Einwohner Maltas weit hinausreichte? Weil sie nicht »von dieser Welt« stammte?

Noch eine Anmerkung am Rande zu den für uns fremdartig klingenden maltesischen Namen, wie »Ggantija« oder

»Hagar Qim«, respektive deren Aussprache. Das Maltesische ist ein semitischer Dialekt, der sich nur dort erhalten hat, und stellt gleichzeitig die einzige dieser Sprachen dar, die nicht in arabischer Schrift geschrieben wird. Hört man den Einheimischen ein wenig zu, so glaubt man sich eher in den Souks von Tunis oder im Bazar von Kairo. Die kehligen Laute hören sich an, als kämen sie geradewegs aus dem Dampfstrahler!

## Derzeit *tabu:* Das Hypogäum

Maltas mit Abstand größtes megalithisches Rätsel befindet sich unter der Erde.

In dem Konglomerat von zusammengewachsenen Ortschaften, das sich rings um die Hauptstadt Valletta gebildet hat, liegt bei Paola der Ort Hal Saflieni. Dort machte man im Jahr 1902 einen epochalen Fund.

Bauarbeiter, die für das Fundament eines Neubaus den Boden aushoben, stießen urplötzlich auf eine Reihe außerordentlich gleichmäßig gestalteter und hervorragend erhaltener unterirdischer Räumlichkeiten. Die Bauherren waren allerdings etwas weniger von dieser Entdeckung begeistert. Sie sahen bereits ihre Termine durch langwierige wissenschaftliche Untersuchungen gefährdet. So setzten sie ihre Tagelöhner unter Druck, damit diese die Entdeckung geheimhielten und die Bauarbeiten fortsetzten, als sei nichts geschehen.

Das Haus wurde zwar gebaut, aber die Existenz des *Hypogäums* (»unterirdischer Raum«, von grch. *hypo* = unter und *gaia* = die Erde) ließ sich auf Dauer nicht geheimhalten. Bis zu dessen Schließung vor wenigen Jahren – man befürchtete seine Zersetzung durch Ausdünstungen der Besucher – galt es sogar als eine der prähistorischen Hauptattraktionen der Insel. Doch während dreier Reisen, die ich 1990, 1993 und 1994 dorthin unternahm, gelang es mir trotz aller Anstrengungen nicht, in das Hypogäum zu gelangen.

Welche unbeschreiblichen Geheimnisse liegen dort unter der Erde verborgen?

Der Eingang – durch das oben erwähnte, 1902 erbaute Haus – liegt ebenerdig. Darunter führen drei Stockwerke gut zwölf Meter tief unter die Erde. Das ganze System der übereinanderliegenden Räume ist aus dem gewachsenen Fels herausgearbeitet. Da gibt es Ein- und Durchgänge, Kammern und Nischen in unterschiedlichen Größen. Dazwischen ragen gemeißelte Säulen nach oben, die die Kuppel der Haupthalle stützen. Alle Elemente sind tadellos gearbeitet. Man erkennt scharfe Kanten, mächtige Steinbalken, alles mit klaren und deutlichen Linien. Fugenlos ragen Monolithen aus dem steinernen Boden. Die gesamte Anlage wirkt wie »aus dem Vollen geschnitzt«.

Womit – und zu welchem Zweck? Vorweg gesagt: Über die Aufgabe des Hypogäums ist man sich noch immer uneins.

Bei der perfekten Bearbeitung der Monolithen ist es nahezu unglaublich, daß die Arbeiten mit groben Steinwerkzeugen verrichtet worden sein sollen. Die Archäologen datieren das Hypogäum auf ein Alter von 5500–6500 Jahren und nehmen an, daß es sich um eine »Orakelstätte« der steinzeitlichen Einwohner Maltas gehandelt habe. Orakelstätte deshalb, weil die Anlage eine unglaubliche Akustik besitzt: Flüstert man in eine in die Wand eingelassene Höhlung, wird die Stimme um ein Vielfaches verstärkt. Das Ganze funktioniert um so besser, je tiefer die Tonlage der Stimme liegt. Wer aber wußte schon vor Jahrtausenden so gut Bescheid über akustische Techniken? Es ist eine regelrechte »HiFi-Anlage«, die da vor Urzeiten ins Gestein gebohrt wurde, und die offensichtlich vom Anfang der Planungen an vorgesehen war.[18] Unglaublich, aber wahr: Steinzeitmenschen, so sagt man, müssen diese Arbeiten geplant und verrichtet haben. Aber Steinzeitmenschen, so heißt es im selben Atemzug, können kaum über das Know-how dafür verfügt haben. Wer war der Architekt dieser Anlage, wo stand das Gehirn hinter diesem phantastischen Wunderwerk?

## Ein grausiger Fund!

Sieben Stufen führen vom mittleren Geschoß, in dem die perfekte Akustikanlage installiert ist, in das unterste Stockwerk. Die letzte Stufe endet, wenn man hier nicht rechtzeitig einen Schritt zur Seite tut, in einer tiefen Grube, der ersten in einer ganzen Reihe. Sie sind alle durch hohe Wände voneinander getrennt und bilden ein schmales, noch tieferes Stockwerk, welches in der letzten dieser Gruben nochmals vier nahezu runde, kleinere Höhlen besitzt, die nur durch enge Schlupflöcher zu erreichen sind.

Wie das gesamte Hypogäum, konnten Sinn und Zweck auch der untersten Anlage nicht gedeutet werden. Dafür machte man tief unter der Erde eine grausige Entdeckung: Unter meterhohem Knochenstaub fand man eine riesige Anzahl menschlicher Skelette! Der »Vater der maltesischen Archäologie«, Dr. Themistocles Zammit, schätzte, daß dort unten zwischen 6000 und 7000 Tote liegen![19]

Diente das Hypogäum als »heiliger Begräbnisplatz« – oder in noch viel früherer Zeit als Experimentierstätte der »Götter«? Unbestrittene Tatsache ist, daß sich die Malteser stets davor scheuten, das Hypogäum zu betreten. Zweifellos liegt ein Tabu darüber, und Furcht kann zuweilen größer als Neugier sein!

Ich bemerkte es bereits: Der geheimnisvolle Ort ist seit einigen Jahren für Touristen gesperrt, obwohl er zuvor eine Attraktion *par excellence* für das Touristenziel Malta war. Bei allem Verständnis für die Absicht, diese großartige Anlage zu erhalten, aber auch bei dem Wissen um den sonst bei unterirdischen Bauten der Insel so großzügig gewährten Zugang: Notwendig wäre diese Maßnahme nicht. Das Hypogäum verfügt nämlich – und dies ist ein weiteres technisches »Wunder«, das nicht mit Hilfe von steinzeitlichem Know-how in Einklang zu bringen ist – über eine erstklassige Air-Condition. Ob nur wenige Besucher darinnen sind, oder -zig Menschen über die enge Treppe in die unterirdischen Säle hinabdrücken, die Temperaturen ändern sich kaum! Dabei sind unter südlicher Sonne schwitzende Touristen leibhaftige Radiatoren, die binnen kürzester Zeit Räume unangenehm aufzuheizen vermögen.

Will man etwa von der Existenz jenes technischen Wunderwerkes möglichst wenig nach außen dringen lassen, weil man nichts, aber auch gar nichts mit »klassischen« Erklärungen verständlich machen kann? Wie man es auch dreht und wendet – überhaupt nichts paßt zusammen. Nach dem derzeitigen Befund steinzeitlicher Möglichkeiten war es gar nicht machbar, die technischen Meisterleistungen des Hypogäums von Hal Saflieni auf die Beine, pardon, unter die Erde zu stellen.

Aber nicht nur unter, sondern auch *auf* der Erde bietet Malta ein Geheimnis, bei dem so recht nichts logisch erscheint, oder gar mit unserem gesicherten Wissen in Einklang zu bringen ist.

# Schienen, die nie welche waren

Irgendwann stolpert jeder Malta–Urlauber zwangsläufg über sie: Jene meist paarweise verlaufenden, sich häufig kreuzenden und an manchen Stellen sogar geradewegs ins Meer führenden Rillen, die in den Reiseführern beiläufig als »cart ruts« bezeichnet werden. Als »Karrenspuren«. Aber *genau das* können sie *keinesfalls* gewesen sein.

Viele dieser ehemals die gesamte Insel überziehenden Linien verschwanden in den letzten Jahren unter als Ackerland rekultivierten Flächen, und noch weitaus mehr fielen dem Bauboom auf Malta zum Opfer. Schade um diese faszinierenden und geheimnisvollen Relikte einer unbekannten Vorzeit, die heute nur mehr an wenigen Stellen zu bewundern sind. Bei San Pawl-Tat-Targa vereinigen sich vier dieser »Geleise«-Paare zu einem einzigen, obwohl sie einander mit vollkommen unterschiedlichen Spurweiten begegnen. Unweit davon kreuzen sich zwei Linienpaare, aber sie sind nicht gleich tief in den Kalkboden eingekerbt. Der bekannteste Fundort ist heute als »Clapham Junctions« ausgeschildert – benannt nach einem Londoner Bahnhof. Von der Bushaltestelle in der früheren Hauptstadt Rabat ist es zu Fuß gut eine Stunde auf der Straße, die zu den Dingli Cliffs führt. Vorbei am Verdala-Schloß und den Buskett-Gärten, über eine kleine Brücke, und weiter einen gewundenen Weg den Berg hinauf, dann ist man am Ziel.

Es geht aber auch einfacher. Davon zeugen Wagenladungen von Touristen, die in der Hauptsaison über die Linien stapfen, und mehr oder weniger aufmerksam den Ausführungen ihres Guides lauschen.

Nach ihrem Aussehen und ihrer Anlage wegen werden die »cart ruts« am liebsten als Transportwege bezeichnet, und – eigentlich eher willkürlich – in die Bronzezeit (ca.

1800–1000 v. Chr.) datiert. Eine recht plausibel klingende Sache, die aber leider in jedem Fall an der offensichtlichen Undurchführbarkeit scheitert.

Karrenspuren können es, wie ich einleitend festgestellt habe, nicht sein. Wie unsinnig dieser Gedanke ist, zeigt sich bereits an der Tiefe und der Ausformung der Rillen. Da diese oft bis zu 70 Zentimetern beträgt, und die Rillen nach unten hin schmäler werden, sind die Probleme schon vorprogrammiert. Das Rad müßte in diesem Fall einen Durchmesser von mindestens 1,40 Metern aufweisen und im Querschnitt auch noch konisch geformt sein. Das heißt im Klartext, daß dieses hypothetische Rad ausgerechnet an der Lauffläche am schmalsten ist. Was jedoch absolut unpraktisch beim Transport schwerer Lasten ist, da das Rad zu großem Druck bei gleichzeitig verminderter Auflagefläche aushalten muß. Aber schmale Lauffläche oder nicht: spätestens in der ersten Kurve geht sowieso nichts mehr voran, da die Räder blockieren!

Noch komplizierter wird es gar, wenn ein Paar dieser ominösen Doppelrillen in seinem Verlauf die Spurweite ändert. Dann heißt es bereits auf der Geraden »rien ne va plus« auch für die unglaubwürdige Theorie mit den Karrenspuren.

Könnten Lastenschlitten, deren Kufen sich mit der Zeit in den Kalkstein eingekerbt haben, des Rätsels Lösung sein? Kaum. Denn für Schlittenkufen gilt noch in verstärktem Maß, was bereits die Karrentheorie kläglich scheitern ließ. Die Kufen wären noch viel starrer als die (hypothetischen) Räder jener (nicht existierender) Karren. Sie wären erst recht im Gewirr der unterschiedlichen Spurbreiten und der zahlreichen Kurven hängengeblieben.

Waren es Kugellager, die sich in den Rillen bewegten, und auf denen man Lasten transportierte? Man fand in der Tat

auf Malta zahlreiche Kugeln, von sieben bis 60 Zentimeter Durchmesser. Setzten die Altvorderen Kugeln in die
Rillen, auf denen sie schwere Güter von der Stelle bewegten? Unterschiedliche Spurbreiten wären dann kein Hin-
dernis mehr, ebensowenig wie scharfe Kurven und Kreu-
zungen.

Leider wieder danebengetippt! Auf Malta gibt es einzig
Kalk- und Sandgesteine, recht weiches Material also. Daraus bestehen auch die erwähnten Steinkugeln. Schon Gewichte von wenigen hundert Kilogramm würden sie platt-
drücken, regelrecht zerbröseln. Um diese Annahme vollends ad absurdum zu führen, will ich auch noch darauf hinweisen, daß Kugeln stets gewölbte Eindrücke zu hinterlassen pflegen, niemals jedoch spitz zulaufende Vertiefungen.[18]
Es müßten schon recht seltsam geformte Kugeln sein, die in
die maltesischen Rätselspuren gepaßt hätten. Und zudem
von gut 1,40 Meter Durchmesser, bei einer Einkerbtiefe von
70 Zentimetern.

Es ist zum Aus-der-Haut-Fahren! Haben wir noch weitere
Lösungsvorschläge zur Hand?


## Das Kreuz mit dem Ast

Noch eine Idee: Ließ man irgendwelchen Lasttieren Astgabeln umhängen, deren beide Spitzen über den Boden kratzten und auf diese Weise für die Entstehung der Spuren sorgten? Mit dieser Theorie, so meinten ein paar ganz besonders
findige Leute, wären gleich zwei Fliegen mit einer Klappe
zu schlagen. Abgesehen von der Erklärung für die »cart
ruts« hätte man gleichzeitig auch noch ein passendes Denk-
modell für den Materialtransport zum Bau der gigantischen

Tempelanlagen. Die »Straße der Monolithen« gewissermaßen.

So viele Haken, wie diese Hypothese aufweist, vermag
nicht einmal der maltesische Wildhase zu schlagen, bevor er
als köstliche Spezialität *Fenek* im Kochtopf landet! Unge-
achtet der Konsistenz des Holzes, das derartige Lasten aus-
zuhalten imstande wäre, erhebt sich auch noch die bange
Frage, welche Tierart derlei Gewichte tragen sollte. Zwerg-
elefanten etwa, deren Skelette in der Höhle von Ghar
Dalam, der »Höhle der Finsternis«, entdeckt wurden? Dieser einst im ganzen nordafrikanischen Raum verbreiteten
Tierart gesteht die Altertumsforschung gerne ihre 260 000–
360 000 Jahre zu – und das ist locker das Hundertfache von
dem, was sie den Doppelrillen zugesteht.

Es ist schon ein rechtes Kreuz mit dem Ast, beziehungsweise der Astgabel! Und überhaupt hätten sich, neben den
Kratzspuren dieser eisenharten Astgabeln, auch noch die
Trittspuren der geschundenen Zugtiere im Kalkstein verewigen müssen. Ein Manko übrigens, unter dem auch die
vorerwähnten Erklärungsversuche samt und sonders kran-
ken.

Und zu allem Unglück führen die »Geleise« auch noch unübersehbar an den Tempeln vorbei, an einigen Stellen sogar
geradewegs ins Meer. Taucher sind ihnen gefolgt und haben
sie selbst noch in 42 Meter Tiefe nachgewiesen.[16]

Und hier beginnt der nächste Teufelskreis. Entstanden diese
geheimnisvollen Rillen, *bevor* der Spiegel des Mittelmeeres
anstieg, dann sind sie um vieles älter, als man bislang vermutete. Denn, von unbedeutenden Schwankungen einmal abgesehen, hat der mediterrane Wasserspiegel seit mindestens
10 000 Jahren dieselbe Höhe gehalten – seit dem Ende der
letzten Eiszeit, um genau zu sein. Wurden die Rillen aber gezogen, nachdem die Wasser stiegen, so kommt man nicht

umhin, die Frage zu stellen: Welche unbekannte Kraft prägte die unerklärlichen »cart ruts« in den Boden Maltas?
Was geschah vor unbekannten Zeiten auf diesem öden Eiland?


## Die Insel der experimentierenden »Götter«

Die vorerwähnten »Erklärungsversuche« im Kopf, stapfte ich wiederholte Male über die eingangs erwähnten »Clapham Junctions« zwischen den Buskett-Gardens und den jäh in die Tiefe fallenden Dingli-Klippen. Immer wieder ging ich die Doppelrillen ab, die ihr Geheimnis partout nicht preisgeben wollen, und wunderte mich über deren unterschiedliche Tiefen und den abenteuerlichen Verlauf ihrer Kurven. Hier und dort flüchteten ein paar sonnenhungrige Schlangen vor den leisen Erschütterungen, die meine Schritte verursachten.
Dann machten mich zwei ebenfalls auf dem dortigen Areal befindliche Funde stutzig.
Am südlichen Rand des Feldes befindet sich eine bereits zum Teil eingestürzte Höhle, die auch in jüngerer Zeit noch von ärmeren Zeitgenossen bewohnt gewesen sein mag. Vor ihrem Eingang befindet sich ein schon zusehends verwitterter Steinklotz, der mich spontan an etwas erinnerte, das ich – am anderen Ende der Welt, aus härterem Material und daher viel besser erhalten – schon einmal gesehen hatte. Und richtig: Das »Original« hatte ich in Peru fotografiert. Es wird *Thron der Götter* genannt und steht auf dem *Kenko Grande*, wenige Kilometer von Cuzco gelegen und oberhalb der aus riesigen Monolithen errichteten »Inka-Festung« Sacsayhuaman. Der Kenko Grande ist eine Anlage

aus grauester Vorzeit, die Jahrtausende später auch von den Inkas als Heiligtum benutzt wurde.

Die verwitterte, aber noch relativ gut erkennbare Kopie befindet sich am Eingang der Höhle am Rande der Ansammlung von »cart ruts«. Zum Vergleich habe ich beide Aufnahmen im Bildteil dieses Buches gegenübergestellt.

Der andere Fund ist noch weitaus erstaunlicher. Einem Luftschutzbunker, oder besser noch, einem offenen Unterstand ähnlich, wirken ein paar in den Felsboden geschnittene, gleichmäßig gearbeitete Kammern. Einmal wurde mir erklärt, dies seien phönizische Gräber, aber dafür will ich mich nicht verbürgen. Denn Gräber wurden zu allen Zeiten so angelegt, daß die darin zu bestattenden Leichen vor wilden Tieren oder plündernden Grabräubern geschützt waren. Und nicht offen daliegen, wie jene Vertiefungen, aus denen heute sogar junge Feigenbäumchen herauswachsen – übrigens eine recht respektlose Vorstellung vom Wert angeblich alter Grabstätten!

Auf mich machten das ganze Areal und die darauf befindlichen Relikte eher einen technischen Eindruck. Das bringt mich spontan auf einen ganz verwegenen Gedanken – zumindest macht es Spaß, der Phantasie hier etwas freien Lauf zu lassen. Und ein Szenario zu entwerfen, das leider so ganz und gar nicht in das herkömmliche Schema paßt…

## Einige Zeilen Science-fiction

Unbekannte Jahrtausende vor unserer Zeitrechnung hatte sich eine Gruppe jener aus dem Weltraum stammenden Wesen auf dieser kargen Felseninsel zwischen Sizilien und der nordafrikanischen Küste eingerichtet. Welche Voraussetzungen und Kriterien sie zu diesem Schritt bewogen haben, ist heute natürlich nicht mehr nachvollziehbar. Auf einer felsigen Fläche – nehmen wir als Beispiel ruhig die oben genannte, zwischen den Buskett Gardens und den Dingli Cliffs gelegene Ebene – wurden mit der den Fremden zur Verfügung stehenden Hochtechnologie seltsame, tiefe Linien ins Gestein geprägt. Über deren Sinn und Verwendungszweck können wir allenfalls spekulieren. Nehmen wir der Einfachheit halber an, es seien Schächte für Stromkabel gewesen.

In nicht allzu großer Höhe über dem Operationsgebiet schwebt eines der Landefahrzeuge der Außerirdischen. Einige Mitglieder der Bodenmannschaft markieren auf dem Kalkgestein den geplanten Verlauf der Kabelführungen. Nach einer Weile suchen sie die eigens in den Fels geschnittenen Schutzräume auf. Der Projektleiter gibt von seinem etwas abseits stehenden Kommandostand, von dem aus er sowohl das Landungsschiff als auch die Situation am Boden unter Kontrolle hat, über sein Handsprechgerät ein paar knappe Kommandos. Dann begibt er sich rasch selber in eine geschützte Position. Im Inneren des schwebenden Flugobjekts heulen Generatoren auf. Dann erhellt ein gleißender Blitz die gespenstische Szenerie.

Als nach ein paar Augenblicken Entwarnung gegeben wird, verlassen Bodenmannschaft und Projektleiter den schützenden Unterstand. Von neuem beginnen die Markierungsarbeiten, und wieder schneidet der Laserstrahl Rillen in das Gestein.

Nachdem alle Schächte wie geplant angelegt sind, wird damit begonnen, die hierfür vorgesehenen Stromleitungen zu verlegen. Ganz genau nach dem vorgegebenen »Schaltplan« wird die Anlage installiert, kilometerweise Leitungen verzweigen und vereinigen sich in einem Strang. Schließlich werden die fertig bestückten Führungsschächte ausgeschäumt, um die Oberfläche des Areales wieder eben und begehbar zu machen. Möglicherweise will man aber auch tarnen, was man da geschaffen hat, darf aus der Luft nichts darauf hindeuten.

Auch über den damaligen Einsatzzweck der gesamten Anlage läßt sich hier allenfalls spekulieren. Handelte es sich – in ihrer Ausdehnung über die Insel – um eine Art von gigantischer Antenne? Oder installierten die Außerirdischen eine weitgehend automatisch arbeitende Relaisstation, die die Navigation sowie die Einweisung einfliegender Objekte koordinieren sollte? Eine Art »Instrumenten-Landesystem«, wie dies in der heutigen Flieger-Terminologie genannt wird.

Zugegeben, der hier angebotene Denkanstoß – mehr soll er im Moment auch nicht sein – klingt in höchstem Maße phantastisch. Recht viel Genaues wissen wir nicht. Und um die stummen Zeugen einer unfaßbaren Vergangenheit, die da zwei Flugstunden von uns entfernt liegen, letztendlich enträtseln zu können, haben wir noch viel Forschungsarbeit notwendig. Und weniger Scheuklappen, die uns hierbei hinderlich sind.

Möglicherweise wird sich dieser Denkanstoß dann als falsch erweisen. Aber solange auch die anderen Erklärungsversuche so gravierende Schwachpunkte, Unstimmigkeiten und offensichtliche Unmöglichkeiten aufweisen, solange die dort herumliegenden Artefakte Malta zu einer »Insel der Ungereimtheiten« machen, erachte ich es als durchaus legitim, einmal in eine etwas gewagtere Richtung zu spekulieren.

Malta als ehemaliges Basislager, als technischer Sützpunkt der »Astronautengötter« der Vorzeit? Eine phantastische Vorstellung. Aber warum eigentlich nicht?

# Kuriosum vor der Haustür

»Warum reist Du eigentlich in der ganzen Welt herum auf der Suche nach Deinen ›komischen Spuren‹?«

Dies fragte mich Roland, ein alter Freund, als wir zum ich-weiß-nicht-wievielten Mal an einem Felsblock vorbeiliefen, und er fügte hinzu: »Bei uns gibt es doch auch recht seltsame Sachen.« Der besagte Felsblock befindet sich nur wenige Kilometer von unserem Wohnort entfernt, und wir kommen jedesmal an ihm vorbei, wenn wir unseren wenigen sportlichen Neigungen ihren freien Lauf lassen, für die trotz dichtgedrängtem Terminkalender einfach Zeit sein *muß*.

Zwei- bis dreimal in der Woche treffen wir uns nämlich zum Jogging, manchmal wird aber auch eine gemächlichere Gangart daraus.

In der Regel führt uns der Weg an einem Fluß entlang, durch malerische Auwälder und wilde, felsige Schluchten. Der schmale Uferpfad geht über einen Teil seiner Distanz abwechselnd bergauf und bergab, und an einer Stelle macht er einen Bogen um den bewußten Felsen.

Dieser sieht eigentlich aus wie jene typischen Findlinge, wie man sie in unserem Alpenvorland recht häufig antrifft. Ein mächtiger Klotz von jeweils sieben bis acht Meter Seitenlänge und etwa sechs Meter Höhe, ragt er ein wenig in den Flußlauf hinein. Obendrauf stehen ein paar ausgewachsene Bäume, deren älteste wohl schon an die hundert Jahre auf dem Buckel haben mögen. Mit großer Wahrscheinlichkeit liegt dieser Felsbrocken schon viele tausend Jahre an dieser Stelle, vielleicht wurde er nach der letzten Eiszeit, als der Fluß noch ein wilder und reißender Strom war, irgendwo mitgerissen und blieb an dieser Stelle liegen. Gut möglich auch, daß er schon immer an diesem Platz war.

Weil nicht sein kann, was nicht sein darf, gehen wir immer von den naheliegendsten Dingen aus!

Vielleicht handelt es sich gar nicht um einen Felsen. Denn wir fanden bislang an zwei seiner Seiten Spuren, die für gewöhnlich an natürlich gewachsenem Fels *nicht* vorzukommen pflegen. Es sind dies zwei genau senkrecht verlaufende, regelmäßige und glatte Abdrücke wie von einer Art Armierung, die entweder nach ihrem vorgesehenen Gebrauch wieder entfernt wurde, oder im Laufe der Zeit weggerostet ist. Die seltsamen Eindrücke lassen auf je ein rohrförmiges Objekt als Ursache schließen, dessen Durchmesser – auf der Grundlage des noch erkennbaren Kreissegments hochgerechnet – ungefähr acht bis zehn Zentimeter betragen haben muß (s. Bildteil).

Derartige Spuren haben in aller Regel nichts an »normalen« Felsen zu suchen. Doch was wäre, wenn wir es hier tatsächlich nicht mit natürlichem Gestein zu tun haben? Sondern mit einem Betonklotz, der über die Zeiten so stark verwittert ist, daß er heute einem ordinären Felsen zum Verwechseln ähnlich sieht? Für die hypothetische Überlegung eines künstlich hergestellten Betongusses spricht übrigens auch die Existenz eines kleinen, gerade einmal halbmetergroßen Findlings am Fuße des Felsbrockens. Auch dieser sieht weniger nach einem Naturstein aus als vielmehr nach einem Betonteil.

Sollte dies zutreffen, erheben sich allerdings einige unbequeme Fragen. *Wer* stellte in weit zurückliegenden Zeiten mächtige Betonklötze mit mehreren Metern Seitenlänge her? Aus welcher Fabrik stammten die Armierungsrohre, die jene charakteristischen Abdrücke hinterließen? Zweifellos muß das Baumaterial noch weich gewesen sein, sonst hätten sich die Rohre nicht so deutlich verewigen können. Und, last but not least, zu welchem Zweck diente das Ganze?

Ich habe es noch nicht herausfinden können, und in der betreffenden Region weiß niemand eine Antwort auf alle diese Fragen.

Falls Sie, liebe Leser, einen Lösungsvorschlag haben – oder auch etwas ähnliches kennen oder schon gesehen haben –, schreiben Sie mir bitte über den Verlag. Die Adresse finden Sie hinten im Anhang dieses Buches. Ich freue mich natürlich sehr auf Ihre Anregungen!

Gleichfalls nicht sehr weit von meinem Domizil, und zwar in der Salzburger Gebirgsregion, befindet sich das Hagengebirge. Dort entdeckte eine vom Österreichischen Höhlenverband organisierte internationale Expedition bereits im Sommer 1976 Höhlenmalereien aus prähistorischer Zeit. Neben Jagdszenen und technisch und geometrisch anmutenden Gravierungen hat eine Malerei lebhafte Diskussionen unter den Forschern angeregt, auf welcher das Bild eines Männchens in vogelartiger Verkleidung und einer Art Antenne auf dem Kopf zu erkennen ist.

Hinweise auf eine Vergangenheit, die möglicherweise phantastischer verlaufen ist als es uns die Schulweisheit lehrt, finden wir massenhaft – und brauchen häufig nicht einmal in ferne Gefilde zu reisen.

Nur hin und wieder einmal die Augen aufmachen und – so noch vorhanden – die Scheuklappen beiseite legen.

# 3 »Unmögliche« Operationen:
## *Steinzeitliche Präzisions-Chirurgie*

Es gibt da ein paar höchst unbequeme Fakten aus längst vergangenen Zeiten, die von der offiziellen Wissenschaft in aller Regel nicht gern erwähnt werden. Denn sie lassen sich – selbst mit viel Nachsicht und noch mehr gutem Willen – nicht mit dem »gesicherten« Wissen in Einklang bringen, welches wir von unserer Vergangenheit zu besitzen glauben.

Und noch weit weniger mit jenen Erkenntnissen, die wir von den medizinischen Kenntnissen unserer Vorfahren haben. Unbequeme Fakten sind es, weil sie beständig am Fundament unseres alten Weltbildes rütteln. Einige davon sind allenfalls mit medizinischem Know-how unserer Tage zu erklären.

Die Rede ist von spektakulären ärztlichen Wunderleistungen, die vor Jahrtausenden erbracht wurden und dabei unbestreitbar den Eindruck erwecken, als habe einer unserer heutigen Chirurgen dabei das Skalpell geführt. Da gibt es Anzeichen ausgefeilter Präzisions-Chirurgie aus einer Epoche, da unsere Vorfahren sich nach landläufiger Schulweisheit bestenfalls mit dem Faustkeil die Schädel hätten einschlagen können. Das haben sie weiland vielleicht auch zur Genüge praktiziert. Aber offensichtlich gab es – *und genau das* ist das Verrückte an der Sache! – ein paar Spezialisten, welche die eingeschlagenen Schädel wieder in Ordnung bringen konnten. Und auch sonst noch ein paar gute Tricks in Sachen Medizin parat gehabt haben.

Ob damalige wie heutige ärztliche Kunst dem nachfolgend beschriebenen Opfer noch geholfen hätten, wage ich allerdings zu bezweifeln. Im Naturgeschichtlichen Museum von London befindet sich der Schädel eines Neandertalers, der im Jahr 1921 bei Broken Hill im früheren Rhodesien (dem heutigen Simbabwe) ausgegraben wurde. Besagter Schädel weist auf der linken Seite ein glattes, rundes Loch auf, dessen Konturen auffällig gleichmäßig und scharf abgegrenzt sind. Diesem Loch direkt gegenüber ist der Schädel regelrecht zerschmettert, klafft eine ungleich größere Lücke im Knochen.

Das Ganze sieht wirklich nicht wie eine Verletzung aus, die von einem Speer oder einem Pfeil herrühren könnte. Für denselben Effekt – ein scharf umrissener Eintritt in Verbindung mit einer deutlich größeren Austrittsöffnung – gibt es meines Wissens nur eine zufriedenstellende Erklärung: Ein Hochgeschwindigkeits-Projektil, wie es heute einzig von einer modernen Feuerwaffe verschossen wird! Allein dieses wäre imstande, Verletzungen solcher Art hervorzubringen. Bei ihrem Eintritt hinterläßt die Kugel ein Loch im Knochen, das recht genau ihrem Kaliber entspricht. Hierbei verliert sie jedoch einen Großteil ihrer kinetischen Energie. Beim Auftreffen auf die gegenüberliegende Schädelpartie pilzt sie auf und reißt ein Loch von der mehrfachen Größe der Einschußöffnung.

Ein Berliner Gerichtsmediziner äußerte zu diesem Fall seine Überzeugung, daß die beiden eigenartigen und ohne Zweifel miteinander in Zusammenhang stehenden Öffnungen genauso aussehen wie typische Schußverletzungen, mit denen er und seine Kollegen nicht selten zu tun haben. Der Haken an der Sache ist allerdings der Fundort des Schädels: Die rätselhaften Überreste wurden in einer Tiefe von 18 Metern entdeckt. Und da der Schädel der Rasse der Nean-

dertaler zugerechnet wird, kann es sich kaum um ein zeit-
genössisches Opfer handeln, dessen sterbliche Reste – um
beispielsweise ein Verbrechen zu vertuschen – tief in der
Erde vergraben wurden.[20]

Wer kommt jedoch dann als Verursacher einer Schußverlet-
zung bei einem Steinzeitmenschen in Frage?

Läßt dieser Schädelfund schon vermuten, daß die beschriebenen Verletzungen mit weit moderneren Waffen als den
damals gebräuchlichen zugefügt wurden, lassen andere
Artefakte noch ungleich phantastischere Rückschlüsse zu.
Da geht es um medizinische Eingriffe, die zu damaligen
Zeiten kaum durchführbar, ja eigentlich völlig undenkbar
gewesen sind. Jedenfalls, wenn wir von unserem bislang
gültigen Weltbild ausgehen.

## Irgend etwas stimmt da nicht…

An zahlreichen steinzeitlichen Fundorten menschlicher
Überreste konnten Prähistoriker rund um die Welt immer wieder dieselbe Feststellung machen: Da wurde ohne
Zweifel wiederholt am offenen Schädel operiert. Und in
den meisten Fällen verliefen diese sogenannten *Trepanationen* auch erfolgreich, wie die Spuren von Heilungspro-
zessen an den Knochenrändern unwiderlegbar beweisen.
Die Patienten mußten die Eingriffe um etliche Jahre überlebt haben, denn an den Rändern bildete sich neue Knochensubstanz.

Äußerst rätselhaft und in der Geschichte der Chirurgie einmalig ist, wie jeder Mediziner bestätigen kann, daß einer
der ältesten am Menschen vorgenommenen operativen Eingriffe, nämlich die Schädelöffnung, zugleich auch einer der

kompliziertesten ist.[21] Aber was ist mit der allgemeingültigen Vorstellung, daß sich komplexere Dinge stets aus einfacheren entwickeln, wo hier gleich mit einer der schwierigsten Operationstechniken begonnen wurde? Da stimmt irgend etwas nicht, und ich bin sicher, daß wir, um zu einer Lösung dieses Rätsels vorzudringen, die ausgetretenen Pfade unseres Denkens verlassen müssen.

Unser Wissen um diese unerklärlichen Indizien chirurgischer Technik der Frühgeschichte ist erst etwas mehr als ein Jahrhundert alt. Im Jahre 1873 fand der französische Landarzt Prunières im Tal der Lozère im gleichnamigen südfranzösischen Département ein Dutzend angebohrter Schädel aus der Steinzeit. Als er seine Funde ein Jahr später der französischen Gelehrtenvereinigung »Association française pour l'avancement des sciences« in Lille vorlegte, reagierten die damit konfrontierten Wissenschaftler mit Überraschung und Ungläubigkeit.

Da solche Entdeckungen nicht einmal mit reichlich gutem Willen in das klassische Bild unserer Vorzeit passen mochten, beruhigte sich die Fachwelt aufs erste mit der Annahme, daß jene Trepanationen nicht aus therapeutischen Gründen am lebendigen Menschen durchgeführt worden waren. Sondern erst nach dem Tod zu »magischen« oder zu »kultischen« Zwecken.

Die bei genauerer Untersuchung gemachte Feststellung, daß bei der Mehrzahl der gefundenen Schädel eine deutlich erkennbare Knochenneubildung erfolgt war, warf diese »Kult-Hypothese« schnell wieder über den Haufen.

Am häufigsten trepanierte man das Scheitelbein. Das hierbei eröffnete Loch bildete meist eine Ellipse, manchmal auch einen mehr oder weniger regelmäßigen Kreis. Die Öffnungen messen im Durchschnitt vier mal vier Zentimeter (mit Abweichungen nach oben oder unten), seltener sind größere Durchbrüche. Diesen Operationen gingen nicht selten Frakturen mit nachfolgendem Bluterguß voraus, der auf das Gehirn drückte und daher vom Chirurgen umgehend beseitigt werden mußte. Aber auch zur Entfernung von Geschwülsten wurde trepaniert.

Die Archäologen datieren die ersten Schädelöffnungen recht vorsichtig in die ausgehende Altsteinzeit, vor etwa 10 000 Jahren. Die Werkzeuge, die damals zum Einsatz kamen, müssen präzise angefertigte Messer, Bohrer und Sägen gewesen sein, die den Operateuren ein sehr routiniertes Öffnen der Schädeldecke ermöglichten.

Ein in der 12 000 Jahre alten Nekropole von Taforalt gefundener Schädel gilt im Moment als ältestes Beispiel prähistorischer Gehirnchirurgie. Das Fundstück zeigt alle Merkmale einer gelungenen Operation, die der Patient auf längere Sicht überlebt hat. Die äußerst sauber und exakt ausgeschnittenen Knochenränder vernarbten ohne sichtbare Anzeichen von Komplikationen. Ohne Zweifel war der Chirurg ein vollkommener Meister seines Faches. Neuere Funde legen sogar den Schluß nahe, daß die Steinzeitmenschen – wenn *sie* es überhaupt waren! – exzellente Instrumente besaßen, deren Schnitt oft besser war als jene der metallenen Klingen heutiger Skalpelle.

Ich gebe zu, daß ich hiermit so meine Schwierigkeiten habe. Mir will die Vorstellung einfach nicht in den Kopf, daß da ein paar grunzende, lendenbeschurzte Steinzeitler mit Klingen aus Feuerstein oder Obsidian um einen ihrer Gefährten herumsitzen, um an ihm eine der kompliziertesten Operationen vorzunehmen, die Chirurgen unserer Tage ausführen. Was diese Eingriffe so ungeheuer diffizil macht, ist die Notwendigkeit, dabei auf keinen Fall die Hirnhaut zu verletzen. Sie stellt die wichtigste Infektionsbarriere für das menschliche Gehirn dar.

In seiner Doktorarbeit analysierte der deutsche Arzt Dr. Peter Hein die Häufigkeit und die Verbreitung der Trepanation in der Vor- und Frühgeschichte Europas. Dabei untersuchte er 334 Schädel und kam zu dem verblüffenden Ergebnis, daß mindestens 73 Prozent dieser vorgeschichtlichen Gehirnpatienten den komplizierten Eingriff überlebt hatten.[22]

Es mag ja angehen, daß ein paar dieser Operationen von Eingeborenen vorgenommen worden sein mögen, die von *irgend jemand* auf diese Technik angelernt wurden. Im afrikanischen Busch werden noch heute vereinzelt – ich komme später noch genauer darauf zurück – Schädelöffnungen vorgenommen. Mit einfachsten Instrumenten und ohne die Anforderungen, die ein moderner Operationsbetrieb an Sterilität, Anästhesie und vor allem an eine klinisch notwendige Nachbehandlung stellt. Für unsere Vorstellungen schlicht undenkbar!

Aber *wer* um alles in der Welt führte vor Tausenden von Jahren, bei den exaktesten Trepanationen, das Skalpell?

## Ein »Geschenk« der kosmischen Lehrmeister?

Wiederholt habe ich in meinen vorangegangenen Büchern die Vermutung geäußert, es könnte sich bei diversen fortgeschrittenen, für die damaligen Zeiten ungewöhnlichen medizinischen und chirurgischen Kenntnissen und Fertigkeiten sozusagen um »Geschenke« der Astronautengötter handeln. Im Falle des alten Reichs der Mitte habe ich dies ausführlich am Beispiel der Akupunktur dargestellt, die zu erklären die moderne westliche Medizin noch immer außerstande ist.[8] Oder anhand der phantastischen Grabfunde von

Ma Wang Dui. Dort sind mehr als 2200 Jahre alte Bücher über die Heilkunst zum Vorschein gekommen, die unser Wissen um die Medizin und Operationstechniken im alten China völlig revolutionieren.[2]

Ist es also denkbar, daß unsere außerirdischen Besucher und Lehrmeister nicht nur selbst Zeugnisse ihrer hoch entwickelten Chirurgie hinterließen, sondern gleichfalls einige bevorzugte Individuen darin unterwiesen? Weil »sie« um die »Unfallhäufigkeit« jener aggressiven, keulenschwingenden Spezies wußten, kamen sie nicht umhin, einigen verständigeren Exemplaren probate medizinische Kenntnisse an die Hand zu geben.

Wie könnte es denn, bitte schön, sonst gewesen sein? Da haben wir – plötzlich und in zahlreichen Frühkulturen gleichzeitig – komplizierte chirurgische Eingriffe *en masse*, aber keine »Versuchskaninchen«, an denen man vorher hätte üben und seine Fertigkeiten perfektionieren können! Plötzlich, etwa um 10 000 v. Chr., war nach vorwiegend übereinstimmender Datierung durch die Altertumsforschung praktisch ohne Vorankündigung das nötige Knowhow vorhanden.

Und letztlich sollten sich die Menschen als gelehrige Schüler erweisen, denn in der Jungsteinzeit, die etwa von 8000–2000 v. Chr. angesetzt wird, erfuhr die Schädelchirurgie einen ungeheuren Fortschritt.

In der Nähe des Sevan-Sees in Armenien wurden Skelette der Churriter gefunden; dies war ein Volk, das um das zweite vorchristliche Jahrtausend dort lebte. Ein weiblicher Schädel hatte ein durch eine äußere Verletzung entstandenes Loch, welches ungefähr sechs Millimeter im Durchmesser maß. Chirurgen führten ein kleines Implantat aus Tierknochen ein, das sie an dieser Stelle fixierten. Die ungewöhnliche Operation rettete der Frau ganz offensichtlich das Leben, und das knöcherne Implantat wuchs sogar einige Millimeter in den Schädel hinein. An einem anderen Churriter-Schädel diagnostizierte man eine großflächige Wunde, die durch einen stumpfen Schlag auf den Kopf verursacht worden war. Die unbekannten Operateure hatten einen Teil der Schädeldecke rund um die Verletzung herausgemeißelt, um die Knochensplitter aus dem Gehirn zu entfernen. Auch dieser Patient überlebte den Eingriff, wie sich anhand der Knochenneubildung einwandfrei feststellen ließ.[20]

Der armenische Archäologe Professor Andronik Jagharian sah sich durch Funde wie die eben beschriebenen zu der Behauptung veranlaßt, daß die damaligen Ärzte unseren heutigen Chirurgen zumindest *technisch* überlegen gewesen sein müssen!

## Das lebendige Erbe der Götter

Ich deutete es bereits an: Im afrikanischen Urwald, genauer gesagt im Hochland Westkenias, sind diese medizinischen Kenntnisse noch heute lebendig, werden noch immer Schädelöffnungen vorgenommen. Bei dem dort ansässigen Stamm der *Kisii* genießt der »Omobari Omotwe«, der Kopfchirurg, nach wie vor hohes Ansehen. Und das, obwohl seine Operationsmethoden von Staats wegen streng untersagt worden sind.

Seine Fertigkeiten übernimmt der Omobari Omotwe zumeist von seinem Vater, der den Heranwachsenden in seine Geheimnisse einführt, und ihn zu seinem Nachfolger macht. Jeder Kopfchirurg hat sein Wissen vom Vater oder dem nächsten männlichen Verwandten übernommen. Wie

1 Die Bezeichnung »Astronauti« hat sich schon fest eingebürgert für diese seltsamen Wesen, eingeritzt auf den Felsen vom Val Camonica. Leider hat bereits die Verwitterung dieser Abbilder vorzeitlicher Raumfahrer eingesetzt.

2 Was stellen die seltsamen »Schälchen und Ringe« dar, hier auf einem Felsen bei Ormaig in Schottland?

1

2

3,4 Ein – wenn auch schon etwas verwittertes – Pendant in Malta (links unten) besitzt der »Thron der Götter« auf dem Kenko Grande in Peru.

5

5  Eine schwangere Riesin, so die Mythologie, habe die Anlage Ggantija gebaut, um im Schutz ihrer Mauern einen Riesensohn zu gebären. Der größte in Ggantija verbaute Monolith mißt immerhin 7,81 Meter in der Breite!

6  Eher einem Luftschutzbunker oder offenem Unterstand gleicht diese in den Fels geschnittene Vertiefung. Sie befindet sich auf dem Areal der »Clapham Junctions«, in unmittelbarer Nähe zahlreicher »Cart Ruts«.

6

weit diese Stafette ins Grau der Zeiten zurückreicht, läßt sich nicht mehr verfolgen. Es muß jedoch eine sehr, sehr lange Zeit sein …

Sensationelle Bilder und Berichte brachte 1991 ein Fernsehteam des Zweiten Deutschen Fernsehens (ZDF) aus dieser Gegend Afrikas mit, in der das Erbe der Götter noch sehr lebendig ist. Es erwies sich als alles andere denn ungefährlich, in besagter Region, die immer wieder Schauplatz von Stammesfehden zwischen verschiedenen Volksgruppen ist, auf die Suche nach einem heute noch tätigen Buschchirurgen zu gehen. Der zudem auch noch bereit war, sich bei seiner blutigen Arbeit über die Schulter sehen zu lassen. Und natürlich verging noch eine ganze Weile, bis ein geeigneter Patient für solch eine spektakuläre Operation gefunden werden konnte.

Am Morgen des 13. Juni 1991 war es dann endlich soweit. Die 28jährige Paulina Onkundi war zwei Nächte zuvor von Viehdieben überfallen und dabei mit einer *Panga* (einer Art Sichel, welche als Werkzeug und Waffe zugleich dient) am Kopf verwundet worden. Seit diesem Angriff litt sie unter schweren Kopfschmerzen, fühlte sich ständig benommen, immer einer Ohnmacht nahe. Geduldig saß sie auf einer Bastmatte vor der Hütte des Operateurs, während um sie herum die notwendigen Vorbereitungen für den nicht alltäglichen Eingriff abliefen.

Der Sohn des Buschchirurgen assistierte dem Vater und sammelte vorneweg Pflanzen zur Wundbehandlung. Es waren Omoyaboya-Blätter, die wundreinigend wirken und deren behaarte Unterseite als Tupfer dienen, sowie Riraramgera-Blätter, die eine blutstillende Wirkung besitzen. Danach schliff er einige selbstgefertigte, an der Spitze leicht gebogene Messer auf einem großen Stein und wusch sie im trüben Wasser eines nahe gelegenen, abgestandenen Tüm-

pels ab. Zusammen mit einer nicht gerade neuen Rasier-
klinge, einer Metallfeile und einem kleinen Meißel legte er
diese horrible Kollektion auf einem Bananenblatt bereit.
Vollkommen unglaublich, daß mit diesem angerosteten
Sammelsurium einem lebenden Menschen des 20. Jahrhunderts der Schädel geöffnet werden sollte!

Währenddessen wartete die Patientin gelassen und äußerlich völlig ruhig auf ihrer Bastmatte. Ihr wurden weder
Drogen noch Alkohol verabreicht, sie sollte wohlweislich
bei vollem Bewußtsein bleiben. Dann kam der Kopfchirurg,
der *Omobari Omotwe*, aus seiner Hütte.

Der ganze, nun folgende Eingriff spielte sich im Freien,
unter den Augen aller Dorfbewohner ab.

Mit einem Messer schnitt er in die klaffende Kopfwunde,
bis er auf den blanken Knochen stieß, und erweiterte sie in
Längsrichtung nach beiden Seiten. Das hervorquellende
Blut tupfte sein Sohn immer wieder mit den Omoyaboya-
Blättern ab. Mit seinen Fingern versuchte der Chirurg, den
freiliegenden Schädelknochen nach der vermuteten Fraktur
abzutasten. Leise stöhnte die Frau, ließ sich aber sonst kei-
nen Schmerz anmerken. Als er keine Anzeichen für einen
Bruch fand, konnte er die Operation nach ungefähr einer
Stunde beenden. Glück gehabt: Die ganze Aktion konnte
auf einen diagnostischen Eingriff beschränkt werden. Im
Schädelinneren lag keine größere Verletzung vor, und der
Knochen mußte weder eingeschabt noch aufgesägt oder gar
ein Stück vom Schädeldach entfernt werden.

Ein letztes Mal reinigte der *Omobari Omotwe* die Wunde,
tupfte das Blut ab und band schließlich ein Leinentuch über
die frische Wunde. Dann konnte die Patientin, die sich die
ganze Zeit nicht bewegt hatte, aufstehen, und wurde in ihre
Hütte geführt.[23]

Zehn Jahre zuvor, 1981, hatte der deutsche Arzt Dr. Rolf

Meschig eine beinahe identische, ebenfalls diagnostische Trepanation bei einer jungen Frau dokumentiert. Zu jener Zeit war die Schwiegertochter des Operateurs von Viehdieben überfallen worden. Die damals 25jährige Frau hatte sich nach dem Eingriff schnell erholt und fühlte sich bereits am zweiten Tag danach schmerzfrei.[24]

## Anatomie eines Rätsels

Kehren wir zurück zu den schier unglaublichen Schädeloperationen in der Frühgeschichte der Menschheit. Ein richtiggehendes »Zentrum« für diese Eingriffe befand sich auf dem südamerikanischen Kontinent. So hat man aus altperuanischen Gräbern eine fast unübersehbare Anzahl trepanierter Schädel, darüber hinaus aber auch chirurgische Instrumente geborgen. Ein ganzes Arsenal kam dort ans Licht des Tages: Obsidianklingen, die einen präziseren Schnitt erlauben als so manches heutige Skalpell, Schabeinstrumente mit halbrunder Klinge, Stichel, Nadeln sowie Klammern zum Fixieren der Wundränder.

Anhand solcher Funde läßt sich der operative Ablauf der geradezu »in Serie« betriebenen Schädelöffnungen genau nachvollziehen. Sehr schnell zeigt sich, daß damals perfekte Chirurgie betrieben wurde. Eine der angewandten Methoden war der sogenannte *Überkreuzungsschnitt*, der sowohl dreieckig, rechteckig wie auch quadratisch durchgeführt wurde (s. nachstehende Abb.). Die Ärzte wandten aber auch, besonders bei eingedrückten Frakturen, den *Bogenschnitt* an. Diese Operationsart wird charakterisiert durch das Ineinandergreifenlassen kurzer Bogenlinien, bis sich nach der Durchtrennung der *Lamina externa*, dem äußeren

Blatt des Schädeldaches, eine sichere Schiene für das Trepanationsinstrument ergab. Wenn dann auch noch die *Diploe*, die zwischen den beiden Tafeln des Schädeldaches liegende schwammige Knochensubstanz, durchschnitten war, folgte das Aufbrechen des umschnittenen Schädelfragments und

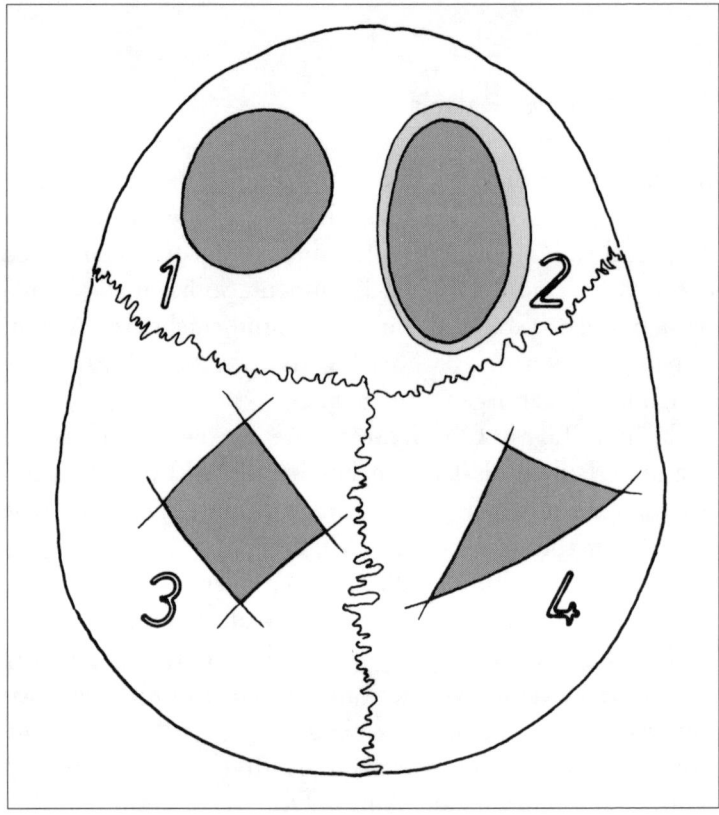

*Abb. 4    Modellschädel (Draufsicht) mit den am häufigsten angewandten steinzeitlichen Trepanationsverfahren: 1 Rundschnitt – 2 Bogenschnitt – 3 und 4 zwei Arten von Überkreuzungsschnitten. In einem trepanierten Schädel fanden sich sogar feine Metallfäden – Implantate in einem steinzeitlichen Entführungsopfer?*

das Glätten der Knochenränder zu einem schrägen Abfall.

Im Jahre 1925 fand der peruanische Archäologe Julio Tello auf der Wüstenhalbinsel Paracas, etwa 250 Kilometer südlich von Lima gelegen, eine große Anzahl auf diese Weise göffneter Schädel. Unter 400 Fällen konnte man mindestens von 25 sicheren Heilungen ausgehen. An manchen Schädeln konnten bis zu sieben (!) Operationen nachgewiesen werden, davon waren fünf vollständig ausgeheilte Eingriffe nicht selten. Was eigentlich nur *für* den außergewöhnlich hohen Stand des medizinischen Wissens und der angewandten Technik spricht.[25]

Dasselbe dürfte ebenso uneingeschränkt auch für das verwendete Instrumentarium gelten. 1963 führte der peruanische Chirurg Dr. Francisco Grana eine komplizierte Schädeloperation an einem Unfallverletzten aus. Hierbei verwendete er genau jene Trepanationsinstrumente, wie sie in seinem Land aufgefunden worden waren. Sie bestanden aus einer Gold-Silber-Legierung und wurden auf ein Alter von mindestens 3000 Jahren datiert. Die Operation glückte, und es kam zu einer völligen Heilung des Patienten.[26]

## Beängstigende Parallele:
## Implantate aus uralter Zeit!

Das alte Peru hat in dieser Hinsicht noch weitere, geradezu sensationelle Funde zu bieten. Im Jahre 1863 fand der amerikanische Diplomat E. G. Squier in Cuzco, der alten Inka-Hauptstadt im Hochland der Anden, einen menschlichen Schädel, dessen Alter mit etwa 4000 Jahren angegeben wurde. Aus der Schädelplatte war zu Lebzeiten ein rechteckiges Knochenstück operativ entfernt worden.

Squier gab diesen Schädel dem französischen Anthropologen Paul Broca (1824–1880), der dafür bekannt wurde, daß er als erster das Sprachvermögen in einer Windung des Vorderhirnes lokalisierte. Diese Stelle wird nach ihm *Brocasche Windung* genannt. Der Anthropologe fand in dem hohlen Schädel neben den Anzeichen einer Knocheninfektion, die der Hauptgrund für jenen chirurgischen Eingriff gewesen sein mag, auch noch sechs haarfeine Drähte![27]

Und hier wird es äußerst unheimlich! Denn der Fund erinnert auf beängstigende Weise an das in unseren Tagen immer mehr um sich greifende *Entführungs-Syndrom* (»Abductions«). Im selbigen Zusammenhang wird auch von behandelnden Ärzten immer häufiger von sogenannten Implantaten gesprochen, die den Zielpersonen jener unheimlichen Begegnungen der vierten Art im Verlauf einer Operation eingepflanzt worden sein sollen. Protagonisten dieser angsterregenden Vorgänge sollen in den meisten der Fälle kleine, graue Entitäten sein, die mit dem UFO- und Entführungsphänomen in Verbindung gebracht werden. In seinen Büchern über Entführungen durch offenbar außerirdische Intelligenzen schildert der deutsche UFO-Forscher Dr. Johannes Fiebag zahlreiche Fälle, in denen den Entführten unter großen Schmerzen durch die Nase haarfeine, sondenähnliche Implantate eingeführt wurden.[28, 29]

Einer der Betroffenen faßte sein traumatisches Erlebnis in folgende Worte: »Meine früheste Erinnerung in meinem Leben ist auch gleichzeitig meine erste Angst. Ich muß ein oder zwei Jahre alt gewesen sein ( …). Ich nehme an, daß ich im Bett meiner Mutter gelegen habe, und ich war allein. Ich spürte, wie etwas in meine Nase eindrang. Es ging irgendwie immer höher, und ich hatte große Angst.«[29]

UFO-Entführungen und Experimente damals wie heute? Das Phänomen läßt eine unglaubliche Kontinuität durch all die Jahrtausende erkennen! Auch der amerikanische Professor John E. Mack, Inhaber eines Lehrstuhles an der renommierten *Harvard University*, untersucht in seinem aufsehenerregenden Werk »Entführt von Außerirdischen« eine große Anzahl ähnlich gearteter Fälle. Bei Mack setzte gewissermaßen ein Sinneswandel ein. Denn als ihm in den achtziger Jahren erstmals von den Erfahrungen der »Abductees«, wie man die Entführungsopfer im anglo-amerikanischen Sprachgebrauch bezeichnet, nähere Details zugänglich wurden, war sein erster Gedanke, daß er es mit Halluzinationen, pathologischen Lügnern und verdrängten traumatischen Erlebnissen im sexuellen Bereich zu tun hatte. Zu bizarr, zu unglaublich erschienen ihm die Berichte. Doch je mehr er sich in diese erregende Materie hineinarbeitete, um so mehr wuchs auch in ihm die Überzeugung, es mit einem gleichsam realen wie alptraumhaften Phänomen zu tun zu haben. Was ihm nicht unbedingt die Sympathie seiner Professorenkollegen in Amerikas weithin renommierter Kaderschule einbrachte...[30]
Angeblich sollen in den Vereinigten Staaten inzwischen eine Reihe von Röntgenaufnahmen existieren, auf denen solche Implantate zu erkennen sind. Da es sich jedoch in den einzelnen Fällen um absolut heikle, in den intimsten Persönlichkeitsbereich hineinreichende Aspekte handelt, ist hier äußerstes Fingerspitzengefühl gefordert. Die in jeder Hinsicht zur Geltung kommende ärztliche Schweigepflicht tut hier ein übriges, und es wird mit Sicherheit noch etwas Zeit vergehen, bis genauere Informationen – und vielleicht sogar die entsprechenden *Corpus delicti* – der allgemeinen Forschung zugänglich sind.

Welches schreckliche Geheimnis hat der Steinzeitmensch, in dessen Schädel die haarfeinen Drähte entdeckt wurden, buchstäblich mit in sein Grab genommen?
Kehren wir zum Schluß also noch einmal zu den unglaublichen Leistungen »steinzeitlicher« Präzisions-Chirurgie zurück. Oder was wir bisher für die Leistungen unserer prähistorischen Vorfahren gehalten, mangels Deckung mit unserem Weltbild jedoch lieber verdrängt haben.

## Wann gelang die erste Herztransplantation?

So spektakulär die bis hier genannten Fakten rund um das Thema vorzeitliche Chirurgie auch sind, es kommt noch phantastischer!
In der Geschichte der modernen Medizin gilt der südafrikanische Herzchirurg Dr. Christian Barnaard als erster Arzt, der einem Patienten das Herz eines anderen Menschen einpflanzte. Dieser Meilenstein der Chirurgie gelang dem Mediziner 1967 im »Groote-Schuur-Hospital« in Kapstadt. Dem damals 51jährigen Louis Washkansky wurde in einer Mammutoperation das Herz eines Unfallopfers eingesetzt. Der Patient überlebte den bahnbrechenden Eingriff gerade mal um knappe zwei Wochen, dann setzte eine verhängnisvolle Immunreaktion seines geschwächten Körpers allen Hoffnungen ein Ende: Das Spenderherz wurde als körperfremdes Gewebe abgestoßen.
Zwei Jahre später unternahm der sowjetische Professor Leonidow Marmadschaidschan von der Universität von Aschchabad (der Hauptstadt der heutigen Republik Turkmenistan) gemeinsam mit Kollegen der Universität von Leningrad eine Forschungsreise in den zur UdSSR gehören-

den Teil Zentralasiens. In einer Höhle fanden sie einen Bestattungsort aus der Frühgeschichte unserer Menschheit. Aus einem Massengrab förderten die Expeditionsteilnehmer 30 vollkommen erhaltene Skelette zutage.

Nach der Rückkehr an die Universität von Aschchabad wurden die menschlichen Überreste einer Datierung nach der *Radio-Karbon-Methode* (C 14-Methode) unterzogen, die ein Mindestalter von 20 000 Jahren ergab. Später durchgeführte, genauere Messungen kamen zu dem Ergebnis, daß die Skelette sogar bis zu 100 000 Jahre alt sein können. Neben dem hohen Alter gab es noch weitere, rätselhafte Fakten, die den Wissenschaftlern eine harte Nuß zu knacken gaben. Acht der in den Höhlen gefundenen Skelette wiesen Spuren von starken Knochenverletzungen auf, die von Kämpfen mit Raubtieren herzurühren schienen. Einige Knochen trugen Spuren von Krallen, andere wiederum zeigten deutliche Anzeichen von tiefen, gewaltigen Bissen.

Einige wenige Skelette aber ließen merkwürdige Operationsspuren am Brustkorb erkennen. Und an einem wiederum mußte eine Resektion mehrerer Rippenpartien stattgefunden haben, was nur einen schockierenden Schluß zuläßt: Daß durch jenen Einschnitt in den *Thorax* das Herz für einen chirurgischen Eingriff freigelegt worden war!

Auf der linken Brustseite waren die Rippen genau in Höhe des Herzens mit einem scharfen Instrument sauber durchschnitten und entfernt worden. Die genaue Untersuchung der Operationsfläche hat zur Erkenntnis geführt, daß nach Resektion der Rippen ein Einschnitt vorgenommen worden war, der später noch erweitert wurde, um Platz für die eigentliche Operation am offenen Herzen zu schaffen.

Ich habe Verständnis für jeden, der nun – weil ihm das Ganze zu phantastisch, zu unglaublich klingt – der festen Meinung ist, es habe sich bei alledem um Menschenopfer gehandelt, wie es sie in der langem Geschichte der Menschheit sicher unzählige Male gegeben hat. Aber ich fürchte, daß es in diesem Fall nicht so einfach abgehen wird. Denn an der Einschnittsöffnung hatte sich neue Knochensubstanz gebildet. Nach deren Dicke zu urteilen, ist der Patient genesen und hat noch mindestens drei bis fünf Jahre gelebt![31] Dies ist – und da wird mir mit Sicherheit niemand widersprechen – deutlich mehr, als die übliche Lebenserwartung eines zum Opfertod bestimmten Menschen betragen hat. Aus welcher Kultur, die derartige Opfer trieben, er auch immer gestammt haben mag.

Der endgültige Todesstoß für die »Opferhypothese« ist aber die Tatsache, daß die Schnittfläche am Thorax haargenau jenem *Herzfenster* entspricht, wie es seit Professor Barnaards erster Herztransplantation im Jahre 1967 für Operationen am offenen Herzen angelegt wird. Schon früher hatte man Spuren gleichartiger Eingriffe an Knochen des Brustkorbes von Skeletten entdeckt, die man im Nahen Osten ausgegraben hatte. Die C 14-Datierungsmethode wies ihnen ein Alter von ca. 50000 Jahren zu.

Wer will angesichts solch phantastischer Funde noch an die unbestrittene Gültigkeit unseres überkommenen Weltbildes glauben? Wer noch immer am Menschen als einziger intelligenten Spezies in den Weiten unseres Weltraums festhält, wird radikal umdenken müssen.

Denn Veränderungen werden, sie müssen kommen. Damit wir eines gar nicht mehr so fernen Tages nicht den Schock unseres Lebens *er-leben* müssen…

# 4 Rätsel der Karpaten:
## *Ein Land, fern von unserer Zeit...*

Es geschah im Herbst 1989 in Jassy, der Provinzhauptstadt der rumänischen Region Moldova (Moldavien). Die etwa 350 000 Einwohner zählende Stadt liegt zwischen dem Karpatengebirge und dem Fluß Pruth, unweit der Grenze zur ehemaligen Sowjetunion. Bauarbeiter waren in diesen Tagen – es war kurz vor dem gewaltsamen Sturz der blutrünstigen Ceauşescu-Diktatur – mit Renovierungsarbeiten an einem alten Gebäude in der Innenstadt von Jassy beschäftigt. Plötzlich stießen die Arbeiter am Fundament des Hauses auf eine versteckte Öffnung, die lotrecht nach unten, in den Boden hinein führte. Dieser Zugang wurde von einer riesigen Metallplatte verschlossen, welche ungefähr drei Meter im Durchmesser maß.
Sofort ließ man Wissenschaftler kommen, um den Fundort ebenso wie dessen Umgebung genau zu untersuchen. Diese mußten allerdings gleichermaßen erstaunt wie frustriert feststellen, daß die Legierung, aus der die riesige Platte bestand, keine der üblichen Metallzusammensetzungen war: Es gelang bisher nicht, diese Legierung zu analysieren. Gerüchte, die sich sehr rasch um die ungewöhnlichen Funde von Jassy zu ranken begannen, wollten wissen, daß solch eine Platte kein Produkt unserer auf der Erde verbreiteten Technologie sein könne!
Für noch größere Ratlosigkeit unter den zu Hilfe gezogenen Experten sorgten 14 kreisrunde, auf einer Art von vulkanischem Gestein eingravierte ornamentale Verzierungen,

welche rund um die Metallplatte gefunden wurden. Vier von ihnen zeigen fremdartig gekleidete, fast ein wenig roboterhaft wirkende, menschenähnliche Wesen. Sie stecken in einer technisch anmutenden, overallähnlichen Montur, am derem hinteren Ende ein seltsamer Fortsatz zu erkennen ist. Eine Art von »Schwanz«, könnte man beinahe sagen, wenn die ganze Figur nur nicht so ausgesprochen technisch wirken würde …

Jedes der vier ungewöhnlichen Wesen ist von einem doppelten Ring umgeben, der aus bislang unerforschten Symbolen besteht. Dabei dürfte der innere Ring mit großer Wahrscheinlichkeit aus Schriftzeichen bestehen, jedenfalls weisen die seltsamen Glyphen eine frappierende Ähnlichkeit mit Schriftsymbolen der Mayas in Mittelamerika auf. Der äußere Ring hingegen soll Kreaturen darstellen, von denen einige auch den Sauriern des Erdmittelalters (Mesozoikum, ca. 200–60 Mio. Jahre vor unserer Zeit) gleichen. Es ist im übrigen kein Geheimnis, daß in den nahe gelegenen Karpaten zahlreiche Fossilien ausgestorbener, vorzeitlicher »Ungeheuer« gefunden worden sind. Der deutsche Arzt Patersonius Hayn, der wie zahlreiche seiner Landsleute in jenen Tagen nach Ungarn ausgewandert war, durchforschte um die Mitte des 17. Jahrhunderts zahlreiche »Drachenhöhlen« in den Kleinen Karpaten. Er fand mehrere Schädel und eine Anzahl riesiger Zähne. Einen der Schädel setzte er zusammen, fertigte eine Rekonstruktionszeichnung und verfaßte im Jahre 1673 eine Abhandlung über »Drachenschädel in den Karpaten«, die er an die Akademie für Naturforschung nach Halle sandte. Etwa zur gleichen Zeit stieß ein anderer Deutscher namens Vette in siebenbürgischen Felshöhlen auf ähnliche Knochen, und der Hallenser Naturforscher Vollgnad publizierte daraufhin einen Bericht über »siebenbürgische Drachen«.

Sollte das als Erklärung für die »Monster« genügen, die man in den Ornamenten im Boden von Jassy fand? Immerhin wissen uralte Volkssagen aus diesem Raum Südosteuropas von Drachen zu berichten, die fliegen konnten.[32]


## Abstieg in die Unterwelt

Als man die überdimensionierte Metallplatte mit einem Kran von der Öffnung im Boden weggehoben hatte, wurde darunter ein etwa zehn Meter tiefer Schacht sichtbar, der genau senkrecht ins Erdinnere hinabführte. Die Wand des Abgrundes bestand aus Granit. Mit Hilfe von Seilen ließen sich einige Geologen nach unten und entdeckten einen ebenfalls mit Granit umwandeten Vorraum mit ungefähr 17–18 Quadratmeter Grundfläche bei einer Höhe von drei Metern. Dessen Wände und Decke schienen regelrecht glasiert zu sein. Und die einzelnen Blöcke, aus denen sie bestanden, waren so präzise gearbeitet, daß nicht einmal eine Messerklinge dazwischenpaßte.

Solche Präzision ist uns mittlerweile vertraut von zahlreichen unerklärlichen Bauleistungen aus alter Zeit. Nicht zuletzt auch von den geheimnisvollen Ruinen von Sacsayhuaman oberhalb der peruanischen Stadt Cúzco.[16, 33]

In einer Wand des beschriebenen Raumes entdeckten die Forscher ein weiteres Loch, das den Eingang zu einem langen Tunnel darstellt. Bei einer Höhe von 2,40 Metern und einer Breite von 1,60 Metern führt diese Röhre in einem Neigungswinkel von ziemlich genau 30 Grad schräg in den Boden hinein. Dort endet der Tunnel in einem weiteren, gleichfalls mit Granitblöcken ausgekleideten Gewölbe.

Dieser Raum am Ende eines fast halbkilometerlangen, schrägen Tunnels liegt 78 Meter tiefer als jener Raum, welchen die Wissenschaftler als ersten betreten hatten. Und der Niveauunterschied zum Einstieg, der durch die riesige Metallplatte abgesichert war, beträgt sogar knappe 90 Meter!

In dem unterirdischen Raum am Ende der 450 Meter langen Tunnelröhre fiel den Wissenschaftlern etwas Bemerkenswertes auf: In eine der Wände war ein großer Granitblock mit einer Höhlung eingelassen, aus der Quellwasser in eine trichterförmige Vertiefung floß.

Die Überraschung war jedoch perfekt, als man Proben dieses Wassers in das Labor für Bakteriologie und Virologie in Jassy zum Analysieren brachte. Es scheint eine ganz besondere Flüssigkeit zu sein, um nicht zu sagen, das langgesuchte »Wasser des Lebens«.

## Versuchslabor im Schoß der Erde?

Im Verlauf einer Versuchsreihe wurden Ratten und Mäuse mit Krebszellen infiziert. Jener Teil der Tiere, der mit dem Wasser aus der unterirdischen Quelle behandelt wurde, zeigte nach nur drei Wochen Anzeichen einer dauerhaften Heilung. Wogegen die nichtbehandelten Versuchstiere sehr bald der heimtückischen Krankheit zum Opfer fielen. Auch Versuche mit Bakterien und Viren verliefen erfolgreich – die Krankheitserreger starben alle restlos ab! Dieses Wasser scheint phänomenale Auswirkungen auf das Immunsystem zu besitzen. Sollte es eines jener langgesuchten »Wundermittel« sein, das die Menschheit von einigen ihrer schlimmsten Geißeln zu befreien vermag?[34]

Aber Vorsicht vor allzu übereilter Euphorie! Wenn dem

wirklich so wäre, würden sich nicht sofort gewisse Militär- und Geheimdienstkreise darauf stürzen und einen »Mantel des Schweigens« über der ganzen Angelegenheit auszubreiten versuchen? Es ist zu vermuten, daß dies bereits geschehen ist. Dem Informanten zufolge, der von dieser Entdeckung hinter dem ehemaligen Eisernen Vorhang berichtete, ist den Forschern noch nicht klargeworden, welche Funktion und Bedeutung den unterirdischen Gängen und Räumen einst zugekommen sein mag.

Waren es die Örtlichkeiten, an denen irgendein ominöser Geheimbund oder undurchsichtige Sektierer ihre konspirativen Sitzungen, ihre mehr oder weniger »schwarzen« Initiationsriten abhielten?

Oder war man hier schon in längst vergangenen Zeiten medizinisch tätig, wurde hier erfolgreich gegen Geißeln der Menschheit gekämpft?

Woher stammen die unglaublichen Eigenschaften jenes Quellwassers, die man bei der Analyse herausfand? Sind es natürliche Mittel, oder wurden sie künstlich zugesetzt? Da ich diese Zeilen schreibe, sieht ein Gesetzesentwurf der EU die Europaweite Zulassung bestrahlter wie auch gentechnisch veränderter »Lebens«-Mittel vor. Denaturierter Euro-Fraß in harmloser Euro-Mogelpackung – jedenfalls scheint der Gedanke nicht allzuweit hergeholt.[35]

Aber warum die versteckte und sprichwörtlich bombensichere Lage, die geradewegs mit Bedacht erschwerte Zugänglichkeit der ganzen Anlage? Wurden hier von »irgend jemandem« Experimente durchgeführt, war dies ein Ort, am dem die »Götter« Gott spielten? Ein geheimes Versuchslabor also, tief im Schoß der Erde versteckt?

Das vorläufig letzte, was über die Funde von Jassy zu vernehmen war, ist die Tatsache, daß der senkrechte Tunneleingang im Fundament des Hauses mit einer Betonplatte zugedeckt wurde. Einer der Gründe hierfür mögen natürlich Sicherheitserwägungen sein – das Kind soll im wahrsten Sinne des Wortes nicht erst in den Brunnen fallen.

Aber will man gleichzeitig auch Gras über die ganze undurchsichtige Angelegenheit wachsen lassen?

## Ein »unmöglicher« Fund platzt in unser Weltbild

Den »Tatort« können wir ziemlich genau eingrenzen: 23° 45' östlicher Länge und 46° 25' nördlicher Breite, auf dem Territorium des Staates Rumänien. Auch den »Tatbestand« können wir definieren. An dieser Stelle ist ein Fund in unser vertrautes, festgefügtes Weltbild geplatzt, der dort eigentlich überhaupt nichts verloren hätte. Einmal abgesehen von der unumstößlichen Tatsache, daß es ihn gibt. Über das »Tatmotiv« allerdings tappen wir völlig im dunkeln, sind letztlich auf Spekulationen und unsere Kombinationsgabe angewiesen.

Vorweg die ebenso phantastische wie auch plausibelste Möglichkeit: Landete in dieser Region vor undenklichen Zeiten eine außerirdische Raumsonde?

Im Frühjahr 1974 entdeckte eine Brigade von Arbeitern in einer Sandgrube am Ufer des in den Karpaten entspringenden Flusses Mures drei kleine Gegenstände, die in den feinen Sand des Fluß-Sedimentes eingebettet waren. Die Fundstelle befindet sich ungefähr zwei Kilometer östlich der Ortschaft *Aiud,* die am Ostrand des »Siebenbürgischen Erzgebirges« und 50 Kilometer südlich der Stadt Cluj-Napoca, dem früheren Klausenburg, gelegen ist. Die betreffenden Objekte lagen in einer Tiefe von zehn Metern unter der heutigen Erdoberfläche und waren von einer harten, sandigen Kruste überzogen.

Ein Geologe identifizierte zwei dieser Gegenstände als Knochen beziehungsweise Knochenfragmente. Das dritte Fundobjekt schien auf den ersten Blick ein Steinbeil zu sein, das man unseren altsteinzeitlichen Vorfahren zuschrieb. So sandte man alle Artefakte für weitere Untersuchungen an das Archäologische Institut in Cluj-Napoca.

Dort befreite man die Fundstücke erst einmal von ihren Sandverkrustungen. Die Fossilien konnten dann als Knochen und Backenzahn eines jungen Mastodons identifiziert werden. Zur Erklärung: Die Mastodonten waren – neben den zottigen Mammuts – die Vorfahren unserer heutigen Elefanten. Sie lebten vom Miozän, einer Unterabteilung der Tertiärzeit vor etwa 20 Millionen Jahren, bis sie im eiszeitlichen Pleistozän – vor ungefähr einer Million Jahren – ausstarben. Der Blick auf eine geologische Übersichtskarte bestätigt dies auch: Die Gesteine rund um den Fluß Mures in diesem Teil Rumäniens stammen aus den jungtertiären Schichten des Pliozän und des Miozän, dazu findet man diluviale Ablagerungen aus den mit Warmperioden abwechselnden Eiszeiten der letzten Million Jahre.[36]


## Ein technisches Artefakt

Das dritte Fundstück jedoch war alles andere als ein prähistorisches Steinbeil, auch wenn es bei der Bergung auf den ersten Blick einem solchen zum Verwechseln ähnlich sah. Aber es besteht – aus Metall!

In dieses Artefakt mit einem Längsdurchmesser von 20,2 Zentimetern führen zwei zylindrische Röhren, die im rechten Winkel aufeinanderstoßen und deren Bohrungen dabei von unterschiedlichem Durchmesser sind (s. die Abbildung rechts hierzu). Im unteren Teil der breiter gebohrten Röhre konnte eine ovale Deformation festgestellt werden, man vermutet Folgen des Einsatzes einer Achse mit abgerundetem Kopf. Die flache und die seitlichen Oberflächen des Gegenstandes weisen Spuren wie von wiederholten harten Schlägen auf. Diese Indizien legen den Schluß nahe, daß das seltsame Objekt einmal Teil eines technisch-funktionalen Systems gewesen sein muß.

Dies mag, für sich allein betrachtet, zwar erstaunlich, jedoch noch nicht einmalig sein. Im Provinzmuseum von Shaanxi in Xian (Volksrepublik China) sah ich Exponate von eindeutig technischer Herkunft; sie erinnerten mich auffallend an in unserer Zeit durch den Einsatz von präzisionsgesteuerten Fräsen gefertigte Bauteile.[2] Auch sie waren zweifellos Teile eines funktionalen Systems gewesen und nicht die »Kultgegenstände«, als welche sie in rührender Untertreibung katalogisiert sind. Und sie bestanden aus Bronze. Was aber den Fund von Aiud zum »unmöglichen Objekt« werden läßt, das bescherten uns die Resultate der metallurgischen Untersuchung.

Denn das mysteriöse *Corpus delicti*, welches da so unvermittelt in unser »heiles« Weltbild geplatzt ist, besteht nämlich zum überwiegenden Teil aus – man glaubt es kaum – Aluminium!

Man brachte das Artefakt in das »Institut für Forschung und Projektierung nichteisenhaltiger Erze und Metalle« (ICPMMN) nach Turnu Mâgurele, einer Stadt südwestlich von Bukarest, nahe der Grenze zum Nachbarland Bulgarien. Analysen, die dort unter der Leitung von Dr. I. Niederkorn vorgenommen wurden, ergaben zweifelsfrei, daß das Objekt aus einer komplexen Metallegierung hergestellt

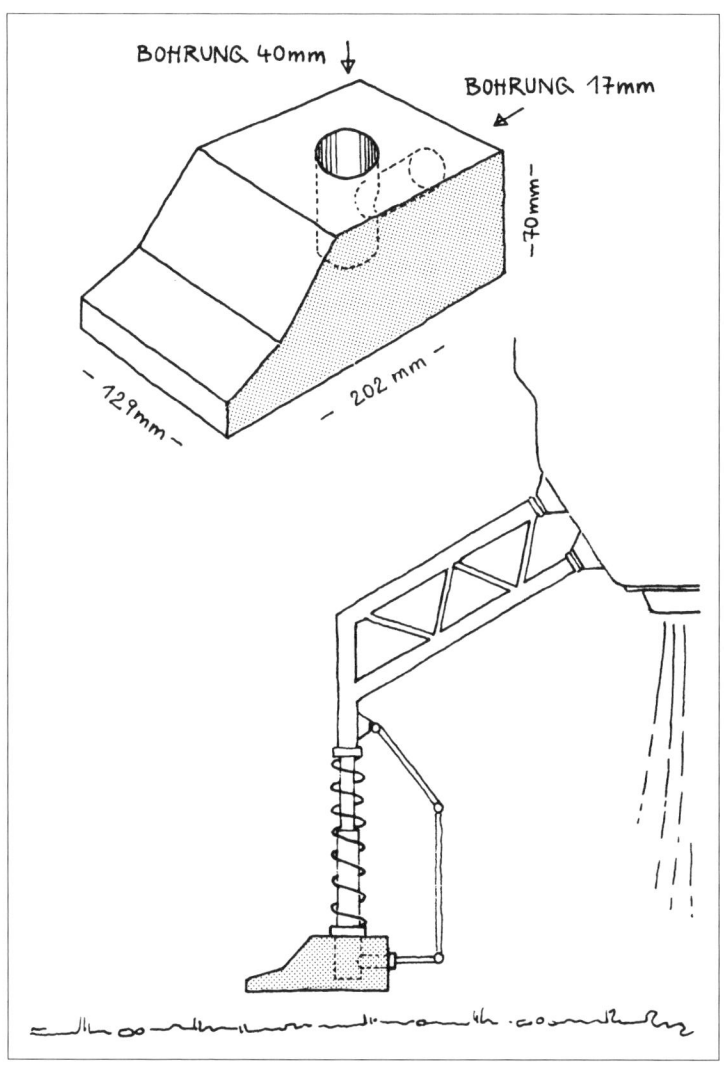

*Abb. 5   Das sogenannte Aiud-Objekt besteht aus Aluminium –
muß jedoch mindestens eine Million Jahre alt sein. Plausibelste
Erklärung: Es handelt sich um den abgebrochenen Landefuß einer
fremden Raumsonde. Teil eines gigantischen Experiments, in dessen
Mittelpunkt unser Planet seit Beginn seiner Existenz steht.*

worden war. Diese Legierung setzt sich aus zwölf verschiedenen Elementen zusammen, deren Anteile sich wie folgt verteilen:

Aluminium (Al)    88 %
Kupfer (Cu)    6,2 %
Silizium (Si)    2,84 %
Zink (Zn)    1,81 %
Blei (Pb)    0,41 %
Zinn (Sn)    0,33 %
Zirkonium (Zr)    0,2 %
Cadmium (Cd)    0,11 %

sowie mit Anteilen in der Größenordnung von ein paar Tausendstel Prozent die Elemente Nickel (Ni), Kobalt (Co), Wismut (Bi), Silber (Ag) und Gallium (Ga).

Aluminium ist zwar das in der Erdkruste am häufigsten vorkommende Metall, liegt aber ausschließlich in gebundener Form, wie etwa im Aluminiumerz Bauxit, vor. Erstmals wurde es 1854 in Frankreich industriell hergestellt, und in Reinstform erst 1920 durch die Raffinationselektrolyse. Denn die unabdingbare Voraussetzung für die Fabrikation des Leichtmetalles ist das energieaufwendige Elektrolyseverfahren, welches auf der chemischen Zerlegung eines von elektrischem Strom durchflossenen Elektrolyten basiert.

Übrigens wird Aluminium oft mit anderen Metallen wie Kupfer, Zink, Magnesium und Cadmium sowie mit dem Halbmetall Silizium legiert – der höheren Festigkeit und der größeren chemischen Beständigkeit wegen.

Es gibt heute kaum einen Zweig der Technik, in dem das Metall aufgrund seiner vielseitigen Verwendbarkeit keine wichtige Rolle spielt. Aluminium ist aus unserem modernen Leben nicht mehr wegzudenken.

## Unglaublich alte Struktur

Aber das Rätsel um das Objekt von Aiud wird noch geheimnisvoller. Die Metallurgen entdeckten auf der Oberfläche des Gegenstandes eine ungewöhnlich dicke Aluminiumoxyd-Schicht. Für gewöhnlich überzieht sich Aluminium an der Luft recht schnell mit einem äußerst dünnen und widerstandsfähigen Oxydfilm. Dadurch wird jeder weitere Oxydationsprozeß (Oxydation ist die Aufnahme von Sauerstoff) gestoppt und das Aluminium außerordentlich korrosionsbeständig.

Beträgt diese Oxydschicht bei gewöhnlichen Aluminiumgegenständen nur ein paar μ – ein μ entspricht 1/1000 Millimeter – so besitzt dagegen die Aluminiumoxydschicht des Aiud-Objektes eine Stärke von über einem Millimeter! Wie ist dies möglich? Nur bei einem extrem hohen Alter des Fundstückes von mehreren hunderttausend Jahren wäre solch eine dicke Oxydschicht denkbar. Aber: Vergleichsdaten hierzu haben wir aus verständlichen Gründen nicht zur Verfügung.

Einer der Metallurgen aus dem Institut von Turnu Mâgurele bemerkte hierzu: »Es ist unglaublich, aber es scheint sich um ein Aluminium mit veralterter Struktur zu handeln, so, als hätten die anderen Elemente dieser Legierung ihre eigenen Gitterstrukturen wiedererlangt.«

Alle erwähnten Fakten lassen indes nur nachstehende Schlußfolgerungen zu: Das Objekt von Aiud wurde – von wem auch immer – künstlich hergestellt. Es ist so alt, daß bereits eine Entmischung der Elemente und damit eine Rückkehr zu deren ursprünglicher Kristallstruktur eingetreten ist. Nur so ist es zu erklären, daß die Oxydschicht von der Oberfläche her so tief in das Metall eindringen konnte.

Doch welchen Zweck könnte dieser Gegenstand erfüllt haben, der wie kaum ein anderer dazu geeignet scheint, unser festgefügtes Geschichtsbild aus den Angeln zu heben? Keiner der Spezialisten, die das Aiud-Objekt untersucht haben, konnte weder den Gegenstand identifizieren noch irgendeine Ähnlichkeit mit heute gebräuchlichen Geräten oder Bauteilen feststellen. Erst ein Flugzeugingenieur schlug eine gleichsam phantastische wie plausible Erklärung vor. Ihn erinnerte das Artefakt frappierend an die Landeteller eines nicht allzu großen Flugkörpers, der – wie vergleichbare Raumsonden der Amerikaner und der Russen – weich auf dem Boden aufzusetzen imstande ist. Die Form des seltsamen Gegenstandes würde für diese Hypothese sprechen: In den beiden Bohrungen war demzufolge das Gestänge der Landevorrichtung verankert. Wie aus der Abbildung ersichtlich wird, habe ich mir meine Gedanken über solch eine Konstruktion gemacht – was dabei herausgekommen ist, sieht der »geführten Vorderradschwinge« einer alten BMW-Boxermaschine aus den sechziger Jahren nicht unähnlich und wäre auf jeden Fall geeignet, mit Hilfe einer integrierten Teleskopfederung grobe Stöße progressiv abzufedern.

Auch die Kratzspuren, die ebenfalls erwähnte ovale Deformation sowie das verwendete Material – Aluminium findet aufgrund seiner Leichtigkeit heute im Flugzeug- und Raketenbau breite Verwendungsmöglichkeiten – sprechen für die oben geäußerte Vermutung.


## Notlandung im urzeitlichen Flußtal?

Ist in vorgeschichtlicher Zeit, vor ein paar hunderttausend oder mehr Jahren, ein außerirdischer Flugkörper – woher hätte er denn sonst kommen sollen – über die heutige rumänische Region Siebenbürgen geflogen? Steuerte das

Gerät das eiszeitliche Urstromtal des Mures an, ging es dort nieder und verunglückte bei der Landung derart, daß einer der Landeteller abbrach und an Ort und Stelle zurückblieb? Konnte sich das (hypothetische) Fluggerät wieder erheben, so daß nur dies eine Fragment zurückblieb und zusammen mit ein paar Knochenresten eines in jenen Tagen verbreitetem Ur-Elefanten in den Flußsedimenten die Zeiten überdauerte? Um dann in einer fernen Zukunft für reichlich Aufregung und Spekulationen zu sorgen. Oder befindet sich der Rest der Sonde aus einer anderen Welt noch tief in den Schotter- und Geröllmassen westlich des großen Karpatenbogens?

Fragen über Fragen. Nur eines scheint sicher: Dieses mysteriöse Objekt mit seiner veralterten Aluminiumstruktur stammt bestimmt nicht von unseren altsteinzeitlichen Vorfahren, schon gar nicht aus unserer Zeit und somit wahrscheinlich nicht von unserem Planeten.

Der Informant dieser unglaublichen Geschichte, der rumänische Techniker Florin Gheorghita, hatte einige Bruchstücke des Aiud-Objektes im Jahre 1974 zu elektrotechnischen Analysen in seinen Händen. Dem Vernehmen nach konnte er sogar einige Proben des Materials für sich abzweigen. Wo sich der Gegenstand heute, mehr als 20 Jahre nach seiner Entdeckung, befindet, vermag im Moment niemand zu sagen.[37, 38]

Ist dieser für ein festzementiertes Weltbild so gefährliche Fund für lange Zeit in irgendeinem Archiv verschwunden, oder bekommt die wissenschaftliche Welt doch noch die einmalige Chance geboten, ihn durch ein internationales Team weitergehenden Forschungen zu unterziehen? Und wenn ja – werden wir davon auch erfahren, wenn die Untersuchungsergebnisse einen extraterrestrischen Ursprung des Objekts nahelegen?

# Der mysteriöse Waschka-Fund

Machen wir einen Abstecher in den unwirtlichem Norden Russlands. Dort wurde 1976 in der damaligen »Autonomen Sowjetrepulik Komi« ein Fund gemacht, über den nicht minder mysteriöse Einzelheiten in Umlauf sind. Erst 1985, gegen Ende des »Kalten Krieges«, gelangte der Bericht darüber in den Westen.

Unweit des nördlichen Polarkreises, dort, wo beinahe sieben Monate im Jahr der Winter herrscht, liegt gegenüber der Halbinsel Kola das Gebiet der Syrjänen, die sich auch »Komi« nennen. Am Fluß Waschka, der als Nebenfluß der Mesen ins heute strahlenverseuchte Weiße Meer mündet, liegt der kleine Ort Jerd. Im Sommer des Jahres 1976 gingen einige Arbeiter aus dem Dorf zur Waschka, um zu angeln.

Am Ufer fanden sie einen weiß schimmernden, faustgroßen Brocken, den sie anfänglich für ein Felsstück hielten. Als einer der Männer den ungewöhnlichen Fund in seinen Händen hin- und herdrehend betrachtete, entglitt er ihm und fiel zu Boden. Bei dem Aufprall soll das rätselhafte Objekt eine ganze Funkengarbe von sich gegeben haben. Die verhinderten Angler waren nun neugierig geworden und gingen damit zurück in ihr Dorf, um es zu zerlegen. Bei dem Versuch, das Ding zu zerschneiden, soll »ein Strahl aus weißem Feuer« daraus hervorgekommen sein.

Aus der Hauptstadt Syktywkar reisten eilends Spezialisten des Geologischen Institutes von Komi an, einer Abteilung, die der sowjetischem Akademie der Wissenschaften angeschlossen ist. Nach oberflächlichen Untersuchungen befanden sie den Fund so interessant, daß sie ihn in ihrem Labor in einzelne Teile zerlegten und zu weiteren Untersuchungen an verschiedene Institute in Moskau sandten.

Nach Untersuchungen, die am Allunions-Forschungsinstitut für Kern-Geophysik und Geochemie durchgeführt wurden, ermittelte man die folgende chemische Zusammensetzung:

Cer (Ce)   67,2 %

Lanthan (La)   18,9 %

Neodym (Nd)   8,78 %

sowie geringe Anteile von Eisen (Fe) und Magnesium (Mg), ferner Spuren von Uran (U) und Molybdän (Mo). Nun standen die Wissenschaftler vor einem Rätsel. Diese Zusammensetzung konnte unmöglich auf natürliche Weise auf unserem Planeten entstanden sein, denn die Elemente der »seltenen Erden« – unter Chemikern auch als »Lanthanide« bekannt – treten nie im solchen Konzentrationen oder gar in dieser Kombination auf. Cer, Lanthan und Neodym sowie elf weitere, zu den Lanthaniden zählende Elemente werden aus Monazitsand gewonnen, in dem sie nur in geringen Anteilen enthalten sind. Abbauwürdige Vorkommen liegen in Brasilien, den USA, in Australien und auf Sri Lanka – jedoch nicht in Rußland.

## Ungewöhnliche Eigenschaften

Doch die Forscher entdeckten noch weitere seltsame Eigenschaften des Waschka-Objektes. Untersuchungen des Eisenanteiles ergaben das völlige Fehlen von Eisenoxyd, und das ist absolut unerklärlich! Denn auf unserem Planeten reagiert Eisen besonders gerne mit dem Sauerstoff der Luft, sowohl als Erz in gebundener Form wie auch als Metall. Gleichfalls wurde ein Urangehalt festgestellt, der ungleich höher ist als der in natürlich vorkommenden Uranerzen – ein zusätzlicher Hinweis auf einen künstlichen Ursprung des Objektes. Trotzdem waren keine Zerfallsprodukte des Urans enthalten, so daß das Alter des Fundes 100 000 Jahre – die Halbwertszeit des radioaktiven Elementes – nicht übersteigen dürfte.

Letzte Zweifel über den nicht natürlichen Ursprung des Artefaktes zerstreute eine Laserspektralanalyse. Geologen wissen, daß in allen Gesteinen Verunreinigungen von Kalzium und Natrium enthalten sind. Nicht so im Waschka-Fund, der als »absolut rein« bezeichnet werden muß. Die Mehrheit der an der Untersuchung beteiligten Wissenschaftler waren der Überzeugung, daß die Herstellung dieser Legierung *ohne Verunreinigungen* mit unserer Technik nicht möglich sei.

Also ein Artefakt, das »nicht vom dieser Welt« stammt? Gibt es vielleicht noch mehr Ungereimtheiten an diesem Fund?

Als man die Spektrallinien der kristallinen Strukturen mittels einer Röntgenstrukturanalyse eingehend untersuchte, ergaben sich 23 Linien, von denen nur drei mit auf der Erde geläufigen Cer- und Lanthankristallen übereinstimmten. Diese Analyse wurde daraufhin durch eine sogenannte Elektronengraphik ergänzt – und spätestens jetzt waren die Wissenschaftler ratlos. Es zeigten sich elf deutliche Spektrallinien, aber völlig andere als bei der Röntgenstrukturanalyse. Nicht eine davon zeigte Übereinstimmungen mit auf der Erde bekannten Legierungen der erwähnten Lanthanide.

Die Forscher vermuteten aus alledem, daß das geheimnisvolle Artefakt aus Pulver und kleinsten Teilen von verschiedenster Kristallstruktur gefertigt wurde, wobei die einzelnen Moleküle so klein waren, daß sie nur aus wenigen hundert Atomen bestanden.

## Nicht von dieser Welt?

Längst hatte man sich die Frage gestellt, mit welcher Technik dieser mysteriöse Gegenstand hergestellt worden sein könnte – und welchen Zweck er erfüllte. Die Spezialisten kamen zur Schlußfolgerung, daß diese Synthese eigentlich nur durch »kaltes Pressen« vonstatten gegangen sein konnte, und das unter dem unglaublich hohen Druck von 10 000 Atmosphären. Dies dürfte auch die ungewöhnlich hohe Dichte der Legierung erklären. Ausgehend von der Form des Waschka-Objektes, rechnete man den ursprünglichen Gesamtkörper auf eine Kugel oder einen Zylinder mit etwa 1,2 Meter Durchmesser hoch. Dieses nicht gerade unbedeutende Werkstück galt es also mit 10 000 Atü Druck zu pressen – der einzige Haken an der Sache ist nur, daß auf der gesamten Welt keine Fabrikationseinrichtung existiert, die so etwas zuwege bringen könnte!

Und was hat es mit dem Funkensprühen bei mechanischer Bearbeitung des Objekts auf sich, das die neugierig gewordenen Fischer aus Jerd als erste feststellten?

Wir wissen es nicht. Aber eine Merkwürdigkeit konnte an dem ominösen Objekt noch festgestellt werden. Und zwar verfügte es über 15 verschiedene magnetische Ausrichtungen! Damit aber eine Legierung über solche Eigenschaften verfügte, müßte das erwähnte »kalte Pressen« in sehr starken, die Richtung wechselnden Magnetfeldern durchgeführt worden sein.

Woher stammt also dieses unerklärliche Artefakt? Die Frage bewog immerhin drei die Untersuchungen leitende Wissenschaftler zu der ernsthaften Vermutung, das Waschka-Objekt könne nur von einer außerirdischen Intelligenz hergestellt worden sein. Auch wenn der einstige Verwendungszweck vollkommen im dunkeln liegt.[39]

Noch ein Relikt, das so ganz und gar nicht in unser altbe-
währtes Weltbild passen will, wie man es auch dreht und
wendet. Wie schrieb der »Götterforscher« Erich von Däniken bereits vor mehr als 25 Jahren? »Mit unserer Vergangenheit stimmt etwas nicht.«[12]


## Das Geheimnis auf dem Molpir

Kehren wir in nähere Gefilde zurück, und zwar zum nördlichen Karpatenbogen. Genauer gesagt, auf das Gebiet der
heutigen Slowakei, bis vor wenigen Jahren noch ein Teil der
Tschechoslowakischen Föderation. Der Amateurforscher
Martin Jurik stieß dort auf ein Rätsel aus grauer Vorzeit,
das deutliche Parallelen aufweist zu anderen Orten dieser
Welt, die unerklärlichen Zerstörungen zum Opfer gefallen
sind.

Etwa 50 Kilometer nordöstlich der Hauptstadt Bratislava
erstrecken sich über dem Ort Smolenice auf einem Berg mit
Namen *Molpir* uralte Ruinen. Ab und zu fanden Einwohner der nahe gelegenen Stadt Trnava auf dem bewaldeten
Hügel Überreste aus lange vergangenen Zeiten: Tönerne
Gefäße oder Scherben, hier und da auch mal ein Stück
Eisen oder Bronze. Aber anders als bei »normalen« Fund-
stätten war dieser Ort nie so recht das Ziel von Schatz-
suchern und Amateurarchäologen. Ein Tabu, eine Art
Fluch, schien darüber zu liegen, und so blieben die Ruinen
auf dem Molpir lange Zeit unbehelligt.

Die ersten Wissenschaftler tauchten dort zu Anfang des
20. Jahrhunderts auf, und erste offizielle Ausgrabungen
nahm Mitte der zwanziger Jahre der Archäologe A. Loubal
vor. Was er auf dem Molpir fand, wissen wir heute lei-

der nicht, da er bald darauf verstarb. Seine Aufzeichnungen sind nicht mehr wiederzufinden, und ein paar Exponate, die er dem Stadtmuseum von Trnava gestiftet hatte, sind gleichfalls spurlos verschwunden. Man muß allerdings nicht gleich irgendwelche düsteren Machenschaften hineingeheimnissen: Für Chaos und Zerstörung sorgte schon der Zweite Weltkrieg zur Genüge, der bekanntlich kaum eine Ecke Mitteleuropas verschont ließ.

Erst nach dieser Völkerschlacht wurde jenem Hügel mehr Aufmerksamkeit gewidmet. Unter der Leitung von Stefan Jamsak arbeitete dort in den fünfziger und frühen sechziger Jahren ein Forschungsteam. Es vermaß die Fläche der vermuteten Burgstätte und legte einen großen Teil davon frei. Das Areal maß ungefähr 14 Hektar – damit handelt es sich um die größte vorgeschichtliche Siedlung im Karpatenraum!

Weitere Erkenntnisse brachten die Ausgrabungen von Dr. Mikulas Duşek vom Archäologischen Institut der Slowakischen Akademie der Wissenschaften, die von 1963 bis 1971 andauerten. Dieser Dr. Duşek entdeckte unter dem Hügel die Überreste einer Besiedlung und versuchte sie zu rekonstruieren. Nach der C 14-Methode wurden die Funde auf etwa 600–700 v. Chr. datiert und der *Hallstatt-Epoche* zugeordnet.

Es muß eine bedeutende Anlage gewesen sein, davon berichten nicht nur zahlreiche Fundstücke, sondern auch die strategische Lage und die Größe der Siedlung. Die Stadt stand auf künstlich errichteten Terrassen, die teilweise aus dem Fels gehauen und mit Erdreich nivelliert waren. Befestigt war sie durch drei Mauern von verschiedener Größe. Die erste und zweite Mauer waren zwischen 2,0 und 2,50 Meter hoch, verliefen parallel und waren durch einen aufgeschütteten Wall miteinander verbunden. Die dritte Mauer

war 4,0 Meter breit und 3,50 Meter hoch und mit einer zu-
sätzlichen Holzpalisade versehen.
Man legte die Grundrisse von etwa 180 Häusern frei und
vermutet, daß damals ungefähr 800 Menschen dort gelebt
haben.


## Rätselhafte Zerstörungen

Diese uralte Siedlung auf dem Molpir hat für die Archäologen verschiedene Fragen aufgeworfen. Zum einen die um
ihre kulturelle Einordnung. Allem Anschein nach gehörte
sie zur *Kalenderbergischen Kultur*, einer Kulturrichtung der
älteren Eisenzeit, die in Südösterreich, Nordwestungarn
und der Südslowakei verbreitet war.
Das weitaus größte Rätsel jedoch stellt der Zustand dar, in
welchem die mysteriöse Stadt auf dem Molpir vorgefunden
wurde.
Die namenlose Siedlung wurde als Ort vollständiger Zerstörung aufgefunden. Das Hauptgebäude wurde bis zu den
Grundmauern zerschmettert, große Steinquader fand man
bis zu zehn Meter weit weggeschleudert. Die Steinplatten
der inneren Mauern waren infolge unbekannter Hitzeeinwirkung miteinander *verschmolzen*. Und nicht nur die
Mauern, sondern auch die Felsterrassen. Überall fanden
die Archäologen Brandspuren wie auch Anzeichen eines
Kampfes. Man barg verstümmelte Skelette, deren Knochen
außer Spuren von Gewalteinwirkung auch noch solche aufwiesen, die auf eine plötzliche und unvermittelte Verbrennung hindeuten.[40]
Zahlreiche zurückgelassene Gegenstände von Wert – man
fand sogar volle Kochtöpfe auf längst erloschenen Feuer-

stellen – lassen darauf schließen, daß der Ort in größter Eile von seinen Bewohnern verlassen wurde. Und niemand von ihnen kehrte zurück! Was hatte sich damals auf dem Hügel Molpir abgespielt? Gegen welchen übermächtigen Feind hatten die Einwohner in ihrer Verzweiflung hoffnungslos gekämpft?

Die Archäologen ziehen die Möglichkeit in Betracht, daß ein Bürgerkrieg oder Aufstand die Zerstörungen ausgelöst hat: Demnach sollen die armen und ausgebeuteten Angehörigen einer »Unterschicht« sich gegen ihre »privilegierten Ausbeuter« aufgelehnt haben. Diese Hypothese wirft jedoch weit mehr Fragen auf, als sie zu beantworten imstande wäre. Sklavenaufstände sind uns aus vielen Kulturen bekannt – man denke nur einmal an jene aus dem alten Rom –, jedoch in keinem Fall mit solchen verheerenden Auswirkungen. Woher hatten denn die aufbegehrenden Armen sowohl die Kraft als auch die technischen Möglichkeiten, Gebäude wie Dominosteine umherzuschleudern und Steinplatten zum Schmelzen zu bringen? Und aus welchem Grund flüchteten sogar die Sieger, ohne irgendeine Beute mitzunehmen?

Wir sollten nicht vergessen, daß dieser Erklärungsversuch haargenau jenen Zeitgeist widerspiegelt, der zur Zeit der Ausgrabungen von 1963 bis 1971 in der damaligen Tschechoslowakei geherrscht hat. Der »Kampf des Proletariats« gegen die »privilegierte Oberschicht« war immer Bestandteil der kommunistischen Ideologie gewesen. Was Wunder, wenn er sich nicht auch in den Grabungsbericht einer archäologischen Untersuchung in der damals kommunistisch regierten ČSSR eingeschlichen hätte. Als ideologisch eingefärbte Momentaufnahme vergangener Ereignisse, gewissermaßen.

# Heimsuchung durch die »Götter«?

Eine derartige Anhäufung unerklärlicher Umstände beschert uns hier eine phantastischere Hypothese. Hatten sich die Bewohner womöglich gegen den Einsatz einer überlegenen Technologie zu wehren, die im wahrsten Sinn des Wortes »von oben« kam und deren Stadt in Ruinen verwandelte? Es gibt nämlich keine Kampfspuren bei den äußeren Mauern. Und die in Panik geflohenen Bewohner kamen nicht mehr wieder, um ihre zurückgelassene Habe zu bergen und die Toten zu begraben.

Wer ebenfalls *nicht* kam, waren Grabräuber und Plünderer. Es macht nachdenklich, daß diese Spezies, die aus tragischen Ereignissen stets ihre Vorteile zu ziehen weiß, gerade an solchen Orten ausbleibt, über denen eine Art Fluch zu liegen scheint. Hatten die Menschen auch hier panische Angst, einen Ort aufzusuchen, über dem sich der Zorn der »Götter« entladen haben mag? Erst Ende des 19. Jahrhunderts wagten sich einige Bewohner aus der nahen Stadt Trnava auf den Molpir und fanden dabei die eingangs erwähnten Gegenstände.

Soweit die Fakten, wie sie der aus der Slowakei stammende Amateurforscher Martin Jurik akribisch recherchiert und Ende 1994 in einer Zeitschrift publiziert hatte.[41] Der Artikel machte mich neugierig, ich wollte natürlich mehr über dieses ungeklärte Rätsel wissen. So setzte ich mich mit dem Verfasser des Beitrages in Verbindung. Dieser antwortete mir prompt, wobei er allerdings die Sache mit den geschmolzenen Steinen etwas relativierte: »Der aus Kalkstein bestehende Boden wurde durch die eingestürzten (und brennenden) Palisaden und den hölzernen Teil der Häuser erhitzt, wobei infolge der Verbrennung aus Kalziumkarbonat Kalziumoxyd entstand, also Kalk. Regenfälle verursachten eine weitere Reaktion, und es entstand Mörtel. Es war schließlich der erhärtete Mörtel, der die Mauerplatten miteinander verband ...«[42]

Also eine ganz natürliche Erklärung für die seltsamen Überreste auf dem Karpatenberg Molpir? Nicht unbedingt, denn der bereits im Zusammenhang mit den Ausgrabungen von 1963–1971 erwähnte Dr. Dušek schrieb, »daß die Vernichtung sehr schnell und plötzlich kam, und daß man in den Fundamenten der Wohnhütten mehrere verbrannte Skelette von Menschen fand, die nicht mehr rechtzeitig entkommen konnten. Er erwähnt dabei, daß das Rätsel der Vernichtung ungeklärt ist.«[42]

Es ist also durchaus nicht alles an dieser Sache so einfach erklärbar. Angesichts so zahlreicher Ungereimtheiten erschienen mir genauere Recherchen vor Ort das Beste zu sein. Anfang Juni 1995 vereinbarte ich mit Martin Jurik einen »Ortstermin« und machte mich auf den Weg in die Slowakei.

## Ein »grüner Mantel des Schweigens«

Von meinem Heimatort im Osten Bayerns sind es – überwiegend auf der Autobahn – etwa vier Stunden bis zu der noch ein Stück hinter Wien gelegenen slowakischen Hauptstadt Bratislava. Seit ihrem Austritt aus der Tschechoslowakischen Föderation ist die Slowakei bemüht, sich ein eigenes Image aufzubauen, stand sie doch stets deutlich im Schatten des viel bekannteren »größeren Bruders« im Norden.

Zu Pfingsten 1995 hatte ich es geschafft, eine Besichtigung der unheimlichen Geisterstadt auf dem Molpir in meinen ständig überfüllten Terminplan einzubauen. Etwa 50 Kilometer nordöstlich der Hauptstadt, versteckt sie sich hoch über dem Dörfchen Smolenice, bekannt geworden durch seine gleichnamige, malerische Burg.

Der steile Aufstieg, gleich hinter der Dorfkirche beginnend und mit einer erst in jüngster Zeit aufgestellten Hinweistafel gekennzeichnet, zog sich ungefähr zehn Minuten hin. Dann standen wir vor den ersten, von Archäologen eher willkürlich rekonstruierten Mauerteilen. Es scheint dies eine liebgewonnene Angewohnheit jener Scherben sammelnden Zunft zu sein. Im bolivianischen Tiahuanaco sah ich mit Entsetzen, was die Archäologen an einer Seite der Anlage angerichtet hatten. Wie es ursprünglich sicher niemals ausgesehen hatte, fügten sie sämtliche Quader, derer sie habhaft werden konnten, zwischen eine Reihe von respekteinflößenden Monolithen. Das Ergebnis sieht entsetzlich aus und läßt die zweifelhafte Qualität dieser »Arbeitsbeschaffungsmaßnahme« auf den ersten Blick schmerzhaft erkennen. Wer schützt die Relikte aus unserer Vorzeit eigentlich vor wildgewordenen Mauerbauern?

Auf dem Weg nach oben erzählte man mir, daß in den vergangenen Wintern immer wieder Spuren von Wölfen am Fuße des Molpir gefunden wurden, die sich an besonders kalten Tagen auch schon einmal an den Rand der Dörfer wagten. Nur selten hingegen verirren sich ein paar Wanderer oder Neugierige auf den Berg hinauf. Denn seit den letzten Ausgrabungen vor über 20 Jahren hat sich üppiges Grün breitgemacht, wo die Archäologen zahlreiche Funde – in panischer Eile zurückgelassene Gegenstände – geborgen hatten.

Ich hatte das deutliche Gefühl, als hätte man auf dem Berggipfel in den nördlichen Karpaten absichtlich Gras über einige Dinge wachsen lassen. Vergebens suchten wir nach den beschriebenen, geschmolzenen oder miteinander verbackenen Steinen und Felsplatten.[40] Diese Artefakte befinden sich unter dem Erdboden – was uns anläßlich einer Unterredung, die wir am nächsten Tag im Museum von Trnava hatten, auch bestätigt wurde. Doch so unglücklich scheint man über den Umstand nicht zu sein, daß die Natur inzwischen einen »grünen Mantel des Schweigens« über die Geheimnisse auf dem Molpir gebreitet hat.

Ganz erfolglos war die Suche nach Indizien für eine Vernichtung der namenlosen Stadt durch plötzliche Hitzeeinwirkung allerdings nicht. In der Nähe der bereits erwähnten, rekonstruierten Mauer fand ich einen etwa kinderkopfgroßen Stein, welcher die Spuren eines unglaublichen Verbrennungsschocks trug. Er war durch und durch verbrannt, seine Farbe war regelrecht ziegelrot. Mag für einen aus rohem Ton geformten Ziegel ein »normaler« Brand ausreichen, welche geradezu höllischen Temperaturen sind dann vonnöten, um normales Felsgestein so nachhaltig zu verändern?

Und über welche schrecklichen Geheimnisse deckt der Wald einen grünen Mantel des Schweigens; warum wurden die seit 20 Jahren eingestellten Grabungen nicht mehr fortgeführt?


## Im Museumskeller verstaubt

Tags darauf fuhren wir in die nahe gelegene Stadt Trnava, um dem dortigen historischen Museum einen Besuch abzustatten. Das Museum hatte zwar an diesem Tag geschlossen, doch Martin Jurik erreichte es doch, uns das Entrée zu verschaffen. Vielleicht verdankte er dies einem Fernsehauftritt am vergangenen Abend an der Seite Erich von Dänikens – im slowakischen Staatsfernsehen.

Eine Assistentin des Museums erklärte uns, daß nach dem Abschluß der letzten Grabungen die Funde vom Molpir gewissenhaft katalogisiert und im Keller eingelagert wurden – seitdem lägen sie dort unten und würden unbeachtet verstauben! Zwar sind einige Stücke ausgestellt, gegen die im Souterrain aufbewahrten Artefakte seien diese jedoch verschwindend wenig.

Und dann geschah fast Unglaubliches: Auf unsere vorsichtig geäußerte Frage, ob es nicht vielleicht möglich wäre, auch einige jener Funde in Augenschein zu nehmen, die seit nunmehr 20 Jahren nicht mehr das Licht des Tages gesehen hatten, schickte man nach dem Direktor. Und keine Viertelstunde später schleppte die Assistentin schachtel- und tütenweise Kostbarkeiten herbei, die außer jenen, die seinerzeit mit den Ausgrabungen beschäftigt waren, noch niemand zu Gesicht bekommen hatte.

Wir hatten das unwahrscheinliche Glück, die Ersten sein zu dürfen, denen die Kellerschätze gezeigt wurden. Bestimmt waren es nicht die spektakulärsten Objekte, doch was wir zu sehen bekamen, war trotzdem recht beeindruckend. So staunten wir über eine große Anzahl Speerspitzen, die ungewöhnlich exakt gearbeitet waren, beinahe den Eindruck machten, als seien sie maschinell hergestellt worden. Und auch über Sicherheitsnadeln, die teils aus einem einzigen Stück hergestellt, teils regelrecht zusammengenietet waren.

Die Überlebenden jener namenlosen Stadt in den »Kleinen Karpaten« müssen in der Tat Unmengen an für sie wertvollen Gegenständen auf ihrer überstürzten Flucht zurückgelassen haben. Um nie wieder an den Ort des Grauens zurückzukehren. Auch die Angst, diesen unheimlichen Ort aufzusuchen, muß über die Jahrtausende höchst lebendig geblieben sein, wurde als Tabu von Generation zu Generation weitergeraunt. Sonst hätten sich wohl ungezählte Schatzsucher und Hobby-Archäologen über den Molpir hergemacht, wären die meisten der Funde statt im Museumskeller zu Trnava in irgendeiner Privatsammlung gelandet.

Was aber auch wir nicht zu Gesicht bekamen, was mit Sicherheit das größte Geheimnis dieser sinistren Stätte darstellt, waren jene Skelette, die so unerklärliche Verbrennungen aufweisen sollen, als seien diese schlagartig eingetreten. Durch die Zündung eines Sprengsatzes etwa, wäre man versucht zu spekulieren. Im Historischen Museum zu Trnava teilte man uns bedauernd mit, daß diese menschlichen Überreste nicht unter den zahlreichen Funden seien, die schon seit mehr als 20 Jahren im Keller verstauben.

So mag noch reichlich detektivischer Spürsinn gefragt sein, um Aufklärung über die ominösen Vorgänge zu erhalten, die sich in grauer Vorzeit dort abgespielt haben. Martin Jurik verfolgt derzeit die Spur jener Wissenschaftler, die vor über 20 Jahren am Molpir gegraben haben.

Zu wünschen bliebe, daß er bei seinen Nachforschungen nicht auf eine Mauer des Schweigens stößt!


## Der Eishauch der unheimlichen bleichen Männer

Neben den rätselhaften Relikten vom Molpir sind es auch uralte Sagen aus diesem Teil der Karpaten, welche uns zu Schlußfolgerungen verleiten, die uns eine Gänsehaut über den Rücken jagen. Berichten sie doch vorwiegend Erlebnisse, die uns frappierend an die in unseren Tagen immer häufiger zitierten, alptraumhaften Fälle von Entführungen erinnern.

An die sogenannten »Abductions«, um in der einschlägig bekannten Terminologie zu bleiben.

Einer dieser unheimlichen Vorfälle ereignete sich der Überlieferung zufolge an einem Berg, der von alters her als Mittelpunkt schaudererregender Begegnungen gilt, an dem sich schon öfter die »Mächte der Finsternis« manifestiert haben sollen: Am Berg *Sitno* nahm das Geschehen seinen Lauf.

Im nahe gelegenen Dorf Sebechleby lebte vor ein paar hundert Jahren ein bekannter Geiger mit Namen Samko Dudik.

Mit seinen Freunden hatte er eine Kapelle gegründet, und er war ein stets gerngesehener Gast auf den verschiedensten Festen. Jener Samko Dudik bekam eines Abends noch spät unverhofften Besuch. Es klopfte an der Tür, und obwohl er sofort aus dem Fenster sah, konnte er doch niemanden erkennen. Schließlich trat ein kräftig gewachsener Mann ein. Dieser forderte den Geiger auf, mit seinen Freunden am kommenden Abend auf einer Hochzeit am Sitno zu spielen. Als dieser unheilschwangere Name fiel, zögerte Samko, wußte er doch um zahlreiche unheimliche Vorgänge an jenem Ort.

Doch als ihm der Fremde nicht nur eine großzügige Entlohnung für sein Erscheinen versprach, sondern auch noch einige Goldstücke als Vorschuß überließ, willigte er doch noch ein.

Am nächsten Abend machte sich die Musikantengruppe auf zum Berg Sitno. Am Waldrand wurden Sie bereits von einem sehr seltsam aussehenden Begleiter erwartet. Er gab ihnen den Rat, sich »nicht umzudrehen und auch nicht miteinander zu reden, sonst würde sie der dichte Wald verschlingen: Hier ist noch nie eines Menschen Fuß hingetreten.«

»Und wer bist du? Vielleicht ein Tier?« fragte ihn einer der Musikanten.

»Ich bin, was ich bin«, antwortete der fremdartige Begleiter sichtlich unwirsch, »du mußt es nicht wissen.«

So marschierten die Männer in der inzwischen eingetretenen, tiefen Dunkelheit ins Unbekannte, mit einem mulmigen Gefühl, das immer stärker wurde. Plötzlich bemerkten sie, wie der Wald um sie herum zu verschwinden schien, verspürten eisige Luft und harten Fels unter ihren Füßen. Dann hatten sie den Eindruck, als würden sie eine riesige Halle betreten. Es war sehr dunkel, kalt, und es herrschte Totenstille – wie eine Hochzeit sah das Ganze jedenfalls nicht aus.

Mit einem Mal leuchteten wie von Geisterhand »Fackeln« auf, und der »Hochzeitszug« trat ein. Doch als die Musikanten die Gäste erblickten, erstarrten sie vor Schreck. Es waren allesamt »unheimliche Waldmänner, blaß wie eine Wand«. Ebenso die Braut, die so weiß war, als wäre sie geradewegs aus einem Sarg gekommen. Ohne ein einziges Lächeln zu zeigen, bewegte sie sich »wie im Traum« inmitten der seltsamen Kreaturen. Sie hatten einfache Kleidung an, als würden sie »zu einer Hinrichtung gehen und nicht zu einer Hochzeit«. Alles war äußerst mysteriös!

Die »Waldmänner« heulten, tanzten, sangen und tobten – aber den Musikern fröstelte vor Angst und Entsetzen. Eine jener alptraumhaften Gestalten schrie plötzlich Samkos Gruppe an, sie sollten heitere Weisen spielen, denn sie seien nicht zu einem Begräbnis gekommen. Samko starrte das Wesen erschüttert an, »sein Gesicht war wie aus Wachs, die großen Augen schwarz wie Kohle, tief in seinen Gesichtszügen«. Die Kreatur begann dem Geiger mit einer »seltsamen Stimme« ins Ohr zu singen, und ihr Gesicht strahlte dabei eine eisige Kälte aus. Die anderen tanzten in der Zwischenzeit mit der Braut, als sei sie eine Holzpuppe, und warfen sie dabei hin und her.

Um Mitternacht begann das Festmahl. Als die anderen mit dem Essen beschäftigt waren, ging Samko nach draußen, um ein wenig frische Luft zu schnappen. Dort stieß er auf ein »Pferd«, welches ihn mit menschlicher Stimme warnte, daß er stets auf der Hut sein solle. Denn »hier auf dem Sitno ist alles anders, als in der normalen Welt«. Samko solle auch als Lohn Abfälle einsammeln anstatt Goldstücke.

Nach dem Gelage spielten die Musiker weiter, bis der Morgen am Horizont graute. Mit den ersten Sonnenstrahlen verschwanden auch die unheimlichen Gesellen. Nur der Mann, der sie den Berg hinaufführte, war noch da. Er zeigte den verängstigten Musikanten einen riesigen Raum voller Schätze. Doch Samko sammelte in Erinnerung an die zuvor erhaltene Warnung – einzig den Abfall auf.

Danach führte sie der Fremde in den finsteren Wald zurück, und befahl ihnen zu warten, bis es hell würde. Daraufhin verschwand er so unvermittelt und spurlos, als hätte ihn der Erdboden verschlungen. Die Musiker hörten noch einen entsetzlichen Krach, als würden die Felsen aneinanderprallen. Dann überwältigte sie eine große Müdigkeit. Sie sanken zu Boden und fielen in einen tiefen Schlaf.

Als sie daraus aufwachten, war es heller Tag – und sie fanden sich am Rande ihres Heimatdorfes wieder. Statt des Abfalls hatten sie nun Goldstücke in ihren Taschen.

Der unheimliche und überraschende Höhepunkt dieser Geschichte war jedoch die Reaktion der maßlos erstaunten Dorfbewohner. Diese hatten bereits um ihre Freunde getrauert, waren sie doch bereits seit drei Monaten verschollen, und keiner hatte mehr gehofft, Samko und seine Mannen lebend wiederzusehen![43]

Und wer sich nur ein ganz klein wenig mit den typischen Begleiterscheinungen heutiger UFO-Entführungen beschäftigt hat, wird in dieser Überlieferung zu viele Parallelen entdecken, um sie noch dem viel zu häufig strapazierten Zufall in die Schuhe zu schieben!

## Ein früher Hermann Oberth

Von diesem Exkurs in die Mythologie zurück, möchte ich meine Betrachtungen über augenfällige Ungereimtheiten in osteuropäischen Bergregionen mit einer nachdenklich stimmenden Koinzidenz ausklingen lassen.

Es hört sich verrückt an, aber diese ganze Region, welche sich heutzutage die Staaten Rumänien, Polen, die Ukraine und die Slowakei teilen, scheint immer auf irgendeine Weise in das Thema Weltraumfahrt im weitesten Sinne involviert gewesen zu sein. Und was sich hier wie ein etwas weit hergeholter »Zufall« darstellt, ist die unglaubliche Tatsache, daß dort schon volle 400 Jahre vor den Raumfahrtprogrammen der Amerikaner und der Russen Raketenversuche betrieben wurden – alleine die Chinesen waren noch etwas früher dran!

Bereits 1529 wurde eine dreistufige Feststoffrakete in all ihren technischen Einzelheiten erfunden. Im Jahre 1555 wurde sie im siebenbürgischen Hermannstadt (dem heutigen Sibiu) gezündet und hob planmäßig ab.

Der einstmalige Leiter des Hermannstädter Artilleriedepots, der Feuermeister Conrad Haas, zeichnete für diese sensationelle Erfindung verantwortlich. Seine Aufzeichnungen haben in einem heute im Museum von Sibiu verwahrten Dokument überlebt, an dem er – neben zwei anderen Autoren – zwischen 1550 und 1570 gearbeitet hatte. Der von Haas bearbeitete Teil enthält einen genauen Bericht über jenen 1555 erfolgten Start einer dreistufigen Rakete sowie einer *fliegenden Lanze* mit großer Reichweite. Auch von einem *Häuschen* an der Spitze einer Rakete war die Rede – wohl eine Art Vorläufer der Raumkapseln unseres ausgehenden 20. Jahrhunderts.

Haas' Aufzeichnungen beinhalten die Skizzen der zur Verwendung gekommenen Raketen. Er konstruierte sowohl zwei- als auch dreistufige Modelle mit verschiedenem Durchmesser. Beide benützten als Antrieb festen Treibstoff, aber auch ein flüssiges Gemisch aus Äthylazetat, Ammoniak, Essigsäure und anderen Substanzen. Conrad Haas' Manuskript führt akribisch aus, daß das Äthylazetat aus Essig und Alkohol, der Salmiakgeist hingegen aus Urin gewonnen werden konnte. Dem seiner Zeit unglaublich weit vorauseilenden Raumfahrtpionier gelang es sogar, für das Problem der Steuerung und der Stabilisierung seiner Raketen eine noch heute erfolgreich angewandte Lösung zu finden: Er konstruierte deltaförmige Flügel.[44]

Genau 400 Jahre nach der Erfindung der Mehrstufenrakete von Hermannstadt – 1929 – erschien ein Buch eines anderen dort gebürtigen Weltraumpioniers. Es war *Hermann Oberths* zweites Buch »Wege der Raumschiffahrt«. Und knapp 400 Jahre nach dem gelungenen Start beschrieb der als »Vater der Weltraumfahrt« geehrte Oberth (1894–1989) in seinem Werk »Menschen im Weltraum« zukünftige Siedlungen im Kosmos.

Ohne mich in irgendwelche abenteuerliche Spekulationen verrennen zu wollen, frage ich hier: Sind es wirklich immer nur Zufälle, wenn wir mit solchen Koinzidenzen konfrontiert werden?

Um dem Thema über rätselhafte Funde und Geschehnisse

in der Karpatenregion eine äußerst unheimliche Note zu geben, möchte ich abschließend noch an den dort sehr verbreiteten Vampirglauben erinnern. Und tatsächlich: Vergleicht man uralte Berichte mit den Begegnungen mutmaßlich von Außerirdischen Entführter aus unseren Tagen, so kommt man zu dem Schluß, daß der Vampirmythos gleichsam auf den Eingriffen fremder Wesen beruht.

Zu deutlich sind die Parallelen zwischen Vampiren und ihrer modernen Entsprechung, den »Bedroom Visitors«, hinsichtlich ihres Erscheinungsbildes und Auftretens, des lähmenden Entsetzens bei den Opfern und zurückbleibenden Narben, um auf bloßen Zufällen zu beruhen. Schließt sich hier der Kreis?

# 5   Dem UFO-Geheimnis dicht auf der Spur: *Die »fliegenden Scheiben« des John Searl*

Dies ist eine der faszinierendsten und zugleich unglaublichsten, aber nichtsdestoweniger wahren Geschichten, die unser an Verrücktheiten gewöhntes Jahrhundert erlebt hat – und noch immer erlebt. Sie zeigt uns auf ebenso eindringliche wie auch beängstigende Weise, wie Überheblichkeit und Ignoranz ihre Fortsetzung in geradezu kriminellen Machenschaften finden können, wenn es gilt, unbequeme Tatsachen zu unterdrücken. Und dies aus dem simplen Grund, weil nicht sein kann, was auch nicht sein darf.

Es ist die Geschichte des englischen Erfinders John Roy Robert *Searl*, der dem Geheimnis des Antriebes jener meist scheibenförmigen Flugobjekte auf die Spur gekommen ist, die wir nun nicht erst seit 1947 am Himmel beobachten können.

Jenes Mannes, der einem der Geheimnisse unbekannter Flugobjekte näher auf den Fersen ist, als es manchen Leuten lieb ist!

John R. R. Searl wurde am 2. Mai 1932 in Wantage (England) geboren; sein Vater war zu jener Zeit als Unteroffizier der britischen Armee in Indien stationiert. Schon unmittelbar zu Anfang seines Lebens offenbarte sich die ganze Dramatik, die seine Existenz seither begleitet. John war eine Frühgeburt, infolgedessen schwächlich und untergewichtig, und der Arzt gab ihm praktisch keine Überlebenschance. Unerwarteterweise überstand er jedoch die folgenden Mo-

nate. Dann fiel er, noch als Baby, aus einem indischen Um-
hängetuch, in dem man ihn getragen hatte. Und im Alter
von sechs Jahren erkrankte er an einer doppelseitigen Lun-
genentzündung, die ihn wiederum beinahe das Leben kostete.

Aber der Junge erholte sich auch dieses Mal wieder und
wurde bald nach seiner Genesung in ein Kinderheim gebracht. Als er größer geworden war, wurde er Pflegeeltern
in Suffolk anvertraut, bei denen er ungefähr zwölf Jahre
seines Lebens zubrachte. Es war in den Jahren des Zweiten
Weltkrieges, als er mit seinen Pflegeeltern in unmittelbarer
Nähe eines Flugplatzes der Royal Air Force wohnte, welcher auch immer wieder das Ziel feindlicher Bombenan-
griffe war. So blieb es nicht aus, daß der junge John einmal
zugegen war, als ein britischer Bomber nach dem Start eine
Bruchlandung machte und mit seiner ganzen Bombenlast
erst auf dem Spielplatz der Schule zum Stillstand kam, auf
dem John sich gerade aufhielt. Glücklicherweise gingen
die Bomben nicht hoch, aber erneut war der junge Searl
einer tödlichen Gefahr mit wirklich knappester Not ent-
ronnen.

Der Krieg ging zu Ende, und man schrieb das Jahr 1946. Im
Alter von 14 Jahren schickten ihn seine Pflegeeltern in eine
Marinekaserne, wo er eine Ausbildung als Funkoffizier der
Royal Navy erhalten sollte. Eine rätselhafte Krankheit, welche sich keiner der damals hinzugezogenen Ärzte erklären
konnte, beendete diese Laufbahn jedoch so schnell, wie sie
begonnen hatte. Wieder einmal hatte John – nach dem Ur-
teil der Ärzte – so gut wie keine Überlebenschance. Aber
nach der Rückkehr zu den Pflegeeltern erholte er sich rasch
wieder.

## Die ersten Experimente

Noch im selben Jahr begann John Searl eine Elektro-
monteurlehre beim *Midland Electricity Board* (MEB), einem
Elektrizitätswerk in Birmingham. Dieses Werk stellte – für
die Verwendung bei der Produktion von Stromzählern –
seine eigenen Dauermagneten her. Dies erfolgte in der Elek-
tronikwerkstatt, in der Searl als Lehrling eingesetzt war. Der
wurde in kurzer Zeit so gut mit der Materie vertraut, daß er
sich schon in jungen Jahren ein profundes Wissen um die
Herstellungsverfahren sowie den Umgang mit den dazu er-
forderlichen Maschinen aneignete.
Von der Werksleitung erhielt er daher sehr bald die Erlaubnis, das Versuchslabor zu betreten und nach Feierabend
für seine eigenen Experimente zu benützen. In dieser Umgebung begannen die Versuche Searls über Dauermagneten,
die letztendlich in der Entdeckung seltsamer, bis dahin unbekannter magnetischer Effekte gipfeln sollten.
Bei diesen Experimenten, bei denen er elektrische Generatoren benützte, bemerkte er regelmäßig schwache elektromagnetische Felder, die an den rotierenden Metallteilen auftraten. So gewann er die Überzeugung, daß bei entsprechenden Drehzahlen Elektronen durch die Zentrifugalkraft
nach außen abgedrängt werden und dadurch der Rand gegenüber dem Zentrum eine negative Ladung erhält. Um
diesen Effekt genauer zu erforschen, konstruierte er 1950
zunächst einmal verschiedene rotierende Gleitringe. Zwei
Jahre später entwickelte Searl dann einen scheibenförmigen
Rotor, ungefähr einen Meter im Durchmesser. Dieser war
in Segmente unterteilt und passierte an seiner Außenseite
eine Anzahl radial angeordneter Elektromagneten, welche
von jenem Strom gespeist wurden, der durch die Rotation
gewonnen wurde.

Den ersten Test solch eines scheibenförmigen Objekts unternahm Searl zusammen mit einem Freund auf einem freien Gelände. Zum Starten des Rotors benutzten die beiden einen kleinen Elektromotor. Diese Versuchsanordnung erzeugte tatsächlich die erwartete Leistung, allerdings bei einem ungewöhnlich hohen elektrischen Potential. Bereits bei relativ geringen Umdrehungsgeschwindigkeiten entstanden Spannungen in der Größenordnung von 100 kV (kV = Kilovolt = 1000 Volt), was sich in typischen elektrostatischen Effekten äußerte: Ein deutliches Knistern war in der Umgebung des Objekts zu vernehmen, und überdies roch es merklich nach Ozon.

## Auf – und davon!

Plötzlich trat etwas völlig Unerwartetes ein. Der scheibenförmige Generator erhob sich von selbst, wobei er zunehmend schneller rotierte. Dabei zerriß er das Verbindungskabel, das ihn bis zu jenem Zeitpunkt noch mit dem Elektromotor verbunden hatte, und stieg etwa 15 Meter in die Höhe. Dort verharrte er schwebend für kurze Zeit, wobei er seine Drehzahl noch immer atemberaubend beschleunigte. Gleichzeitig hüllte sich das Objekt nach und nach in einen unheimlich anzusehenden rosafarbenen bis roten Lichthof ein. Anwohner beklagten sich später über zum Teil extreme Rundfunkstörungen; einige Radiogeräte hätten sogar »verrückt gespielt«, ohne daß diese überhaupt eingeschaltet gewesen wären.

Schließlich beschleunigte sich die Scheibe aus diesem oben beschriebenen Schwebezustand auf eine phantastische Geschwindigkeit und verschwand vor den Augen des wie vom

7 Bei den maltesischen »Cart Ruts« versagen offensichtlich alle Erklärungsversuche. Wie wurden diese geheimnisumwobenen Doppelrillen in das Felsgestein geprägt – vor allem jedoch: zu welchem Zweck?

8 Maltas mysteriösestes Bauwerk: das Hypogäum von Hal Saflieni. Es wurde im Jahre 1902 zufällig bei Bauarbeiten entdeckt. Der Name leitet sich vom griechischen hypo = unter und gaia = Erde ab und bedeutet »unterirdischer Raum«.

7

8

9 Eine weitere Ansicht des Hypogäums. Seit einigen Jahren ist das unterirdische Bauwerk für Besucher gesperrt, um es vor Ausdünstungen schwitzender Touristen zu schützen!

9

10, 10a Ein Kuriosum vor der Haustür. An diesem Felsblock sind in natura mehrere zylindrische Rillen zu erkennen. Wenn es Eindrücke einer ehemals vorhandenen Armierung sind, so stellt sich die Frage: Wer arbeitete in der Eiszeit mit Stahlbeton?

10a

11 Wer schoß mit einem Hochgeschwindigkeits-Projektil auf Neandertaler? Im Bild deutlich zu erkennen: das dem Kaliber genau entsprechende Einschußloch (oben). Unten das viel größere Ausschußloch.

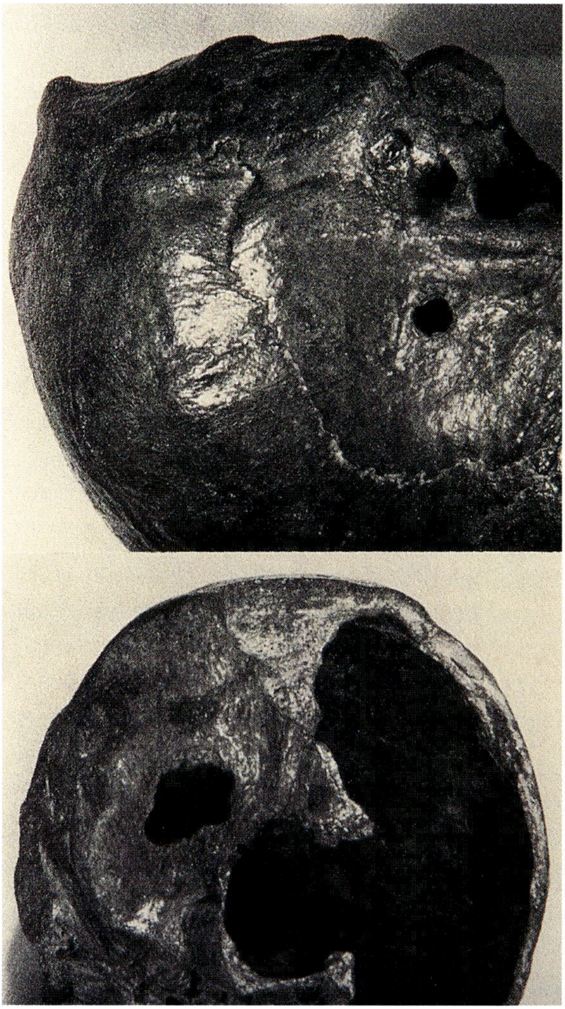

12 Dieser steinzeitliche Patient hat den gefährlichen Eingriff der Trepanation überlebt, wie die an den Wundrändern erfolgte Knochenneubildung zeigt. In wenigstens einem Fall wurden haarfeine Implantate entdeckt – unheimliche Parallele zu den UFO-Entführungen in unseren Tagen!

11

12

13

*13 Der Autor vor den willkürlich rekonstruierten Ruinen am Berg Molpir über dem slowa-
kischen Dorf Smolenice. Was geschah in grauer Vorzeit an diesem sinistren Ort? Ließen die
»Götter« auch dort Feuer vom Himmel fallen?*

*14 Spuren einer plötzlichen, schockartigen Verbrennung: Der Stein in der Mitte muß un-
glaublich hohen Temperaturen ausgesetzt gewesen sein.*

14

Donner gerührten John Searl und seines Freundes spurlos am Himmel!

Dies war ein geradezu unglaublicher Vorfall – aber gleichzeitig auch ein schmerzlicher Verlust für den jungen Erfinder. So hatte er doch alle finanziellen Mittel, die er besaß, in die nicht gerade billigen Materialien investiert, die er zum Bau der rotierenden Scheibe benötigte. Trotzdem hatte er großes Glück. Seine Experimente kamen noch im selben Jahr, 1952, einem gewissen George Haynes zur Kenntnis, der sich in der folgenden Zeit großzügig als sein Sponsor betätigen sollte. Dieser Mann war in jenen Tagen tragischerweise bereits unheilbar an einem Krebsleiden erkrankt, jedoch für John Searl wurde er zu einem hilfreichen, väterlichen Freund. Selbst am Phänomen der unidentifizierbaren Flugobjekte interessiert, faszinierten den Reverend Searls Experimente so sehr, daß er die Errichtung eines Labors im Schuppen seines Gartens finanzierte sowie die Anschaffung der Materialien und der Ausrüstung, die dem jungen Erfinder bis auf weiteres die Fortführung seiner Versuche ermöglichten.

In den wenigen Monaten, die George Haynes noch zu leben hatte, war es ihm immerhin vergönnt, noch sechs weitere Experimente mit Searls fliegenden Scheiben mitzuerleben. Bei deren unvermitteltem Aufstieg wurde sogar das Schuppendach wie von einem Projektil glatt durchschlagen. Und jedesmal war das Objekt von einem regelrechten Lichtring umgeben, der alle Farben des Spektrums annehmen konnte.

Nach den bisherigen Forschungsergebnissen des englischen Erfinders hängt die Farbe, in die sich die Scheiben hüllen, entscheidend von der Stärke der Energieabgabe ab, möglicherweise zusätzlich von der statischen Aufladung der sie umgebenden Luft.

## »Unheimlich« vertraut

Genau dies unheimliche Leuchten ist es, das uns sogleich an das UFO-Phänomen unserer Tage denken läßt. Wie es das folgende Fallbeispiel – als nur eines unter zahllosen anderen – illustrieren soll.

Es war gegen ein Uhr morgens am 13. September 1965, als dem State Police Sergeant Gene Bertrand auf einer Umgehungsstraße in der Nähe der Stadt Exeter (New Hampshire/USA) ein Wagen auffiel, der mit laufendem Motor mitten auf der Fahrbahn stand. Am Steuer zusammengesunken saß, vor Erregung und Angst schlotternd, eine völlig verstörte Frau, die sich beinahe hysterisch weigerte, auch noch einen Meter weiterzufahren. Ein riesiger, rot leuchtender Flugkörper habe sie über mehr als zehn Meilen bis zu dieser Stelle verfolgt und sei dann über dem Wald verschwunden.

Sergeant Bertrand versuchte gerade, beruhigend auf die Frau einzureden, als ihn ein dringender Funkruf der Zentrale erreichte: Auf dem Revier sei ein junger Mann aufgetaucht, der vollkommen verängstigt wäre – und den diensthabenden Beamten atemlos genau dieselbe haarsträubende Geschichte erzählte. Auch er sei vor einem rotglühenden Flugobjekt, das über ihm schwebte, in den Straßengraben geflüchtet.

Widerwillig begaben sich Sergeant Bertrand und ein paar seiner Kollegen auf Streifenfahrt, im Grunde fest davon überzeugt, daß die Aussagen der beiden Zeugen eine natürliche Erklärung finden würden. Geschlagene zwei Stunden suchten sie vergeblich die Umgebung ab, zunehmend verärgerter über die vergeudete Zeit, und wollten sich schon auf den Weg zurück ins Revier begeben. Doch als sie unterwegs an einer Koppel mit sechs Pferden vorbeikamen, sprengten diese plötzlich wie in Panik davon. Im selben Moment wurde die ganze Gegend in ein grelles rötliches Licht getaucht. Über den Bäumen schwebte ein riesiges, scheibenförmiges rotes Objekt, das sich langsam und unheimlich lautlos auf die Polizisten zubewegte. Erst als ein zweiter Streifenwagen mit quietschenden Reifen neben den fassungslosen Kollegen stoppte, flog das unidentifizierbare Flugobjekt davon.[45]

Weltweit wurden unzählige, gut recherchierte UFO-Sichtungen dokumentiert, bei denen die Augenzeugen über auffällige Leuchterscheinungen berichteten. Das führt uns geradewegs zurück zu unserem englischen Erfinder: Auf welches Geheimnis ist John R. R. Searl im Verlauf seiner Forschungen gestoßen?

Doch zunächst einmal weiter in chronologischer Reihenfolge. Es geschah während jener Tage, als der bereits vom Tod gezeichnete Reverend George Haynes das Labor und die Grundstoffe für Searls Experimente finanzierte, als ein Angehöriger der Royal Air Force entnervt auf John schoß. Er fühlte sich nämlich durch dessen außergewöhnliche Versuche gestört. Glücklicherweise wurde Searl durch diese Kurzschlußhandlung nicht verletzt, denn der Soldat verwendete für seinen »Anschlag« glücklicherweise nur ein Luftgewehr.

Searl ließ sich dadurch keineswegs beirren. In den folgenden Jahren sammelte er einen kleinen Kreis von der Sache faszinierter Mitarbeiter um sich, mit deren Hilfe er größere und verbesserte Flugscheiben konstruierte. Dabei konnte regelmäßig beobachtet werden, daß sich bei sehr hohen negativen Potentialen bis zu $10^{14}$ Volt neben dem charakteristischen Ozongeruch am Außenrand der Scheibe ein Vakuum bildete, und sich auch stets das typische schimmernde Leuchten zeigte.

# Ein tragischer Unfall

Im Jahre 1963 schickte Searl, der sich zu dieser Zeit schon lange darüber klargeworden war, einer wirklich weltbewegenden Sache auf die Spur gekommen zu sein, Einladungen an das britische Königshaus und andere Institutionen. Als »Ihrer Majestät ergebener Untertan« plante er eine öffentliche Vorführung der Flugeigenschaften des von ihm entwickelten Diskus vor Vertretern von Politik, Verwaltung, Wissenschaft, Industrie und Militär. Deren Ignoranz war unübersehbar: Keiner der geladenen Gäste war erschienen! Und da Searl sich durch kostspielige Vorbereitungen auch noch in große Ausgaben gestürzt hatte, entwickelte sich die ganze Aktion für ihn letztendlich zu einem finanziellen Debakel.

Im selben Jahr kam es durch eine Verkettung unglücklicher Umstände leider auch zu einem tragischen Todesfall in seinem Team. Als eine der Versuchsscheiben, die einem mehrmonatigen Dauertest im Erdorbit unterzogen worden war, mit Hilfe der Fernsteuerung zurückgeholt wurde, machte sich der damalige Mitarbeiter John Judge daran, die in der Scheibe untergebrachten Meß- und Steuergeräte auszubauen. Dabei stützte er sich mit einer Hand an der Fiberglashülle des Diskus ab. Plötzlich brach Judge bewußtlos zusammen, und der eilends herbeigerufene Arzt konnte nur noch seinen Tod feststellen.

Die Staatsanwaltschaft wurde eingeschaltet und begann daraufhin mit ihren Ermittlungen, für deren Dauer Searl jegliche Weiterarbeit an seinem Projekt verboten wurde. Was seine Forschungen natürlich immens zurückwarf. Wie mir Mr. Searl persönlich erklärte, kam man jedoch bald auf des tragischen Rätsels Lösung: Bedingt durch den langen Aufenthalt im Erdorbit, hatte die Fiberglashülle der Scheibe durch chemische Reaktionen unvorhersehbare toxische Veränderungen erfahren. Es war eine so entstandene Strychninverbindung, welche die Schuld am Tode von Mr. Judge trug.[46]

Als Kämpfernatur, wie sich noch des öfteren zeigen sollte, gab John Searl nicht auf. Denn er hatte ein klares Ziel vor Augen: Es galt, eine – vorerst ferngesteuerte – Flugscheibe auf einen kontrollierten Rundkurs zu schicken, der in seinem Verlauf vorgegeben und in seiner Durchführung lückenlos überwacht sein sollte.

Ein paar Jahre Forschung und große Opfer an Mitteln mußten hierauf noch verwendet werden. Wissenschaftler, die der Autodidakt Searl in der Hoffnung ansprach, mit ihm seine Erkenntnisse zu diskutieren, hatten nichts als Spott und Hohn, Ignoranz und Überheblichkeit für ihn übrig. Bei soviel »wissenschaftlichem« Geist, der ihm da entgegenschlug, widmete er sich lieber weiter seinen Forschungen, die er im kleinen Team vorantrieb.


## Testflug über Cornwall

Am 30. Juni 1968 war es dann soweit. Searl und seine Helfer waren bereit, die Experimentalscheibe »P-11« ferngesteuert auf die Reise zu schicken: Von einem Freigelände bei Mortimer, einem Dorf bei Reading westlich von London, nach Cornwall, einer Halbinsel im äußersten Südwesten Englands. Lassen wir hier den Konstrukteur selbst zu Wort kommen:

»Die P-11 war der erste Typ eines Fahrzeuges zur Lösung von Konstruktionsproblemen für ein zukünftiges bemanntes Fahrzeug, das einmal gebaut werden wird… Von früheren Flugversuchen wissen wir bereits, daß sie ausgezeichnete Flugeigenschaften aufweist. Sie übertrifft alle unsere Erwartungen. Sie kann aufsteigen und bleibt auf Befehl auf der Stelle, ohne sich auch nur einen Zoll im Wind zu bewegen. Es gibt kein Geräusch. Die Leute hier (gemeint sind ein paar neugierige ›Zaungäste‹, die an den Ort des Flugversuches gekommen waren, d. Verf.), verbergen sich vor uns, als ob wir irgendwelche Wesen von einer anderen Welt wären. Sie beobachten uns hinter Bäumen und Hecken versteckt, aber keiner kommt uns näher. Sie trauen uns wohl nicht. Es sieht ganz komisch aus, von unserem Gesichtspunkt gesehen, ihre Reaktion zu beobachten. Die Sonne scheint, aber es ist nicht mild. Der Wind ist kalt.

Wir sind glücklich über die P-11. Wir werden genau um 15.00 Uhr MEZ einen Flug versuchen und haben die Energieversorgung für alle Geräte an Bord gesichert. Wir sind voll beschäftigt, aber ich kann die Beobachter aus meinem Blickwinkel sehen; keiner hat gewagt, unser Startfeld zu betreten. Wir haben die P-11, die etwa 500 Kilogramm wiegt, an einen Platz getragen, wo sie die in der Nähe befindlichen Starkstrom-Überlandleitungen in genügender Entfernung passieren kann …

Der Uhrzeiger rückt auf 15.00 Uhr. Wir erhalten einen Anruf aus Cornwall, daß alles bereit ist. Die Flugleit-Frequenz ist eingeschaltet. Unsere Herzen schlagen schneller, und wir sind in Schweiß ausgebrochen. Nicht etwa weil es warm geworden ist, sondern weil das Fluggerät vielleicht nicht dem Funksignal Folge leisten und beim Hinausfliegen in den Raum verloren gehen könnte. Noch eine Minute. Ich schwitze, und meine Knie beginnen mit einer neuerlichen Angst zu zittern: Was passiert, wenn die Scheibe aus dem Senkrechtstart ausbrechen sollte, ehe sie genügend Abstand von der Hochspannungsleitung gewonnen hat? Wenn die

Scheibe diese Kabel berührt oder ihnen zu nahe kommt, dann gibt es einen mächtigen Kurzschluß im Umkreis von einigen Kilometern.

Der Zeitpunkt zum Starten des Scheibengenerators ist gekommen. Er erfolgt durch einen kleinen Dieselmotor von außen. Eine Minute vergeht, und der automatische Relais-Schalter der Scheibe unterbricht den Kontakt mit der externen Kraftversorgung. Wir beginnen, den Generator der Scheibe zu beschleunigen. Jetzt ist sie auf sich selbst gestellt. Ich greife mir die Kamera, um einen Schnappschuß von diesem Moment zu bekommen; Belichtungszeit 1/5000 Sekunde, volle Blende … Als der Generator startete, gab es ein Summen, das in der Tonfolge immer höher wurde, aber das hat jetzt ganz aufgehört.

Wird sie aufsteigen? Ich kann mein klopfendes Herz spüren und sehe den Herzschlag auf dem naßgeschwitzten Hemd. Die Venen an meinen Beinen sind angeschwollen, die Adern meiner Hand hervorgetreten und in Schweiß ausgebrochen. Meine nassen Haare hängen mir über die Nase herunter.

Und jetzt schießt die Scheibe nach oben – so phantastisch schnell, daß ich äußerste Mühe habe, sie in den Sucher zu bekommen. Da ist sie! Ich knipse, drehe den Film weiter, jeder in unserem Team fotografiert so rasch wie möglich. Die Scheibe kommt bei der Hochspannungsleitung klar. Ich habe aufgehört, Bilder zu knipsen und verzeichne meine Eindrücke, da ich durch den Sucher blickte. Der Erdboden schien (beim Start) zu schwanken, aber ich konnte keine Bewegung verspüren … Ich schaue hinüber, wo die beiden Zuschauer waren. Sie rennen dorthin zurück, wo sie herkamen, sind wahrscheinlich zu Tode erschrocken. Dann kommt der Anruf durch: Die Scheibe fliegt jetzt über Cornwall. Es ist 15.03 Uhr.

## Noch mehr Parallelen ...

Wir entspannen uns, nur mein Herz schlägt noch wie verrückt. Unser Team in Cornwall schickt die Scheibe jetzt auf den Rückflug. Wir gehen zum Startpunkt hinüber und stellen fest, daß mit der Erde auch Gras und Gestrüpp herausgezogen sind. An dem Platz, wo die Scheibe war, sieht es wie abgetragen aus. Ein angesengter Ring ist da, und das Gestrüpp am Rande liegt in Richtung der kahlen Stelle niedergedrückt da. Dieses Problem haben wir noch zu lösen, das Herausziehen der Grasnarbe und diesen ›verbrannten-Ring-Effekt‹ ... «

Das Phänomen eingebrannter »Ringe« am Ort mutmaßlicher UFO-Landungen ist aus zahlreichen Fallbeispielen vertraut. In einem früheren Buch berichtete ich aus der Volksrepublik China von der Landung eines Flugkörpers in der Wüste Gobi, bei der ein eingesengtes Kreuz am Boden zurückblieb.[8] Und der französische Forscher Aimé Michel beschreibt einen Fall aus den fünfziger Jahren, bei dem derselbe Krater- und Bodeneffekt auftrat wie beim Experimentalflug der »P-11«.

Am Abend des 4. Oktober 1954, gegen 20 Uhr, machte Madame Fournet aus Poncey-sur-l'Ignon zusammen mit weiteren Zeugen eine sonderbare Beobachtung. Etwa 20 Meter von ihrem Haus entfernt schwebte und schaukelte über der Wiese ihres Nachbarn, Monsieur Cazet, ein leuchtendes Objekt in der Luft und wollte offensichtlich rechts von einem Baum zur Landung ansetzen. Gemäß Madame Fournets Angaben hatte das Objekt einen Durchmesser von etwa drei Metern, eine elliptische Form und strahlte eine rötliche Farbe aus. Es tauchte die Zweige und Blätter des Baumes in ein fahles Licht.

Als die Frau weglief, um weitere Zeugen zu holen, begann

das UFO sofort mit unglaublicher Geschwindigkeit aufzusteigen, wobei es ein tiefes Loch an der Stelle hinterließ, über der es geschwebt hatte. Auf einer Fläche von etwa 1,5 mal 0,6 Metern schien der Boden regelrecht hochgesaugt worden zu sein. Die herausgeschleuderte Erde lag in Klumpen von 20–30 Zentimeter Größe circa vier Meter verstreut um den Krater herum. In der frischen Erde des so entstandenen Loches kringelten sich weiße (!) Regenwürmer. Der rätselhafte Krater wies in halber Tiefe einen größeren Durchmesser auf als an der Erdoberfläche. Seltsamerweise waren die Baumwurzeln im Inneren des Kraters jedoch vollkommen unbeschädigt geblieben, was durch »normales« Ausheben eines Loches unmöglich wäre. So deuteten alle Indizien darauf hin, daß die Erdmassen durch ein gigantisches Vakuum herausgeschleudert worden sein müssen.[47]

Auf welche Geheimnisse der »Fliegenden Untertassen« ist der englische Erfinder Searl in den Jahren seiner Forschungen also gestoßen, wie die zahlreichen augenfälligen Übereinstimmungen mit dem modernen UFO-Phänomen vermuten lassen? Ist der »Außenseiter« – auf welche Weise auch immer – auf grundlegende Konstruktionsmerkmale außerirdischer Technologie gestoßen die er in seinen Experimentalscheiben bereits teilweise erfolgreich umzusetzen vermochte?

Dieser Schluß liegt tatsächlich nahe. Verfügen seine Flugscheiben doch noch über weitere Eigenschaften, die den so häufig beobachteten UFOs unserer Tage zugeordnet werden:

- – Es entsteht keine Reibungshitze beim Flug in der Atmosphäre.
- – Die Scheibe erzeugt kein Geräusch während des Fluges.
- – Der für den Eintritt in den Überschallbereich so charakteristische Knall fällt weg.

Hier wie dort dürften die sich um die Flugscheiben bilden-
den elektrostatischen Felder der Grund für das atypische
Verhalten im Vergleich zu konservativen Flugzeugen sein.
Bereits Hermann Oberth (1894–1989), Pionier und »geisti-
ger Vater der Weltraumfahrt«, stellte im Rahmen eines Vor-
trages über das vermutliche Antriebsprinzip der unbekannten Flugobjekte fest:
»Beim Eintritt in die Atmosphäre wird die Luft durch elektrische Felder fortgestoßen. Das ist der Grund, warum man
keinen Lärm hört. Hier sind Dinge dabei, die wir mit unserer heutigen Physik noch nicht verstehen …«[48]
Im Ansatz ist der Effekt erklärbar. Ein Flugzeug konven-
tioneller Art muß sich, sobald es die Schallgeschwindigkeit
erreicht, in die Luft hineinbohren wie ein Nagel in einen
Holzblock. Die »ungewarnten« Luftmoleküle können nicht
allmählich ausweichen, sondern prallen ungebremst und
mit voller Wucht frontal auf die Stirnfläche des Fluggerätes
auf. Hierbei entsteht eine mächtige Druckwelle, die in
Form eines Kegelmantels abfließt. Wo sie sich über die Erdoberfläche ausbreitet, da erzeugt der plötzliche Druck-
anstieg die gefürchtete »Knallschleppe«, die nicht selten in
dem betroffenen Gebiet zahllose Fensterscheiben zum Zer-
springen bringt.
Die ionisierende Fernwirkung ist hingegen der Geschwin-
digkeitsbeschränkung, der das Drucksignal gehorcht, nicht
unterworfen. Durch die erreichten, sehr hohen Feldstärken
werden alle Luftteilchen bereits lange vor Erreichen der
Profilkante der Scheibe ionisiert und durch elektrostatische
Abstoßung zur Seite gelenkt. Bei vollständiger Ionisation
entfällt daher der Überschallknall zur Gänze.
Dies gilt für die von John Searl geschaffenen Flugscheiben
nicht anders als für die in aller Welt so zahlreich beobachteten, nach diesen Betrachtungen wenigstens im Ansatz tech-

nisch erklärbaren UFOs, in denen sich augenfällig eine uns überlegene, außerirdische Technologie zu manifestieren scheint.

## »They don't listen«

Warum weiß so gut wie niemand um diese zweifellos revolutionäre Technik? »They don't listen« – »Niemand will es hören«, so lautet John Searls Antwort auf die Frage, warum die von ihm seit 40 Jahren entwickelte Technologie noch immer weitestgehend unbeachtet geblieben ist.

Hatten britische Wissenschaftler, an die er sich gutgläubig zum Zwecke des Gedankenaustausches wandte, einzig und allein überhebliche Arroganz und unverhohlenen Spott für den Autodidakten übrig, wurde nur ein japanischer Universitätsprofessor hellhörig. Denn zu ähnlichen Ergebnissen wie Searl gelangte im Verlaufe seiner Forschungen Professor Shinichi *Seike*.

In seiner *elektrischen Kernresonanztheorie* bietet der Japaner eine Lösung der Bewegungsgleichungen in einem rotierenden elektrischen Wechselfeld, dem ein magnetisches Gleichfeld überlagert ist. Ab einer bestimmten Resonanzfrequenz können negative Entropiezustände auftreten, im Klartext: Es fließt Energie aus dem Erdmagnetfeld in das System (hier: der Generator) ein. Basierend auf diesen Überlegungen entwickelte Seike verschiedene Modelle von Generatoren, die alle nach diesem Prinzip der Kernresonanz arbeiten. In einem hochfrequenten, elektrischen Wechselfeld erzeugt die Beschleunigung einer Masse bei Anwesenheit einer dazu parallelen Feldkomponente (hier: dem Erdmagnetfeld) einen konstanten Gleichstromanteil. Die Versuchsapparaturen, die der japanische Physiker entwickelte, bestanden stets aus einer gesinterten Bariumtitanat-Scheibe, mehreren Ferritkernspulen und drei Ladekondensatoren, die zusammen ein rotierendes elektrisches Wechselfeld aufbauten.

Die detaillierten Grundlagen einer solchen, nach Zukunftsmusik klingenden Technologie, mit deren Hilfe die Schwerkraft in elektromagnetische Energie umgewandelt und zum Antrieb einer fliegenden Scheibe genutzt werden soll, beschrieb Shinichi Seike in seinem Anfang der siebziger Jahre erschienenen Buch. Darin führte er auch die Möglichkeit aus, innerhalb des Flugkörpers ein künstliches Gravitationsfeld zu schaffen, das bei entsprechender Ausrichtung das Erdfeld zu schwächen oder gar aufzuheben vermag.[49]

In die Praxis umgesetzt, würde dies dem Flugobjekt zu einer ungeahnten Beschleunigung verhelfen. Diese wie auch ein plötzlicher Richtungswechsel würden jedoch für die Besatzung eines derartigen Raumfahrzeuges kein Problem darstellen. Laut Professor Seike würden jene Reaktionskräfte, welche die konventionelle Luft- und Raumfahrt sehr schnell an ihre Grenzen stoßen lassen, hier einfach entfallen. Denn in einem kontrollierten, künstlichen Schwerkraftfeld würde jedes Atom gleichermaßen beschleunigt.

Aus ungezählten UFO-Sichtungsberichten ist uns dieses Flugverhalten seltsam vertraut.

Doch zurück zu unserem englischen Erfinder Searl. Gewissermaßen als »Nebenprodukt« zu den auch *SEG* (»Searl Effect Generator«) genannten Flugscheiben entwickelte er auch einen handlichen Generator zur Erzeugung von elektrischem Strom für privaten Hausgebrauch. Dessen Verwendung garantierte die Unabhängigkeit von der kommerziellen Stromversorgung. Was allerdings einigen finsteren Herrschaften ein gewaltiger Dorn im Auge gewesen zu sein schien.

# Das Imperium schlägt zurück

Seit 1955 hatte sich John mit diesem besagten Stromerzeuger im Hause von der öffentlichen Stromversorgung vollkommen unabhängig gemacht. Was jedoch dann, Mitte der achtziger Jahre, geschah, kann man nicht treffender denn als »übelste Mafia-Methoden« bezeichnen.

Im Jahre 1985 verlangte das örtliche Elektrizitätswerk Geld für den Stromverbrauch *seit 1955* – also Bezahlung von Leistungen, die 30 Jahre lang weder erbracht noch in Anspruch genommen worden waren! Selbstverständlich weigerte sich John, diese ungerechtfertigte und astronomisch hohe Summe zu bezahlen.

Kurze Zeit später drang ein Kommando vermummter Schläger in sein Haus ein und verwüstete es vom Keller bis unter das Dach. Insbesondere der Generator zur Stromerzeugung war das erklärte Ziel der Terroraktion; er wurde mit brachialer Gewalt aus der Wand gerissen und sofort kurz und klein geschlagen. Als Searl die Polizei zu Hilfe rief, erlebte er die nächste alptraumhafte Überraschung: Nicht der Schlägertrupp, sondern er wurde auf der Stelle verhaftet und mit auf die Wache genommen. Das Ganze nannte sich auch noch Schutzhaft, in Wahrheit war es nichts anderes als die Unterstützung der verbrecherischen Methoden der Strom-Industrie durch das nicht weniger verwerfliche Zugreifen der englischen Polizei. Es ist unglaublich! Man wähnt sich in einem jener bedrückenden Kriminalfilme, in denen das auf sich allein gestellte Opfer hilflos einer gigantischen Verschwörung finsterer Mächte gegenübersteht. Indes: Die Realität ist noch weitaus beklemmender!

Da Searl die unverschämte Stromrechnung für 30 Jahre weder bezahlen konnte noch wollte, schickte ihn der Richter »im Namen Ihrer Majestät« für 15 Monate ins Gefängnis. Nach der Entlassung war der Alptraum nicht vorüber, stand John erschüttert vor den Resten eines Infernos: Sein Haus war niedergebrannt, sämtliche Unterlagen und Geräte vernichtet, die Arbeit von mehr als 30 Jahren mit einem Schlag zunichte gemacht.

Das Imperium hatte zurückgeschlagen. Die verbrecherische Union von staatlicher Gewalt und kriminellem Kommerz hatte ihr wahres Gesicht, ihre häßliche Fratze gezeigt!

## In letzter Sekunde gerettet!

Indessen wurde zur traurigen Gewißheit, daß Searls damalige Ehefrau an dieser Treibjagd nicht unbeteiligt gewesen war, wie auch an der Vernichtung der Unterlagen seiner langjährigen Forschungsarbeit. Verzweifelt über diesen Verrat, kaufte John von seinem letzten Geld, das er noch in der Tasche hatte, Gift und beging damit einen Selbstmordversuch.

Und auch hier zeigt sich wieder die ganze Dramatik, die das Leben des John Roy Robert Searl von Anfang an bestimmt. Glücklicherweise war die Hecke, unter die er sich zur Ausführung jener Kurzschlußhandlung zurückgezogen hatte, nicht so von aller Welt abgeschieden, wie er es sich vorgestellt hatte. Ein abendlicher Spaziergänger, der noch seinen Hund ausführte, vermochte das vor Erregung zitternde und winselnde Tier nicht mehr zu bändigen. Entnervt ließ der Mann den Hund schließlich von der Leine, der sofort zielstrebig auf die Hecke zuschoß und aufgeregt bellte. Nichts Gutes ahnend, sah der Mann unter der Hecke nach und fand den leblos am Boden liegenden Erfinder.

Bereits für tot gehalten, brachte man Searl in das nächstgelegene Krankenhaus, wo zunächst auch der klinische Tod festgestellt wurde. Einem aufmerksamen Assistenzarzt war allerdings nicht entgangen, daß der vermeintliche Tote noch schwache Lebensfunktionen erkennen ließ. John Searl war am Leben, doch dieses hing an einem seidenen Faden. Er lag in einem tiefen Koma, aus dem er erst nach wochenlanger Intensivbehandlung wieder erwachte. Nach zehn Monaten wurde er aus der Klinik entlassen, besaß jedoch nichts mehr als die Kleidung, die er am Leib trug.

## Ein neuer Anfang

Wie es danach weiterging, recherchierte mein Gewährsmann Herbert Schneider, dem ich viele der in diesem Kapitel berichteten Informationen verdanke, in mühevoller Kleinarbeit. Wobei er nicht selten geradezu detektivische Arbeitsweise an den Tag legen mußte. Herbert Schneider war auch damals der einzige Mensch, dem es gelang, John Searl wieder »aufzustöbern«. Nachdem dieser sich entschlossen hatte, nach der ihm widerfahrenen Häufung persönlicher Katastrophen erst einmal bis auf weiteres unterzutauchen.

Für meinen Gewährsmann begann die ganze Angelegenheit damit, daß zu Anfang der achtziger Jahre ganz unvermittelt in ihm ein starkes Interesse an grenzwissenschaftlichen Themen erwachte. Weit davon entfernt, ein leichtgläubiger Mensch zu sein, richtete sich sein Interesse neben verschiedenen anderen Phänomenen auch auf das UFO-Rätsel. In dem Standardwerk seines Namensvetters Adolf Schneider, erschienen in den siebziger Jahren,[5] entdeckte Herbert Schneider einen Beitrag über John Searl, der ihn ganz in dessen Bann zog. Gab es da tatsächlich einen Mann, der in der Lage war, funktionsfähige fliegende Scheiben zu konstruieren, die dem von Augenzeugen in aller Welt übereinstimmend berichteten Flugverhalten der geheimnisumwobenen UFOs so verblüffend entsprachen? Und – warum war es um den Mann neuerdings so auffallend still geworden?

So reifte 1985 in ihm der Entschluß, diesen schon zu Lebzeiten legendenumwobenen Mann ausfindig zu machen, um sich persönlich davon zu überzeugen, was es mit dieser phantastisch klingenden Fama auf sich hat. Über den Verlag und auch den Autor des oben genannten UFO-Buches[5] war nicht in Erfahrung zu bringen, wo sich der englische Erfinder aufhielt. Im Gegenteil: Es wurde sogar die Befürchtung geäußert, daß dieser nicht mehr unter den Lebenden weile.[48]

Heute wissen wir es besser: Searl hatte damals – aus Angst vor weiteren Repressalien –, so oft es ihm möglich war, seinen Wohnort gewechselt. Sein Vertrauen in Behörden und staatliche Institutionen ist bis auf den heutigen Tag sowieso tief erschüttert. Wer will's ihm auch verdenken?

Herbert Schneider wußte zum damaligen Zeitpunkt gerade einmal, daß Searl bis zum Zeitpunkt seines Verschwindens im Dorf Mortimer gewohnt hatte. Der kleine Ort befindet sich im Bezirk Reading, westlich von London gelegen. Schneider besorgte sich also ein Telefonbuch des Bezirkes, fand tatsächlich einige Träger dieses Namens, und startete einen Rundruf.


## Abenteuerliche Suche

Fehlanzeige! Wie auch bei seinen Briefen an Searls letzte, bekannte Adresse, die allesamt ungeöffnet und mit dem Vermerk »Adressat unbekannt« zurückkamen. Kein Nachsendeantrag, keinerlei Hinweis auf den Aufenthaltsort – sollte sich dieser John Searl allen Ernstes in Luft aufgelöst haben? Es sollte noch fast zwei Jahre seiner Zeit in Anspruch nehmen, bis Schneider endlich fündig wurde und über abenteuerliche Umwege mit Searl persönlich korrespondieren konnte. Eingedenk der Tatsache, daß er berufstätig ist, kostete ihn diese Art von »Besessenheit« über einen längeren Zeitraum hinweg so ziemlich seine gesamte Freizeit!

Als er ihn endlich ausfindig gemacht hatte, plagten Herbert Schneider anfangs noch ernsthafte Zweifel, ob sich da nicht irgend jemand einen unfeinen Scherz mit ihm erlaubt haben könnte. Doch mit jedem Brief Searls an ihn wuchs die Überzeugung, es tatsächlich mit »dem Echten« zu tun zu haben. Zu viele Informationen konnten *nur* von John Roy Robert Searl selbst stammen. Mittlerweile hatte sich auch eine richtige Brieffreundschaft zwischen den beiden entwickelt, und als Searl ihm mitteilte, daß er »jederzeit willkommen« sei, nahm Schneider spontan die Einladung an und flog Anfang März 1988 nach England. Auch John weilte inzwischen zu einem Gegenbesuch in Deutschland.

Anläßlich seines Besuches bei Searl war Schneider natürlich begierig zu erfahren, wie es um ihn und seine sensationelle Erfindung nach den schlimmen Ereignissen Mitte der achtziger Jahre stand. Und auch, was genauere technische Details betrifft, von denen ich in diesem Zusammenhang nur soviel bringen will, als zum Verständnis des Prinzips unbedingt notwendig ist. Wie der Konstrukteur selbst zugibt, haben sogar Fachwissenschaftler ihre Schwierigkeiten damit.

Heute ist John Searl damit beschäftigt, in mühevoller Kleinarbeit die während des Überfalles und in der Folge vernichteten Aufzeichnungen von mehr als 30 Jahren zu rekonstruieren. Im übrigen schmiedet er bereits wieder Pläne, die er mit der Hilfe wohlmeinender Freunde in die Realität umzusetzen hofft. Darüber jedoch mehr am Schluß dieses Kapitels.

## Die Technik der »fliegenden Scheiben«

Herzstück der Searl'schen Flugmaschine ist der *die Scheibe umgebende SEG*, der »Searl Effect Generator«. Er besteht aus drei stationären Ringen, um die berührungsfrei zahlreiche rund um sie herum angeordnete Walzen laufen. Die Bauteile bestehen aus einer Legierung der Elemente Eisen (Fe), Aluminium (Al), Silizium (Si), Schwefel (S), Titan (Ti) und Neodym (Nd). Jener SEG läuft so schnell, daß durch *Elektronenkondensation* eine Abkühlung des Systems erfolgt, die bei 4° Kelvin (–269,16 °C) zu einer Gravitationsumkehr führt. Searl nennt seine Scheiben daher auch *Invert-G-Vehicules*, was soviel bedeutet wie »Gravitations-Umkehr-Fahrzeuge«.

Nach erfolgtem Zusammenbau beginnt der SEG unverzüglich zu rotieren und läßt sich für gewöhnlich nicht mehr stoppen, emittiert also unablässig Elektronen. Ein einziges Mal geschah es, daß ein »Searl-Effect-Generator« zum Stillstand gebracht wurde. Als ein TV-Team mit der Kamera auf die Searl-Scheibe zuhielt, blieb der Generator auf der Stelle stehen! Des Rätsels Lösung: Der hochfrequente Strom der Kamera – zufällig die »passende« Frequenz aufweisend – war verantwortlich für das Abstoppen des SEG. An dieser Stelle komme ich nicht umhin, erneut eine Querverbindung zum vielzitierten UFO-Phänomen zu knüpfen. Denn mir ist mindestens ein Absturz eines UFOs geläufig, der mutmaßlich durch hochfrequente Energie verursacht worden ist. Ereignet haben soll er sich am 7. Mai 1989 in der Kalahari-Wüste in Südafrika.[50]

Doch zurück zur Technik der Searl'schen Scheiben. Da sofort nach dem Zusammenbau eine unablässige Emission von Elektronen einsetzt, das System also arbeitet, kann eine Steuerung dieser Scheibe nur über eine *gezielte Ausrichtung* des Elektronenausstoßes erfolgen. Ungewöhnlich ist, daß Searls Diskus auf jeden Fall fliegt, denn die Aufhebung der Schwerkraft genügt schon, ihn von der Erde wegzuschleudern. Allerdings wäre er dann auf und davon – wie Searl es bei seinen ersten Experimenten in den fünfziger Jahren insgesamt sechsmal erleben mußte.

So paradox es klingt: Es bedarf ausreichender Energie, die von dem Flugobjekt respektive dem SEG selbst ausgehen muß, um es überhaupt am Boden zu halten! Die technische Ausstattung umfaßt zu diesem Zweck 64 sogenannte Flugzellen, die sich außerhalb des die Scheibe umgebenden Generators befinden. Dies sind 64 Segmente mit je einer von ihrem Zentrum nach außen gerichteten »Nadel« und *Elektronenemissionsplatten* an der Ober- und Unterseite des jeweiligen Segments. Diese Platten können voneinander getrennt oder gemeinsam an- und ausgeschaltet werden: So kann der Elektronenschub nach oben, nach unten oder gleichzeitig in beide Richtungen gelenkt werden (s. Abb. 6).


## »Schutzschild« und Steuermanöver

Das eigentliche Bedienungselement ist ein Schalter, der den Elektronenfluß unterbricht – und zwar an jedem der 64 Segmente einzeln. Die Emission der Elektronen über die 64 Segmente baut darüber hinaus einen durch »Wegdrücken«

der Luftmoleküle erzeugten »Schutzschild« auf, der dieselbe Form besitzt wie die fliegende Scheibe selbst. Diese Schicht ionisierter Teilchen kann bis zu mehreren Metern dick sein, dadurch gelangt nichts heran an das sich im Flug befindliche Objekt. Dieser Effekt wäre natürlich ideal für einen interstellaren Flug der Searl-Scheibe. Mikrometeoriten und kosmische Strahlungen könnten den Insassen des Flugobjektes nichts anhaben, durch den elektromagnetischen »Schutzschild« würden sie rechtzeitig von dem Raumfahrzeug abgelenkt werden.

Durch Schaltvorrichtungen kann der Elektronenfluß nach oben oder unten hin unterbrochen werden, ebenso können einzelne Segmente oder sogar ganze Partien abgeschaltet werden. Mit dem gerichteten Elektronenschub läßt sich der Flugkörper dann leicht steuern. Zwei Beispiele:

– Um die Searl-Scheibe am Boden zu halten, müssen die oben angeordneten Emissionsplatten ein-, die unteren hingegen ausgeschaltet sein (s. Abb. 7, ganz oben).

– Im freien Raum schwebend, geben alle Flugzellenplatten Energie ab. Das Flugobjekt befindet sich in der Schwebe und ändert seine Position nicht, da sich alle Kräfte in allen Richtungen aufheben (s. Abb. 7, 2. v. oben).

Um die Lage zu verändern, etwa um das Fluggerät zu neigen, bedarf es lediglich der kurzen Unterbrechung des Elektronenausstoßes mit Hilfe eines einfachen, aus zwei Magneten bestehenden Rückschlagschalters. Dieser befindet sich zwischen dem aus drei Ringen bestehenden Generator und der Verzweigung der Leitungen zu den Emissionsplatten. Durch kurze Unterbrechung des Elektronenschubes an einigen Segmenten ändert die Scheibe ihre Lage (s. die anderen Figuren in Abb. 7). Nach demselben Steuerungsprinzip funktioniert auch das Fliegen in die gewünschte Richtung. Durch das Einschalten der »passen-

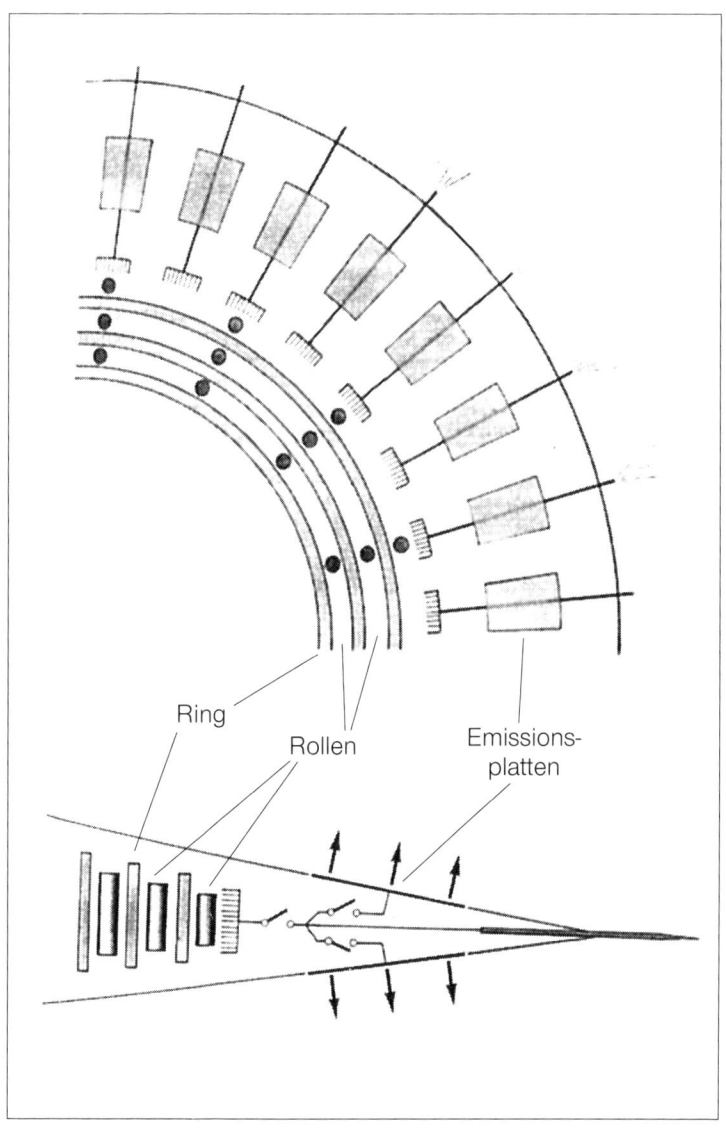

*Abb. 6 Aufbau der Searlschen Flugscheibe mit dem aus drei Ringen
und zahlreichen Walzen bestehenden Generator, sowie 64 Flugsegmen-
ten mit Elektronenemissionsplatten (vgl. Text).*

den« Platten beziehungsweise Abschalten der entgegenge-
setzt angeordneten, bewegt sich die Scheibe genau in die
anvisierte Richtung – ähnlich einem Düsenantrieb. Jedoch
durch Elektronenschub statt durch Verbrennung fossiler
oder chemisch erzeugter, sprich: explosionsgefährlicher
Brennstoffe!

Alles klar bis hierher? Ein kleiner Trost: Auch mir hat der
Kopf geraucht!

Noch kurz ein paar Worte zu den im Dunkeln zu beobach-
tenden Leuchterscheinungen. Diese sind laut Searl von der
jeweiligen Energieverdichtung um die fliegende Scheibe
herum abhängig. Es ist das Energiegefälle zwischen dem
Diskus und dem umgebenden Raum, dessen Größe die
Farbe des Lichthofes bestimmt, der auch die Konturen der
Scheibe verschwimmen läßt.

Man kann es drehen und wenden, wie man will: Offensichtlich ist der englische Erfinder einem der größten Geheimnisse unserer Tage auf der Spur! Im Prinzip praktiziert
er seit längerem erfolgreich den Antrieb der unidentifizierten Flugobjekte. Außerirdische Technologie!

Die Zukunft hat längst begonnen, nur unser altes überhol-
tes Weltbild hinkt noch hinterher…


## Der faszinierende Traum des John R. R. Searl

Der geniale Engländer schmiedet bereits wieder Pläne, was
er in allernächster Zukunft realisieren will. Die Grundlagen,
auf denen seine – bislang ferngesteuerten – Flugscheiben
beruhen, dürften nun soweit ausgereift sein, daß in Bälde an
eine Herstellung bemannter Scheiben gedacht werden kann.
Was natürlich auch eine Sache der Mittel ist.

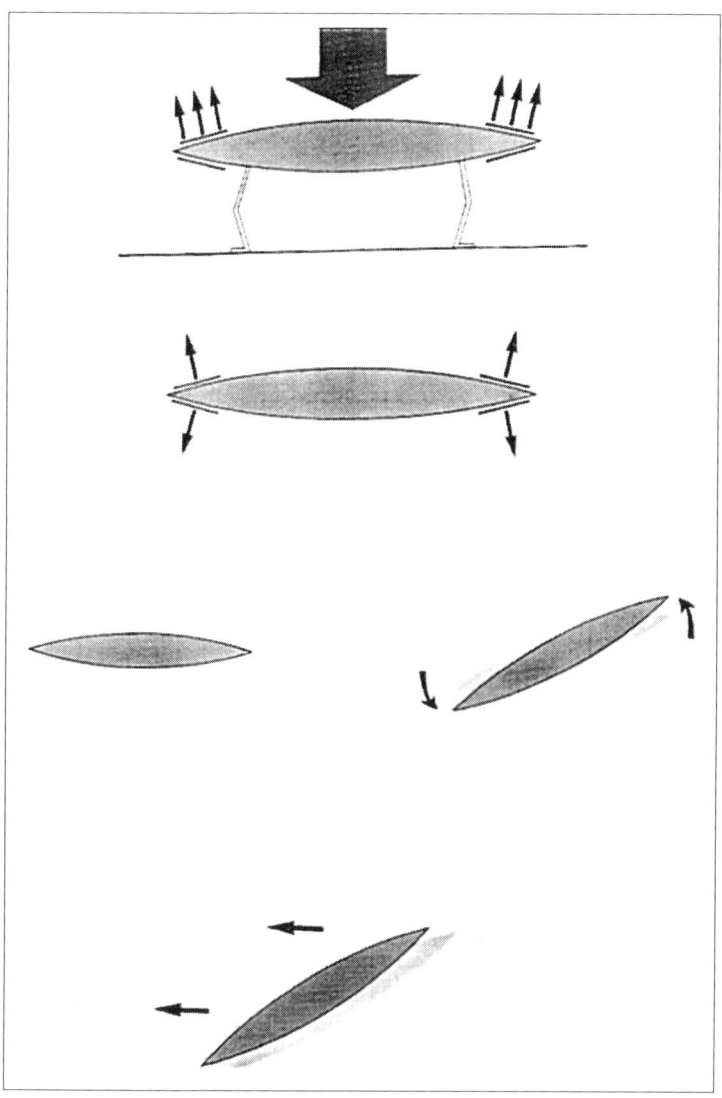

*Abb. 7   Der Einfluß des Elektronenausstoßes auf das Flugverhalten und die Flugrichtung der Scheibe. Der geniale englische Erfinder John R. R. Searl stieß auf grundlegende Geheimnisse der UFO-Antriebstechnik.*

An Interessenten besteht zwar kein Mangel, doch Searl ist vorsichtig geworden. Nicht selten mußte er sich schon von Opportunisten distanzieren, die ihn als »Zugpferd« vor ihren Karren spannen wollten. In den USA wollte man ihm »die Rechte« abkaufen. Doch was nützen die Rechte, wenn außer Searl niemand in der Lage ist, die notwendigen Instruktionen zur Herstellung eines »Searl-Effect-Generator« zu erteilen!

So setzt er derzeit mehr Hoffnungen auf den Bau einer Flugscheibe mit großer Ladekapazität, die es den Betreibern erlauben würde, im Bruchteil der Zeit, die ein konventionelles Frachtflugzeug benötigt, Expreßfracht um die halbe Welt zu bringen. Oder um die ganze, wenn es sein muß. Ein paar dieser Apparate würden das Transportwesen auf diesem Planeten revolutionieren, die reichlich angeschlagene Umwelt schonen und auch noch die notwendigen Mittel zur Realisierung anderer Projekte einfahren.

Gibt es vielleicht noch spektakulärere Pläne? »Maybe«, antwortete John Searl und quittierte die Frage zusätzlich mit einem hintergründigen, aber liebenswerten Lächeln, als ich ihn am 4. Mai 1996 in London persönlich dazu fragte.

Ich wünsche ihm die Kraft und vor allem die Zeit, all seine gesteckten Ziele zu erreichen. Waren es doch immer die Autodidakten, die Außenseiter, die Praktiker und Tüftler, welche die Menschheit auf der Straße des Fortschritts um große, entscheidende Schritte vorangebracht haben.

John Roy Robert Searl ist einer von ihnen. Ein »Zauberlehrling«, der selbst den alten »Göttern« zur Ehre gereicht hätte…

# 6 »Providentia deorum«: Fliegende Götter – nicht nur im alten Rom

Wer je eine weiterführende Schule besucht hat, der kommt in der Regel – und daran hat sich bis dato nichts geändert – an einer Sprache nicht vorbei, die heute von keinem Volk der Welt mehr gesprochen wird. Die Rede ist vom Latein, dessen mühsames Erlernen wohl so manche Schülergeneration das Fürchten gelehrt hat.

Hätte ich mich nicht beizeiten für die französische Sprache entschieden, wäre mir wahrscheinlich so manche Schweißperle erspart geblieben, die mir die Arbeit an diesem Kapitel beschert hat. Aber es ist gut so – den Beruf des Arztes, des Apothekers oder Altphilologen wollte ich sowieso nie ergreifen.

So werden im mir erspart gebliebenen Lateinunterricht meist Texte altrömischer Schriftsteller und Historiker durchgenommen und übersetzt, wie etwa von *Plinius dem Älteren* (23–79 n. Chr.) oder von *Titus Livius* (59 v.–17 n. Chr.). Geschichten aus der Geschichte, von Kaisern und Konsuln, Verschwörung und Verrat, von Mord, Macht und Intrigen.

Daß in den Werken der altrömischen Chronisten jedoch nicht selten ungewöhnliche Phänomene und an moderne UFO-Sichtungen erinnernde Vorfälle dokumentiert sind, weiß hingegen so gut wie niemand. Bestenfalls ein paar wenige Kenner der Materie, die nach abgelegtem Latinum ihre Bücher nicht erleichtert in die Ecke geworfen haben. Schon der prominente Anwalt und Staatsmann Marcus Tullius *Cicero* (106–43 v.Chr.) berichtete in seiner Schrift *De Divinatione* von rätselhaften Vorfällen, während derer beispielsweise »zwei Sonnen« am Firmament sichtbar waren: »Wie oft hat unser Senat den Decemvirn empfohlen, das Buch der Sibyllen zu befragen, als die zwei Sonnen erschienen oder die drei Monde, und als man Feuerflammen am Himmel sah. Oder damals, als die Sonne in der Nacht schien und man Lärm am Himmel hörte und der Himmel auseinanderzubrechen schien, während man merkwürdige Kugeln sah.«[51]

Dies ist nun aber ganz offensichtlich ein extrem gegensätzliches Bild vom alten Rom, völlig anders als jenes, wie es uns bisher geläufig war. Müssen wir unser Geschichtsbild korrigieren? Diese Frage läßt sich beantworten, wenn wir etwas tiefer in die faszinierende Materie einsteigen.

## Schlag nach bei Livius

Einer der bekanntesten und gleichzeitig produktivsten Historiker des alten Rom war *Titus Livius* (59 v.–17 n. Chr.). Er verfaßte eine epochale Übersicht über die Geschichte Roms von der legendären Gründung im Jahre 753 v. Chr. bis zum Tode des Drusus 9 v. Chr.: Das 142bändige Geschichtswerk *Ab urbe condita*, von dem heutzutage allerdings nur mehr die Bücher 1 bis 10 sowie 21 bis 45 erhalten sind.

Livius' monumentale Historie ist eine ausgesprochene Fundgrube, wenn es um rätselhafte Phänomene in altrömischen Zeiten geht. »Als nach der Niederwerfung der Sabiner des Tullus Königtum und der ganze römische Staat in großer Herrlichkeit und Machtfülle dastand, wurde dem König und den Vätern gemeldet, auf dem Albanerberg habe es Steine geregnet. Da dies wohl kaum glaubhaft schien, wurden Leute hinausgeschickt, die das Wunder prüfen sollten; vor deren Augen fielen zahlreiche Steine vom Himmel, nicht anders, als wenn die Winde Schloßen in Schwaden über die Erde treiben.«[52]

Und in dem Jahr, da P. Volumnius und Ser. Sulpicius Konsuln waren, sah man »den Himmel in Flammen stehen, die Erde wurde von einem gewaltigen Beben erschüttert. Eine Begebenheit, der noch ein Jahr zuvor kein Glaube geschenkt worden war, hielt man nun für wahr – man sagte, eine Kuh habe geredet. Neben anderen Unheilszeichen regnete es auch Fleisch, ein großer Vogelschwarm, der mitten im Regen flog, soll es als Beute mit sich geschleppt haben; was zu Boden fiel, sei einige Tage liegengeblieben, ohne sich im Geruch zu ändern.«[53]

Es zeigt sich, daß derartige »Fortianische Phänomene« nicht unbedingt erst in neueren Zeiten zu beobachten sind. Worauf es mir in diesem Zusammenhang jedoch ankommt, sind Hinweise, welche auf mögliche *außerirdische* Einflüsse deuten. Und da werden wir schon bald fündig.

Romulus, dem zusammen mit seinem Bruder Remus die legendäre Gründung der Stadt Rom zugeschrieben wird, wurde offenbar »entrückt«. Das ungewöhnliche Verschwinden einer bekannten Persönlichkeit wurde in alten Schriften meist so bezeichnet – heutzutage würden wir wohl »Abduction« dazu sagen und die Besatzung eines UFOs dafür verantwortlich machen. Lassen wir also Livius weiter berichten:

»Als er diese unsterblichen Taten vollbracht hatte und gerade zur Musterung des Heeres eine Volksversammlung auf dem Felde beim Ziegensumpf abhielt, brach plötzlich mit großem Getöse und Donner ein Unwetter los, hüllte den König in eine so dichte Wolke ein, daß sie der Versammlung seinen Anblick entzog, und danach befand sich Romulus nicht mehr auf Erden.«[52]

Dieser Vorfall läßt tatsächlich Parallelen zu UFO-Entführungen nach heutigem Strickmuster erkennen. Er erinnert aber auch ganz prägnant an einen Vorfall, der sich im Jahre 1915 auf dem Kriegsschauplatz bei Gallipoli (Türkei) ereignet hat. Nach den Aussagen mehrerer Augenzeugen beobachteten damals, am 12. August 1915, 22 Angehörige einer neuseeländischen Feldkompanie, wie eine aus 267 Mann bestehende Einheit britischer Soldaten in eine seltsame »Wolke« hineinmarschierte, die »wie ein Laib Brot geformt« über einem ausgetrockneten Flußbett hing. Nachdem der letzte Mann in der geheimnisvollen »Wolke« verschwunden war, erhob sich diese und schwebte *gegen* den Wind davon. Währenddessen hingen einige weitere dieser mysteriösen Objekte am Himmel und setzten sich erst nordwärts in Bewegung, als die »Wolke« zu ihnen gestoßen war, in der das Regiment verschwunden war. Keiner der 267 Soldaten und Offiziere, deren verschwundene Einheit später als das »1./4. Norfolk Regiment« identifiziert wurde, tauchte je wieder auf![54]

Aber schlagen wir weiter nach bei Titus Livius, der uns so überraschend viele Hinweise bietet, die sich mit dem heutigen UFO-Phänomen vergleichen lassen.


## Die »himmlischen Schilde«

Immer wieder ist bei den alten Römern von ihnen die Rede: Von jenen *himmlischen Schilden*, deren Flug am Himmel eher an ein künstliches, unter intelligenter Kontrolle stehendes Flugobjekt erinnert als an irgendein an den Haaren herbeigezogenes mythologisches Gebilde. Diese Schilde wurden als göttlich verehrt. »Ebenso wählte er für Mars den Vorkämpfer zwölf Springpriester aus, gab ihnen als Auszeichnung einen bestickten Leibrock und über den Leibrock einen bronzenen Panzer für die Brust; sie wies er an, die himmlischen Schilde zu tragen, die man Tartschen nennt…«[52]

Diese Tartschen waren ovale, auf beiden Seiten eingeschnittene Schilde, wie sie in der ältesten bekannten römischen Waffenrüstung, ebenfalls schon davor in mykenischer Zeit abgebildet vorkamen. Auch der griechische Dichter Homer beschrieb diese Schildform, die wahrscheinlich bis in die Bronzezeit zurückgeht. Der Ursprung der Schilde hatte bereits zur Zeit des alten römischen Reiches mythologischen Charakter. Die Überlieferung kennt zwei Versionen, deren jede auf einen »himmlischen« Ursprung verweist: Es soll ein »Schild« vom Himmel gefallen, und elf weitere diesem auf Anweisung von Numa Pompilius nachgefertigt worden sein – oder gleich deren zwölf sollen »himmlischer« Herkunft sein.

Auch im Zusammenhang mit anderen Himmelsphänomenen wird immer wieder von den ominösen »Schilden« berichtet.

»Im Bezirk Amiterno wurden an vielen Stellen Männer in weißen Gewändern, *von weither gekommen*, gesehen. Der Strahlkreis der Sonne wurde kleiner. Bei Praeneste kamen glühende Lampen vom Himmel, bei Arpi hing ein *Schild am Himmel*, der Mond mit der Sonne, und während der Nacht sah man zwei Monde. Phantomschiffe erschienen am Himmel.«[55]

Ganz explizit charakterisierten die alten Römer diese auch als *ancilla* bezeichneten Schilde als Symbol gesichteter Himmelsfahrzeuge![3] Bereits zu Zeiten Alexanders des Großen (356–323 v. Chr.) stießen zwei seltsame Flugapparate mehrmals auf die Armee des Makedonierkönigs hernieder. Dies wiederholten sie so lange, bis sowohl die Soldaten als auch Pferde und Kriegselefanten derart in Panik gerieten, daß sie sich weigerten, einen Fluß zu durchqueren. Die Apparate wurden als »große, glänzende silberne Schilde« beschrieben, aus denen Feuer sprühte und die »vom Himmel kamen und zu ihm zurückkehrten«.

Auch bei der Belagerung der Festung von Tyrus erschienen unvermittelt diese »fliegenden Schilde«. Sie flogen in Dreiecksformation und wurden von einem bedeutend größeren »Schild« angeführt, welcher deren doppelte Größe besaß. Von diesem löste sich plötzlich eine Art Lichtblitz, der die Festungsmauer traf und sie an derselben Stelle zum Einsturz brachte. Die ehemals so mächtigen Wälle zerfielen, als hätten sie nur aus Sand bestanden, und die Belagerer unter Führung Alexanders konnten die Stadt erstürmen. Als dies geschehen war, verschwanden die unbekannten Flugobjekte genauso rasch, wie sie am Ort des Geschehens aufgetaucht waren.[56]

Haben wir es hier mit denselben Objekten zu tun, die man im Rom des Jahres 100 v. Chr. beobachten konnte? Während Cajus Marius und Lucius Valerius als Konsuln die Geschicke des Reiches lenkten, beobachteten zahllose aufgeschreckte Bürger, wie ein brennender, funkensprühender »Schild« von Westen nach Osten über den Abendhimmel raste.


## Geheimnisumwobener Julius Obsequinus

Ein weiterer römischer Schriftsteller, der sich – wie Titus Livius und diesen zum Teil zitierend – mit unbekannten Himmelsphänomenen beschäftigte, war *Julius Obsequinus*.

Peter Kolosimo wies in einem seiner Bücher auf dessen Aufzeichnungen hin.[6] Ansonsten scheint dieser Geschichtsschreiber ganz und gar unbekannt zu sein. Wer war dieser Historiker, und wann hat er gelebt? Was war der Inhalt seines Werkes?

Konsultiert man einen Buchhändler oder auch eine ansonsten gut bestückte Leihbibliothek, erntet man im besten Fall Ratlosigkeit, die Regel ist hilfloses Achselzucken. Auch mehrere in Folge befragte Lateinlehrer höherer Schulen sahen sich außerstande, Auskunft über diese ominöse Gestalt Julius Obsequinus zu geben.

Hatte dieser am Ende nie existiert, war er nur eine Phantasiegestalt, ein literarisches Phantom?

Ich war beinahe drauf und dran, die Waffen zu strecken, da wurde mir unverhofftes Glück in Gestalt meines früheren Geschichtslehrers zuteil. Er vermochte mir zu helfen, ja mehr noch: Er konnte mir sogar das wenige existierende bibliographische Material an die Hand geben!

Jener geheimnisumwobene Julius Obsequinus lebte wahrscheinlich im vierten nachchristlichen Jahrhundert und zeichnete als Schöpfer des Werkes *Liber prodigiorum* (»Buch der Vorhersagen«) verantwortlich. Außer diesem Buch findet sich kein weiterer Existenzbeweis dieses »sonst unbekannten Verfassers«, selbst die Entstehungszeit seines Werkes wird nach »dem streitbar heidnischen Charakter zu urteilen«[57] ins vierte Jahrhundert datiert. Aber so ganz sicher sind sich die Gelehrten keinesfalls. Nach G. J. Vossius lebte Obsequinus spätestens vor Kaiser Honorius (395–423 n. Chr.), O. Rossbach sieht ihn hingegen lieber als Zeitgenossen Kaiser Hadrians (117–138 n. Chr.). Am wahrscheinlichsten ist jedoch die Datierung ins vierte Jahrhundert, in welchem das Heidentum nochmals seine letzte Kraft gegen das immer stärker werdende Christentum aufbot.[58]

Interpreten altrömischen Schrifttums dürfen sich über mögliche Datierungen streiten, für meine Betrachtungen sind sie eher als zweitrangig einzustufen. Viel wichtiger finde ich die Tatsache, daß man in Obsequinus' Liber prodigiorum auf beinahe jeder Seite Hinweise auf nichtidentifizierte Himmelserscheinungen findet. Was an und für sich nicht verwundern sollte, legte der Verfasser doch hauptsächliches Augenmerk auf die sorgsame »Beachtung von Götterzeichen, deren Expiation drohendes Unheil abwendet, deren Mißachtung jedoch ins Verderben führt.«[59] Der römische Schriftsteller war – salopp ausgedrückt – ein UFO-Forscher des Altertums!

Und es ist recht beeindruckend, was er an Fallbeispielen zu sammeln vermochte.

Besonderes Aufsehen müssen drei geheimnisvolle »Monde« erregt haben, die im Jahre 222 v. Chr. zunächst über Rimini, dann über verschiedene andere Gebiete des römischen Reiches hinwegflogen. Diese Himmelserscheinung war so spektakulär, daß auch noch weitere Geschichtsschreiber darüber berichtet haben, wie etwa Dio Cassius Cocceianus.

In einer Nacht des Jahres 175 v. Chr. erschienen »drei Sonnen« zur gleichen Zeit, und mehrere »Sterne« glitten über Lanuvium quer über den Himmel.

Sogar unheimliche Begegnungen der nahen Art wurden verzeichnet. Am Himmel wurden strahlende »Phantomschiffe« beobachtet, und in Amiternum waren aus der Ferne Erscheinungen von Männern in glänzender Kleidung zu beobachten, die jedoch nicht näher herankamen. So geschehen im Jahre 218 v. Chr.

In Spoletum schließlich rollte 91 v. Chr. ein goldfarbener Feuerball zu Boden. Als er größer wurde, hob er wieder von der Erde ab. Er flog in östlicher Richtung davon und gewann derart an Umfang, daß er die Sonne zu verdecken schien.

Dies waren nur einige wenige Beispiele der ungezählten Aufzeichnungen nichtidentifizierter Himmelsphänomene, die der eifrige, heute weitestgehend unbekannte Historiker zusammengetragen hat. Dessen *Liber prodigiorum* hat zudem absoluten Seltenheitswert: Abgesehen von einigen kommentierten Nachdrucken aus dem 19. Jahrhundert, existieren in Deutschland nur noch in den Universitätsbibliotheken von Augsburg, Bayreuth, Eichstätt und Erlangen einige wenige Exemplare, welche aus den Jahren 1552 und 1553 stammen.

Allmählich drängt sich eine Erkenntnis auf: Die Anzahl der Sichtungen geheimnisvoller Himmelserscheinungen, die in ihrer Form und dem gezeigten Flugverhalten frappierend an das Phänomen der UFOs unserer Tage erinnern, war zu Zeiten des Imperium Romanum Legion. Aber auch in den nachfolgenden Jahrhunderten rissen die Beobachtungen unbekannter Flugobjekte nicht ab.

## Aufregung im Kloster Byland

Obgleich sich der nachstehende, recht spektakuläre Fall etliche Jahrhunderte später, nämlich im ausgehenden Mittelalter, zutrug, möchte ich ihn meinen Lesern nicht vorenthalten. Zeigt er doch in eindringlicher Weise die Kontinuität des UFO-Phänomens auf – auch wenn mehrere hundert Jahre zwischen vergleichbaren Vorfällen früherer wie späterer Epochen liegen.

Erst im Jahre 1953 wurde im alten englischen Kloster Ampleforth ein Manuskript gefunden, in dem eindrucksvoll eine unheimliche Begegnung der ersten Art, eine nahe Begegnung mit einem unidentifizierten Flugobjekt beschrieben ist. Es schildert anschaulich, wie ein scheibenförmiges, fliegendes Objekt direkt über die aufgeschreckten Mönche des Klosters von Byland in der Grafschaft Yorkshire hinwegbrauste.

Der Vorfall ereignete sich im Jahre 1290. Und wäre er nicht im lateinischen Originaltext, könnte man das Geschehen leicht als UFO-Begegnung unserer Tage einstufen:

»Oves a Wilfredo susceptos die festo sanetissimorum Simonis atque Judae assaverunt. Cum autem Henricus abbas gratias redditurus erat, frater quidam Johannes introivit, magnam portentem foris esse referebat. Tum vero omnes ecucurrerunt, et ecce res *grandis, circumcircularis argentea,* disco quodam haud dissimilis, lente e super eos volans atque maximam terrorem exitans. Quo tempore Henricus abbas exclamavit, Wilfredum adulteravisse qua de causa impius esse de...«

In deutscher Übersetzung lautet der Text jenes Manuskriptes wie folgt:

»Ich nahm die Schafe von Wilfred und briet sie am Fest der Heiligen Simon und Judae. Als Abt Heinrich das Dankgebet sprechen wollte, stürzte Johannes, einer der Brüder, herein und rief, draußen sei ein seltsames Gebilde von riesigen Ausmaßen zu sehen. Alle liefen hinaus, und siehe da, ein *großes, rundes, silbernes Ding wie eine Scheibe* flog langsam über sie hinweg. Alle waren aufs äußerste bestürzt. Spontan rief Abt Heinrich, Wilfred sei ein Ehebrecher und deshalb gottlos...«[60]

Mittlerweile kennen wir ja mehr als genügend ähnlicher Fälle aus alten wie aus neuen Zeiten, die sich mit den Beobachtungen der moralisch aufs schwerste entrüsteten Mönche im Kloster Byland des Jahres 1290 decken. Dem zitierten Abt Heinrich war die UFO-Sichtung wohl eine willkommene Gelegenheit, die unheimliche Begegnung als Strafe für Wilfreds (behauptete) Seitensprünge und für die Gottlosigkeit der Gemeinde geißeln zu können. Eines hat sich wohl über all die Jahrtausende nicht geändert: Zu allen Zeiten haben religiöse Eiferer unerklärliche Phänomene als himmlische Zeichen gedeutet – und zum Anlaß genommen, um ihre Mitmenschen vor drohenden Strafen zu warnen, sie zu manipulieren und zu maßregeln.

Wie auch bei den folgenden Begebenheiten, die weit beunruhigender ausfallen als bloße Sichtungen fliegender Objekte. Und uns geradewegs zurück ins alte Rom führen.

## Biologische oder chemische Kampfstoffe?

Die alten römischen Geschichtsschreiber, allen voran wieder Titus Livius, wurden nicht müde, geheimnisvolle und todbringende Seuchen zu dokumentieren, die »aus heiterem Himmel« über ihre Stadt kamen. Diese wurden sogleich als Strafe der Götter gedeutet. Vielleicht lagen die alten Chronisten mit dieser Erklärung ja gar nicht so daneben.

»Vieles unternahmen die Duumvirn (eine aus zwei Mitgliedern bestehende Gerichts- und Verwaltungsbehörde, d. Verf.) gemäß ihren Büchern, um den Zorn der Götter zu besänftigen und die Seuche vom Volk abzuwehren; zahlreich dennoch waren die Opfer in Stadt und Land, das Verderben war ohne Unterschied über Mensch und Tier gekommen.«[61]

Ohne Ausnahmen wurden solch unerwartet aufgetretenen Epidemien als von den Göttern verhängte Strafen bezeichnet: »Krankheit habe sich aufgrund des unzweifelhaften

Zornes der Götter über Stadt und Land gebreitet, die man, so habe man es in den Schicksalsbüchern gefunden, gnädig stimmen müßte, um die Seuche abzuwehren ...«[62]

Ohne Zweifel ist mangelnde Hygiene in vielen Fällen auch in unseren Tagen der Grund für verheerende Epidemien – man sollte sich nur einmal auf dem indischen Subkontinent umsehen oder in Gebieten, die von Erdbeben heimgesucht wurden. Aber beruhen wirklich alle der berichteten Seuchen darauf, ließ allein der Aberglaube die Chronisten vom »Zorn der Götter« faseln? Ein bemerkenswertes Indiz sollte in diesem Zusammenhang nicht außer acht gelassen werden: Die geheimnisvollen Epidemien rafften Menschen und Vieh gleichermaßen dahin! In aller Regel haben wir »tierische« Seuchen nicht zu fürchten – mit der Ausnahme, wenn die betreffenden Virenstämme mutieren. Oder künstlich mutiert werden. Umgekehrt gilt dasselbe.

Wäre die – ich gebe es offen zu – gewagte Spekulation tatsächlich so weit hergeholt, biologische oder chemische Kampfstoffe seien von »irgend jemand« im Echtbetrieb erprobt worden? Ist es auch hier ein paar »Göttern« wieder einmal nur ums Experimentieren gegangen, haben sie unter sträflicher Vernachlässigung von Ethik und Moral gehandelt? Die Vorstellung eines zornigen, strafenden Gottes – oder Götter – mag vielleicht von solchen unglücklichen Aktionen herrühren, die der noch jungen Menschheit einen hohen Blutzoll abverlangten.

Wäre es undenkbar, in allen seinen Konsequenzen zu ungeheuerlich? Unsere jüngste Geschichte steckt leider voller Beispiele, wie gewissenlose Kreise innerhalb der Streitkräfte und der Geheimdienste mit oder ohne Wissen der Politiker großangelegte Feldversuche am lebenden Objekt vornehmen. Die USA beispielsweise schaffen es schon lange nicht mehr, weiterhin den Mantel des Schweigens über eine verabscheuungswürdige Versuchsreihe zu legen: Bei nuklearen Testexplosionen, die in den frühen fünfziger Jahren in der Wüste von New Mexico durchgeführt wurden, setzte man ganze Kompanien Soldaten schutzlos der radioaktiven Strahlung aus. Die wenigen Überlebenden, die heute noch übrig sind, führen einen fast aussichtslosen Kampf um Schadensersatz gegen die »größte Demokratie der Welt«. Die Zeit – sowie die heimtückischen Folgeschäden – arbeiten unerbittlich gegen sie …

Ich habe selbst mit Angehörigen von militärischen Sanitätseinheiten gesprochen, die während ihrer Ausbildung *Lehrfilme* vorgespielt bekamen, welche die grauenerregenden Auswirkungen biologischer und chemischer Kampfstoffe *im Echtbetrieb* zeigten. Getestet an »freiwilligen« Strafgefangenen in Todescamps in der australischen Wüste. Man versprach ihnen die Freiheit, doch sie bekamen das Verderben. Unsere moderne Zivilisation kann wirklich stolz auf sich sein!

Welche schrecklichen Geißeln, die bis auf den heutigen Tag über die Menschheit gekommen sind, haben ihren Ursprung in Wirklichkeit in den Labors gewissenloser Experimentierer aus Ost und West? Oder vielleicht von ganz woanders …


## Der Satellit auf der Münze

Kommen wir an dieser Stelle noch einmal zurück ins alte Rom und beschäftigen uns mit einem der seltsamsten Rätsel, welches in reichlich ungewöhnlicher Form die Zeiten überdauert hat.

Ganze drei Monate währte die Regierungszeit des Kaisers

Publius Helvius Pertinax im Jahre 193 n. Chr. Doch müssen in dieser Zeit sonderbare Dinge vorgefallen sein. Denn der kurzlebige Monarch ließ, um diese zu dokumentieren, Münzen prägen. Eines dieser heute nur noch in ganz wenigen Exemplaren vorliegenden Geldstücke fand man in Syrien, das zur damaligen Zeit ebenso wie Palästina zur Machtsphäre des Imperium Romanum gehörte. Das Besondere daran ist, daß auf ihr ein kugelförmiges Flugobjekt abgebildet ist, dessen Strahlen eher den Antennen eines künstlichen Satelliten gleichen.

Eines »Satelliten der Götter«?

Was rechtfertigt diese ungeheuerliche Annahme?

Die bewußte Münze zeigt das Bild einer Frau, die ihre Hände zu einem geheimnisvollen Gegenstand erhebt, der offensichtlich keinen Stern, sondern eine *fliegende Kugel* darstellt. Zu dieser Kugel sind vier »Strahlen« unsymmetrisch angeordnet, ganz und gar anders als es üblich wäre, hätte die Sonne oder irgendein anderer *natürlicher* Himmelskörper dargestellt werden sollen. Unter der Lupe betrachtet, soll das Rätsel noch mysteriöser werden: Da sieht es aus, als ob sogar eine Art Lichteffekt deutlich gemacht worden sei![63]

Auf der Vorderseite der Münze, die in einem kleinen Museum der norditalienischen Stadt Alba ausgestellt ist, stehen die lateinischen Worte *Providentia deorum* – »göttliche Vorsehung«. Möglicherweise wählten diejenigen, welche die Münze gestalteten, das auf die Götterwelt hinweisende Motiv, da in ihrer Vorstellung eben nur die »Götter« als Urheber solch eines merkwürdigen Phänomens in Frage kommen konnten.

Etwas in der Machart ganz ähnliches fanden chinesische Archäologen vor wenigen Jahren in der Wüste Gobi. Seltsame Glasgebilde, hier jedoch mit sechs »Strahlen« und schätzungsweise über 3000 Jahre alt, stellen die Gelehrten noch immer vor große Rätsel. In der Ausführung muten sie zweifellos technisch an. Eine Computeranimation, wie ich sie zu den rätselhaften gläsernen Artefakten in meinem Buch »Satelliten der Götter« gezeigt habe, brachte es an den Tag: Die mysteriösen Gebilde aus der Wüste Gobi weisen schlichtweg verblüffende Ähnlichkeiten mit künstlichen Satelliten auf![2]

*Providentia deorum* – »göttliche Vorsehung«. Nur eine weitere Umschreibung des Phänomens, mit dem die Menschen schon seit undenklichen Zeiten konfrontiert werden, wenn sie ihre Augen zum Himmel erheben.

Ob die Straf- und Vernichtungsaktionen mancher alten, rachsüchtigen »Götter« das Attribut »göttliche Vorsehung« aber verdienen, sei dahingestellt. Denn die waren, wie ich im nächsten Kapitel zeigen werde, alles andere als zimperlich im Umgang mit ihren Geschöpfen.

# 7 Operation Sodom und Gomorrha: *Vernichtungslager für Gen-Mutanten?*

Vielleicht war es eine Atomexplosion, die Sodom und Gomorrha zerstörte.« Mit diesem für damalige Verhältnisse unglaublich provozierenden Schlagsatz war ein Bericht in der deutschsprachigen Ausgabe der Zeitschrift *Russischer Digest* überschrieben, der mir vor etlichen Jahren in die Hände geriet. Abgedruckt war er bereits in der Mai-Nummer des Jahrganges 1960, doch muß es wohl so gegen Ende der sechziger Jahre gewesen sein, als ich dieses Heft bekam.

Kein Geringerer als der russische Mathematiker, Ethnologe und Physiker Professor Dr. Matest M. Agrest hatte die oben zitierte Feststellung in die wissenschaftliche Diskussion eingebracht. Lange bevor der junge Wissenszweig der Prä-Astronautik auf breiter Basis populär wurde. Die Korrespondenten Valentin Ritsch und Michail Tschernenko erläuterten den Gedankengang ihres gelehrten Landsmannes in der Einleitung ihres Artikels im Russischen Digest:

»Nach den jüngsten Erfolgen der Raumfahrtforschung zweifelt niemand mehr ernsthaft daran, daß es uns einmal gelingen wird, ferne Sterne zu erreichen. Da aber nicht anzunehmen ist, daß unsere von Menschen bewohnte Erde im Weltall eine Ausnahme bildet, so darf man wohl vermuten, daß auch die Bewohner anderer Sterne zu Weltraumflügen imstande sind.

Das ist die Voraussetzung, auf die der Kandidat der physikalischen und mathematischen Wissenschaften M. M. Agrest eine der erstaunlichsten Behauptungen gründet, die jemals von Wissenschaftlern vorgebracht wurden. Sollte seine Ansicht sich bestätigen, würde neues Licht in Rätsel gebracht, denen die Wissenschaft bisher hilflos gegenüberstand.

Professor Agrest glaubt, daß Bewohner anderer Sterne in ferner Vergangenheit unsere Erde besucht haben. Auf diese »Gäste aus dem Weltraum« führt er Überlieferungen und Tatsachen zurück, die sich auf den Untergang von Sodom und Gomorrha beziehen.«[64]

Soweit die Einleitung zu jenem Artikel, der – aus der »Literaturnaja Gazeta« stammend – Eingang in eine jener Monatsschriften gefunden hatte, die in den unseligen Jahren des »Kalten Krieges« sehr viel Gedankengut, auch unpolitischer Art, aus der Welt hinter dem »Eisernen Vorhang« in die westlichen Staaten brachte.

Was war an diesen sinistren Orten, die heute am Südrand des Toten Meeres, im unterhalb des Meeresspiegels gelegenen Wadi-el-Araba lokalisiert werden, wirklich vorgefallen? Und vor allem – aus welchem Grund?

## Abraham pokert um Leben und Tod

Im 1. Buch Mose, und zwar in den Kapiteln 18 und 19, ist in hier und da etwas nebulös verbrämten Worten die biblische Geschichte um den Untergang der Städte Sodom und Gomorrha beschrieben. Woraus besonders vergangene Generationen von Theologen mit Vorliebe ein Lehrstück mit erhobenem Zeigefinger machten, um die Gläubigen eindrucksvoll vor den unausweichlichen Folgen von Zügel- und Morallosigkeit zu warnen. Oder sagen wir besser, um sie in die von der Wiege bis zur Bahre währenden Autorität ihrer Kirche wirksamer einbinden zu können: Angst war zu allen Zeiten ein gutes Argument, um Dogmen und Ideologien durchsetzen zu können. Wie wir später jedoch noch sehen werden, hätte der erhobene Zeigefinger eher dem Gott der Bibel gebührt – besser noch: den »Göttern«. Denn »Elohim«, die althebräische Gottesbezeichnung, steht immer in der Mehrzahl. Das Ganze wäre so allerdings als Disziplinierung für gläubige Christenmenschen nicht mehr zu gebrauchen. Aber könnte man es nicht drehen und wenden, ohne gleichzeitig daran rütteln zu dürfen, wäre es ja keine Religion …

Stammvater Abraham hatte hohen Besuch in seiner bescheidenen Hütte zu Mamre, dem heutigen Hebron. Dort, wo heutzutage radikale Steinewerfer das Pflaster unsicher machen, erschien ihm seinerzeit der Herr. Nach einem kurzen Disput mit Abrahams hochbetagter Gattin Sara, die partout nicht glauben wollte, in ihrem Alter nochmals schwanger werden zu können, wandten sie sich einem unerfreulicheren Thema zu.

»Und der Herr sprach: Es ist ein großes Geschrei über Sodom und Gomorrha, daß ihre Sünden sehr schwer sind. Darum will ich hinabfahren und sehen, ob sie alles getan haben nach dem Geschrei, das vor mich gekommen ist, oder ob's nicht so sei, damit ich's wisse. Und die Männer wandten ihr Angesicht und gingen nach Sodom.« (1. Mose, 18, Vers 20–22)[17]

Der »Herr« war in Begleitung von drei Männern bei Abraham. Wie finden wir's denn: Hat es der allmächtige Gott notwendig, in Begleitung einer Crew von Leibwächtern aufzutreten? Erstaunlich ist auch die Ankündigung des offensichtlich auf dem Boden stehenden Jahwe, er wolle »hinabfahren«. Doch nicht genug der vielen Ungereimtheiten, denn Abraham scheint mit der geplanten, Strafexpedition nicht ganz einverstanden zu sein. Er fängt – was für ein re-

spektloser Ungehorsam dem »Höchsten« gegenüber – mit Jahwe auch noch zu pokern an:
»Aber Abraham blieb stehen vor dem Herrn und trat zu ihm und sprach: Willst du denn den Gerechten mit dem Gottlosen umbringen? Es könnten vielleicht fünfzig Gerechte in der Stadt sein; wolltest du die umbringen und dem Ort nicht vergeben um fünfzig Gerechter willen, die darin wären?«... »Der Herr aber sprach: Finde ich fünfzig Gerechte zu Sodom in der Stadt, so will ich um ihretwillen dem ganzen Ort vergeben.« (1. Mose, 18, Vers 23–26)
Dem vorwitzigen Abraham ist augenscheinlich nicht ganz wohl bei der Sache, er könnte sich ja mit seiner Schätzung ein ganz klein wenig vertan haben. Darum reizt er weiter:
»Ach siehe, ich habe mich unterwunden, zu reden mit dem Herrn, wiewohl ich Erde und Asche bin. Es könnten vielleicht fünf weniger als fünfzig Gerechte darin sein; wolltest du denn die ganze Stadt verderben um der fünf willen? Er (der Herr, d. Verf.) sprach: Finde ich darin fünfundvierzig, so will ich sie nicht verderben.« (1. Mose, 18, Vers 27–28)
Langer Rede kurzer Sinn: Der aufmüpfige Abraham »zockt« den verhandlungsbereiten Herrn bis auf ein »Fähnlein von zehn Aufrechten« ab, um deretwillen die geplante Vernichtungsaktion abgeblasen werden sollte. Aber anscheinend gibt es in ganz Sodom nicht so viele »Gerechte« – was immer dieser Ausdruck ursprünglich auch bedeutet haben mag.


## Der Countdown läuft

Szenenwechsel. Zwei »Engel« erscheinen bei Vater Lot, der mit Frau und zwei Töchtern in der verruchten Stadt wohnt. Derlei Besuch muß selten in der Stadt gewesen sein, denn die Neuigkeit verbreitet sich in Windeseile unter den »Lüstlingen« am Ort. Sie drängen ins Haus und lassen sich auch nicht von Vater Lot besänftigen, als dieser ihnen – großzügigerweise oder doch wohl eher aus nackter Angst – seine beiden jungfräulichen Mädchen ausliefern will. Im Gegenteil, die Lage wird dadurch noch weiter angeheizt. »Sie aber sprachen: Du bist der einzige Fremdling hier und willst regieren? Wohlan, wir wollen dich noch übler plagen als jene. Und sie drangen hart ein auf den Mann Lot.« (1. Mose, 19, Vers 9)

Die Situation hat etwas Gespenstisches, ja geradezu Ghettohaftes an sich. Warum wird der ortsansässige Lot als »Fremdling« bezeichnet, woher stammt die zum Explodieren gespannte Aggressivität der einheimischen »Lüstlinge« gegen ihn und die beiden »Engel«? Sind sie irgendwie anders, macht man sie für irgend etwas verantwortlich? Ahnen die Bewohner der Stadt, daß etwas im Busch ist?

Als sich die Situation schließlich zuspitzt, ziehen die beiden »Besucher« Lot ins Haus; gleichzeitig bringen sie eine wirkungsvolle Waffe zum Einsatz, die die Leute vor der Tür unvermittelt mit Blindheit schlägt, »so daß sie es aufgaben, die Tür zu finden.«

Bei der schon Jahre zurückliegenden, spektakulären Geiselbefreiung aus der von Luftpiraten gekaperten Lufthansa-Maschine »Landshut« auf dem Flughafen von Mogadischu verwendete die deutsche Spezialeinheit GSG-9 Blendgranaten, welche die Terroristen auf der Stelle außer Gefecht setzten.

Nach der unschönen Szene vor der Lotschen Haustüre kündigten die in der Bibel abwechselnd als »Engel« und als »Männer« bezeichneten Besucher für den kommenden Morgen die Vernichtung von Sodom und Gomorrha an – und gaben sich gleichzeitig als Ausführungsgehilfen des »Herrn«

157

aus, der sie just zu demselben Zweck hergesandt hatte. Erhielten sie nur den Auftrag, Lot und seine Familie aus der Todeszone zu evakuieren, oder hatten sie über Nacht auch einen nuklearen Sprengsatz an der richtigen Stelle plaziert und scharf gemacht? Vielleicht sogar im Hause Lots? Es ist müßig, hierüber zu spekulieren, und ob die Bombe »von oben« kam oder am Boden gezündet wurde, aber eins scheint sicher: Sie hatten sich an einen von vorneherein festgelegten Ablaufplan zu halten, denn die Zeit wurde zunehmend knapp, und der Aufbruch drängte.

Am darauffolgenden Morgen war tatsächlich keine Zeit mehr zu verlieren, denn als Lot nur einen Moment zögerte, packten die geheimnisvollen Fremden ihn und seine Familie, führten sie alle zur Stadt hinaus und ließen sie erst dort wieder los. Und ermahnten die Flüchtlinge:

»Rette dein Leben und sieh nicht hinter dich, bleib auch nicht stehen in dieser ganzen Gegend. Auf das Gebirge rette dich, damit du nicht umkommst.« (1. Mose, 19, Vers 17)

Lot und seine Familie flüchteten, bis sie die kleine Stadt Zoar erreichten, eine andere Ansiedlung am gegenüberliegenden Ufer des Toten Meeres. Als dann die Sonne aufging, passierte das Unvermeidliche.


## Die geheimnisvolle »Salzsäule«

»Da ließ der Herr Schwefel und Feuer regnen vom Himmel herab auf Sodom und Gomorrha und vernichtete die Städte und die ganze Gegend und alle Einwohner der Städte und was auf dem Lande gewachsen war. Und Lots Weib sah hinter sich und ward zur Salzsäule.« (1. Mose, 19, Vers 24–26)

Ganz ähnlich liest sich der Sachverhalt in den 1947 in einer Höhle am Toten Meer gefundenen Schriftrollen von Qumran:

»Eine Säule aus Rauch und Staub erhob sich, gleich einer Rauchsäule, die aus dem Herzen der Erde kommt. Sie überschüttete Sodom und Gomorrha mit einem Schwefel- und Feuerregen und zerstörte die Stadt, die ganze Ebene, alle Bewohner und alle Pflanzen. Und die Frau Lots wandte sich um und verwandelte sich in eine Statue aus Salz. Und Lot lebte in Zoar, dann siedelte er sich in den Bergen an, denn er fürchtete sich, in Zoar zu bleiben. … Die Flüchtigen, die sich umdrehten, wurden blind und starben.«[65]

In einem seiner früheren Werke[66] deutete der österreichische Autor Peter Krassa eine phantastische Möglichkeit zur Erklärung jener ominösen »Salzsäule« an. Die Idee hierzu lieferte ihm ein ostdeutscher Science-fiction-Autor.[67]

Auf die biblische Geschichte von Sodom und Gomorrha übertragen, könnte folgendes passiert sein: Lots Frau war während der Flucht zurückgeblieben, und als die atomare Detonation erfolgte, befand sie sich nicht mit den anderen hinter einem schützenden Felsen. Als die Familie nach ihr zu suchen begann, fand sie nur noch einen vagen Schatten auf der dem Atomblitz zugewandten Felswand.

Gibt es eine Erklärung? In meinem Erstlingswerk »Die weiße Pyramide« ging ich kurz auf den atomaren Holocaust ein, der am 6. August 1945 in der japanischen Industriestadt Hiroshima zur erschütternden Realität wurde. Dort richteten die Stadtväter zur Mahnung an diese Katastrophe einen Gedenkpark ein, wo im Epizentrum der Verwüstungen auch einige nahezu unbeschädigte Mauern stehengeblieben sind. Auf ihnen kann man die gespenstisch anmutenden Umrisse von menschlichen Gestalten erkennen. Von Opfern der unbeschreiblichen Explosion, die im

Bruchteil einer Sekunde regelrecht verdampft sind. Jedoch »langsam« genug, um auf das dahinterliegende Mauerwerk etwas weniger an Lichtenergie treffen zu lassen als auf die umliegenden Partien. Es entstand – nach demselben Prinzip wie bei einer Fotografie – das schaurig-makabre Abbild eines Menschen im Augenblick seines Todes.[8]

Und in einer schwer zugänglichen Region des indischen Subkontinents machte der britische Offizier J. Campbell in den zwanziger Jahren eine nicht minder unheimliche Entdeckung. Auf dem teilweise verglasten Boden eines Innenhofes einer vom Urwald überwucherten Ruinenstadt erkannte er schaudernd den schattenhaften Abdruck einer menschlichen Gestalt.[6]

Endete Lots bedauernswerte Frau auf dieselbe Art wie die namenlosen Opfer, von denen uns nur noch ihre unheimlichen Schatten auf den Mauern Hiroshimas und Indiens fröstelnd an ihre Existenz erinnern?


## Ein Schock für die wissenschaftliche Welt

Der im 1. Buch Mose genannte Abraham – Lots Onkel, der seine »Pokerpartie« letztlich doch verloren hatte – »machte sich früh am Morgen auf an den Ort, wo er vor dem Herrn gestanden hatte und wandte sein Angesicht gegen Sodom und Gomorrha und alles Land dieser Gegend und schaute, und siehe, da ging ein Rauch auf vom Lande wie der Rauch von einem Ofen.« (1. Mose, 9, Vers 27–28)

Es muß derselbe Anblick gewesen sein wie der der ausgebombten japanischen Hafenstadt Hiroshima, nachdem die Besatzung des US-Air-Force-Bombers »Enola Gay« kurz nach Sonnenaufgang des 6. August 1945 ihre todbringende

15

15 Im Museum von Trnava: Martin Jurik (rechts) sichtet die zahlreichen Fundstücke vom Molpir, die wir als erste seit der Einstellung der Grabungen vor 20 Jahren in Augenschein nehmen durften.

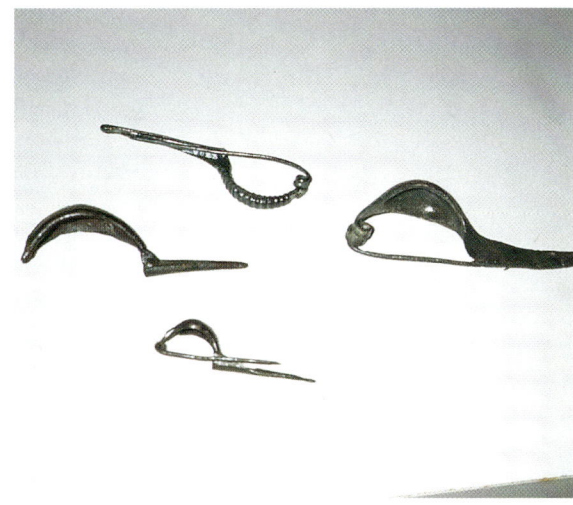

16 Etwa 3000 Jahre alt: Sicherheitsnadeln – zum Teil aus einem Stück gearbeitet, zum Teil zusammengenietet!

16

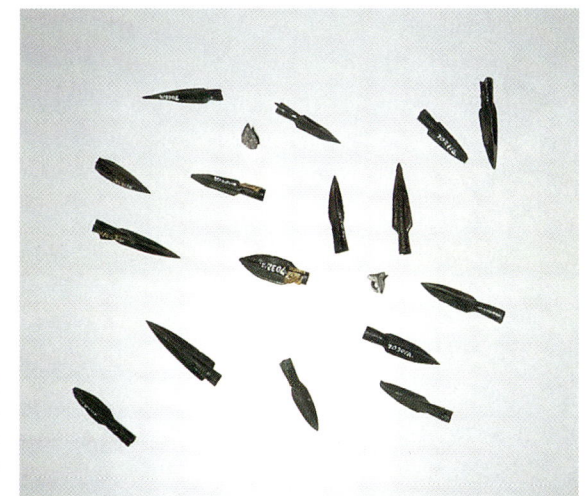

17 Pfeilspitzen aus Metall. Keine sehr wirksame Verteidigung, wenn die Vernichtung auf dem Molpir von oben gekommen ist!

17

18  John Searls Versuchsscheibe P-11 im Flug. Am 30. Juni 1968 legte dieses Modell von etwa 4,50 Meter Durchmesser die 250-Kilometer-Distanz Reading–Cornwall in schier unglaublichen ein bis zwei Minuten zurück! Der englische Erfinder ist auf das Geheimnis des UFO-Antriebs gestoßen.

19 *Herbert Schneider im Ge-*
*spräch mit John Searl (rechts),*
*dessen Spur er erst nach auf-*
*regenden Recherchen wieder-*
*fand.*

20 *Dieses UFO wurde am*
*21. Oktober 1965 über Min-*
*nesota fotografiert. Dasselbe*
*unheimliche, rote Leuchten*
*zeigen auch die Searlschen*
*Flugscheiben bei einer be-*
*stimmten Frequenz!*

19

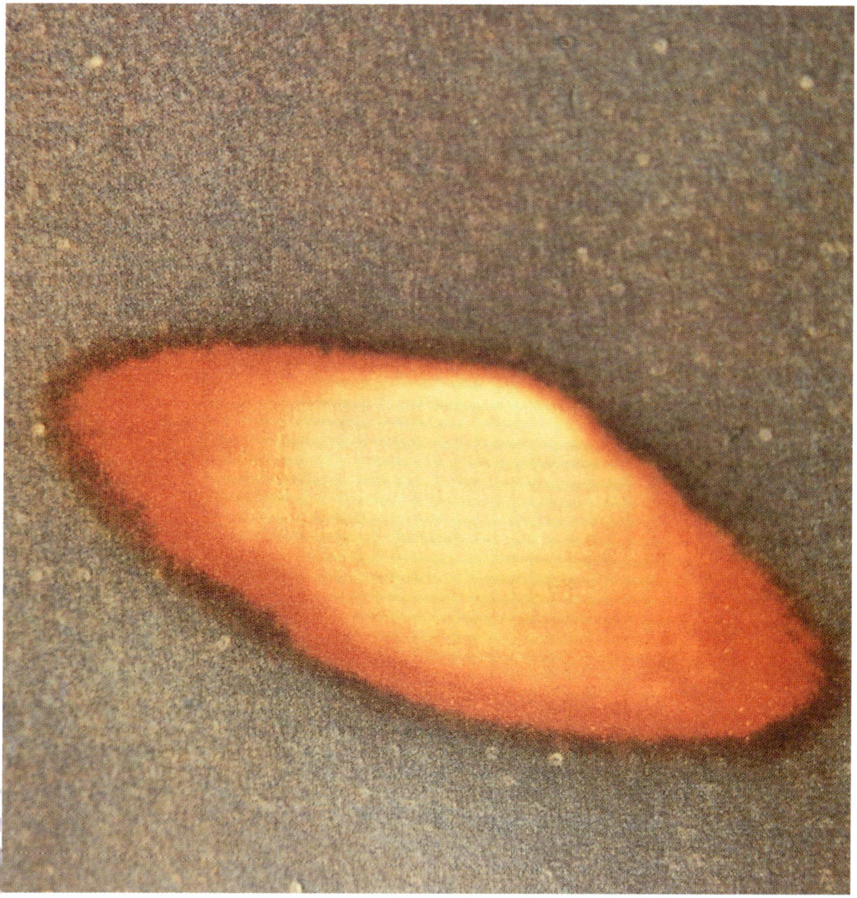

20

21 Auf dieser altrömischen Münze aus dem Jahr 193 n. Chr. ist ein seltsames Objekt zu erkennen (Pfeil). Ein künstlicher Satellit?

22 Ein ähnliches Objekt, aufgenommen im November 1973 über Mexico – also fast 1800 Jahre später.

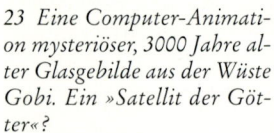

23 Eine Computer-Animation mysteriöser, 3000 Jahre alter Glasgebilde aus der Wüste Gobi. Ein »Satellit der Götter«?

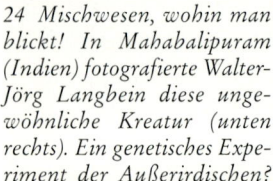

24 Mischwesen, wohin man blickt! In Mahabalipuram (Indien) fotografierte Walter-Jörg Langbein diese ungewöhnliche Kreatur (unten rechts). Ein genetisches Experiment der Außerirdischen?

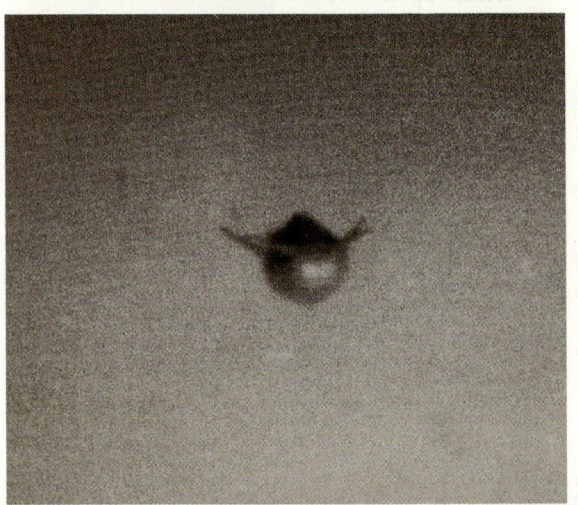

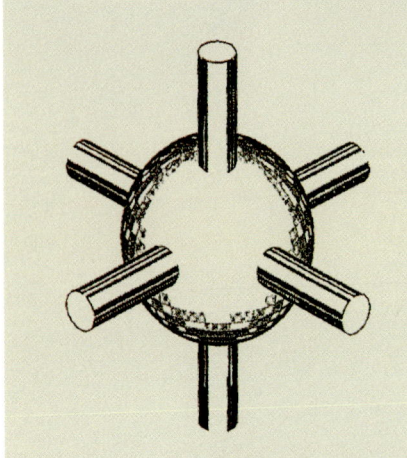

Fracht abgeworfen hatte. Den Befehl hierfür hatte der fromme Präsident Harry S. Truman (1884–1972) gegeben, nachdem er – wie jeden Abend – vor dem Einschlafen in der Bibel gelesen hatte. Wäre es sehr respektlos, zu hinterfragen, welche Stelle ihn zu der Entscheidung inspiriert haben mag, die mehr als 80 000 Menschen auf der Stelle den Tod brachte?

Der eingangs erwähnte russische Professor Agrest schokkierte im Jahre 1959 seine akademische Kollegenschaft, indem er den Inhalt der hier zitierten Bibelverse in eine moderne Sprache faßte: »Die Anwohner (Sodom und Gomorrhas, d. Verf.) wurden angewiesen, das für die Explosionen in Aussicht genommene Gebiet zu verlassen, nicht auf freiem Feld zu verweilen, die Entwicklung der Explosion nicht zu beobachten, sondern sich hinter Erdwällen (oder besser: hinter Felsen, d. Verf.) zu schützen. Die Explosion, die dann erfolgte, bildete die charakteristische Rauch- und Staubsäule einer Atom-Entladung, verursachte große Zerstörungen, vernichtete die Pflanzenwelt und die zurückgebliebenen Menschen. Wer sich von den Flüchtenden zurückwandte, erblindete und starb. Diejenigen, die sich in vorläufiger Deckung unweit des Explosionsortes befanden, wurden sodann veranlaßt, den vorher gegebenen Verhaltensmaßregeln entsprechend weiter entfernte Höhlen aufzusuchen.«[64]

Woran sich Vater Lot auch peinlich genau hielt: »Und Lot zog fort von Zoar und blieb auf dem Gebirge mit seinen beiden Töchtern; denn er fürchtete sich, in Zoar zu bleiben; und so blieb er in einer Höhle mit seinen beiden Töchtern.« (1. Mose, 19, Vers 30) Die ließen sich dann dort nacheinander von ihrem Vater schwängern, doch das nur nebenbei.

# Atomarer Overkill – aber warum?

Es erscheint nach diesen Ausführungen durchwegs plausibel, daß die Vernichtung der Städte Sodom und Gomorrha auf die Zündung eines thermonuklearen Sprengsatzes zurückzuführen ist.

Und nicht etwa auf ein Erdbeben oder einen Vulkanausbruch, wie manche uns gerne weismachen würden.[68] Nur hat die Sache einen kleinen Haken: Woher soll man in dieser Gegend einen Vulkan zu Hilfe nehmen? Die Region stellt zwar – geologisch betrachtet – einen Grabenbruch dar, der sich weit in südlicher Richtung erstreckt, aber Vulkane gibt es dort keine. War es nichts mit dem Feuer aus der Tiefe, dann muß es wohl doch »von oben« gekommen sein.

Und auch die Hypothese mit dem Erdbeben zieht nicht – denn dann müßte eher von Rissen und Spalten im Boden die Rede sein, meinetwegen auch von dem »Schlund der Hölle, der sich auftat«, um die sündigen Menschlein zu verschlingen.

Vergessen wir 1. Mose, 18, Vers 21 nicht: »Darum will ich *hinabfahren* und sehen, ob sie alles getan haben nach dem Geschrei…« Dieser Hinweis zielt deutlich auf ein Unheil, welches *von oben* kommt.

Die Frage, die sich aus diesem Gedankengang als natürliche Konsequenz stellt, ist die nach dem Grund für die nukleare Vernichtung. Warum sollte eine haushoch überlegene Intelligenz Atomwaffen einsetzen gegen Menschen, deren waffentechnische Highlights allenfalls aus Hieb- und Stichwaffen bestanden?

Aus einem Zustand akuter Bedrohung? Diesen Gedanken können wir ganz schnell vergessen!

Aus reiner Lust am Experimentieren? Immerhin wird erst

ganz allmählich bekannt, daß die US-Behörden bereits in den vierziger Jahren »Strahlentests« an nichtsahnenden Menschen vorgenommen haben. Man injizierte den unfreiwilligen Versuchspersonen hochradioaktive Plutoniumpräparate, um deren Wirkung auf den menschlichen Organismus zu testen. Die Mehrheit der Testpersonen überlebte die schauderhaften Experimente nicht – sie starben alle an Leukämie oder anderen Krebsleiden.[38]

Professor Agrest – dieser lebt seit 1992 in den Vereinigten Staaten und forscht noch immer in alten, vornehmlich hebräischen Texten nach Spuren der »Astronautengötter« – mutmaßte bereits 1959: »Vielleicht brachten die Gäste aus dem Weltall von ihrem Anflug überflüssigen Kernbrennstoff zur Explosion, nachdem sie vorher die Bewohner der umliegenden Gebiete vorgewarnt und ihnen Verhaltensmaßregeln für die Explosion erteilt hatten. Daß diese denkwürdigen Ereignisse in den Überlieferungen jener Völker, die am Toten Meer lebten, ihre Widerspiegelung fanden, müßte nur zu verständlich sein.«[64]

Vorweg gesagt: Auch ich halte die Hypothese einer nuklearen Vernichtung von Sodom und Gomorrha für weitaus plausibler als alle anderen Annahmen. Trotzdem möchte ich nicht so recht an eine bloße »Entsorgung« von im Überfluß vorhandenem spaltbaren Material glauben. Zum einen hätte es zahlreiche unbewohnte Regionen gegeben, dies zu tun. Zum anderen erscheint es mir weitaus logischer, wenn die Fremden nach einem längeren Raumflug – so sie sich überhaupt mit einem im wahrsten Sinne des Wortes vorsintflutlichen Atomantrieb durch das Weltall bewegt haben! – doch wohl eher Bedarf nach einer Auffrischung ihrer Reserven gehabt hätten.

Und außerdem ist in der Bibel stets und explizit die Rede, daß allein Lot und sein engster Familienkreis, keineswegs jedoch die anderen Bewohner der zum Untergang verdammten Städte von den »Engeln des Herrn« gerettet werden sollten. Nein, dies war eine ganz gezielte, totale Vernichtungsaktion, die dort in Szene gesetzt wurde. Und sie galt genau jenen Individuen, welche in Sodom und Gomorrha – interniert waren!

Welches schreckliche Geheimnis umgab diese sinistren Städte am Ufer des Toten Meeres?

Der Schlüssel zur Lösung dieses Rätsels liegt vielleicht in der Lage der bewußten Örtlichkeiten.


## Der gemeinsame Nenner!

Was finden wir noch heute rund um diese Gegend im Nahen Osten, der auch in unseren Tagen ein wahres Pulverfaß darstellt? Viel Salz, noch mehr Sand und weite Wüste. Ganz wunderbar geeignet, dort ein von aller Welt abgeschiedenes Internierungslager aus dem Boden zu stampfen. Diese Annahme findet ihre logische Fortsetzung, wenn wir – in Gedanken, oder noch besser auf der Landkarte – am Ort des grauenvollen Geschehens den Zirkel ansetzen und einen Kreis von ungefähr 1000 Kilometer Radius schlagen. Und siehe da: Plötzlich wird deutlich, daß diese höhenmäßig unter dem Meeresspiegel gelegene Gegend ziemlich genau das Zentrum darstellt, um welches sich die folgenden alten Hochkulturen gruppierten:

– Die sumerische Kultur im Zweistromland (Mesopotamien).
– Die ägyptische Hochkultur, das Reich der Pharaonen am Ufer des Nil.

164

- Das Reich der Hethiter im östlichen Kleinasien, auf dem Gebiet der heutigen Türkei.
- Und schließlich die kretisch-minoische Kultur, deren spärliche Überreste den heutigen Touristen auf der Ferieninsel Kreta vorgeführt werden.

Gibt es hier so etwas wie einen gemeinsamen Nenner? Ich bin mir ziemlich sicher, darauf gestoßen zu sein: In all diesen genannten Kulturen wurde ein wahrer Kult getrieben – und zwar um Mischkreaturen. Genetische Verrücktheiten. Unheimliche Monsterwesen. Denen – trotz vielfältigster Erscheinungsformen – eines gemeinsam war: Sie wurden allesamt einer perfiden Schöpferlaune der »Götter« zugeschrieben!

Beginnen wir mit dem geographisch am nächsten gelegenen Gebiet: Ägypten. Dort verehrte man Gestalten als von göttlicher Herkunft, die geradewegs aus den finsteren Verliesen des Dr. Frankenstein entsprungen zu sein schienen. Eusebius, Bischof von Caesarea in Palästina und anerkannter Historiker (263–339 n. Chr.), läßt uns in seiner »Chronographie« wissen:

»Und es waren daselbst gewisse andere Untiere, von denen ein Teil selbsterzeugte waren, und mit lebenserzeugenden Formen ausgestattet; und sie hätten erzeugt Menschen, doppelbeflügelte; dazu auch andere mit vier Flügeln und zwei Gesichtern und einem Leib und zwei Köpfen, Frauen und Männer, und zwei Naturen, männlichen und weiblichen (also Hermaphroditen, Anm. d. Autors), weiter noch andere Menschen, mit Schenkeln von Ziegen und Hörnern am Kopfe; noch andere, pferdefüßige; und andere von Pferdegestalt an der Hinterseite und Menschengestalt an der Vorderseite, welche der Hippokentauren Formen haben; erzeugt hätten sie auch Stiere, menschenköpfige …«[69]

Bischof Eusebius seinerseits schöpfte diese Erkenntnisse aus den Aufzeichnungen eines ägyptischen Priesters mit Namen Manetho. Dieser legte dar, daß einst die Götter vom Himmel gestiegen seien, um die Menschen zu unterweisen. Und die Götter hätten dann Mischwesen aller Art entstehen lassen, welche als »heilige Tiere« bezeichnet wurden.

Welche schreckerregenden Kreaturen verließen die genetischen Laboratorien einer experimentierwütigen Clique von Präastronauten, die da offensichtlich nichts lieber taten, als Gott zu spielen? Und zu welchem Zweck führten die Fremden ihre unseligen Versuche durch?

Die alten Ägypter trieben einen regelrechten Mumifizierungskult. Außer ihren reichen und mächtigen Zeitgenossen, die hofften, auf diese Weise wieder ins Leben zurückzukehren, mumifizierten sie in Serie praktisch alles, was zwei, vier oder mehr Füße hatte, schwimmen oder fliegen konnte. Gänse und Katzen, Käfer und Krokodile, sogar Fische und natürlich Vögel aller Art. Vielleicht mit Ausnahme von Flugzeugen, aber da bin ich mir nicht mehr ganz sicher. Wer weiß schon genau, was der Wüstensand in dem alten Land am Nil noch alles bedeckt.

## Verdammt in alle Ewigkeit?

Auch Stiere sollen die alten Ägypter für die Nachwelt konserviert haben, heilige »Apis-Stiere«. Hierfür schufen sie in Sakkara das *Serapäum*, eine weitläufige unterirdische Nekropole mit den gigantischsten Sarkophagen der Welt. Diese Kolosse bestehen aus Granit, der in Assuan, tausend Kilometer von Sakkara entfernt, abgebaut wurde. Ihr Gewicht beträgt zwischen 70 und 100 Tonnen, ihre Deckel bringen es noch mal auf 20 bis 30 Tonnen! Weitere Gewölbe mit »Stiersarkophagen« existieren in Heliopolis, in Baqarie und in Abusir bei Gizeh.

Daß sie einstmals Stiermumien enthielten, erzählen uns die Archäologen und das Heer von Fremdenführeren, denen zu entrinnen in Ägypten schier unmöglich ist. Die Realität sieht allerdings ganz anders aus. Denn die Sarkophage enthielten, als man sie öffnete entweder gar nichts oder eine übelriechende Masse, bestehend aus einer Art Bitumen, vermischt mit Millionen von winzigsten Knochensplittern.

Und hier wird es mysteriös! So wurden beispielsweise in den unterirdischen Gewölben bei Abusir zwei respektable Stiermumien gefunden. Man glaubte es zumindest, denn die Bandagen waren noch unversehrt, oben ragten sogar die Hörner heraus. Als man die mächtigen Körper vorsichtig auswickelte, war die Überraschung perfekt: Im Inneren dieser »Stiermumien« lagen kreuz und quer Knochensplitter verschiedenster Kreaturen, die sich zum Teil noch nicht einmal einer bestimmten Tiergattung zuordnen ließen. Was äußerlich wie ein perfekt einbalsamierter Stier aussah, war in Wirklichkeit nichts anderes als ein Gemisch von Knochenfragmenten verschiedenster Lebewesen, zusammengehalten durch stinkendes Bitumen und kilometerweise Leinenbandagen drumherum.

Und dafür baute man Granitsarkophage, schwerer und sicherer als jeder Banktresor? Es müssen wohl ganz besondere Hinterlassenschaften gewesen sein, für die der enorme Aufwand getrieben wurde. Waren es die sterblichen Überreste von durch Genmanipulation erzeugten Zwitterwesen?

Der französische Archäologe Auguste Mariette, der das schon erwähnte Serapäum 1852 entdeckte, fand in dessen Gewölben eine Inschrift, die dem heiligen Stier gewidmet war: »Du hast keinen Vater, du bist vom Himmel geschaffen.«[70]

Und Herodot (484–424 v. Chr.), der älteste griechische Historiker, schrieb zum selben Thema: »Der Apis-Stier hat folgende Abzeichen: Er ist schwarz, auf der Stirn trägt er einen viereckigen weißen Fleck, auf dem Rücken das Bildnis eines Adlers, die Schweifhaare sind doppelt, und unter der Zunge erkennt man das Bild eines Käfers.«[71]

Wilde Phantasie der alten Geschichtsschreiber? Eine natürliche Abart? Oder Mutanten vom »Reißbrett« außerirdischer Gentechniker? Spekuliert man diese Idee weiter, erscheint das mit Hingabe betriebene Zerstückeln dieser »heiligen Tiere« durchaus logisch.

Nachdem die Außerirdischen wieder einmal für länger Zeiten diesem Planeten den Rücken gekehrt hatten, blieben zahlreiche solcher künstlich geschaffenen Mischwesen auf der Erde zurück. Warum hätten sie die Fremden auch mitnehmen sollen? Platz war knapp in deren Raumfahrzeug, und diese Kreaturen waren vielleicht auch außerordentlich aggressiv. (Als im Laborversuch zwei an und für sich friedliche Bienenarten gekreuzt wurden, entstand eine höchst angriffslustige Art, die inzwischen den halben amerikanischen Kontinent das Fürchten gelehrt hat: Die »Mörderbiene« war geboren.) So verbreiteten die Monsterwesen auf der Erde nichts als Angst und Schrecken, bis sie endlich der Reihe nach ausstarben.

Nun bemächtigte man sich ihrer sterblichen Reste, zerhackte deren Knochen, vermischte sie mit Bitumen. Das Ganze füllte man in Sarkophage aus Granit und wuchtete noch einen bis zu 30 Tonnen schweren Deckel oben drauf. Nie wieder würden diese monströsen Ausgeburten »göttlicher« Gentechnik Angst und Schrecken verbreiten. An ihren zerstückelten Überresten entlud sich der Zorn der von ihnen einst terrorisierten Menschen. Sie wurden verdammt in alle Ewigkeit!

# 1995: »Pfusch an Mutter Natur«

Während ich an diesem Kapitel schreibe, kommt mir ein Artikel aus der Tagespresse auf den Schreibtisch. Er beschäftigt sich mit einem heißen Eisen, das »dank« der Bemühungen der Europäischen Union (EU) vielleicht bald im wahrsten Sinn des Wortes »in aller Munde« sein könnte: Gentechnisch veränderte Nahrung (»Novel-Food«), erzeugt durch direkte Erbgutveränderungen bei Mikro-Organismen, Pflanzen und sogar Tieren.

»Was heute noch wie ein Märchen klingt, kann morgen Wirklichkeit sein«, hieß es im Vorspann einer sehr erfolgreichen deutschen Science-fiction-Serie aus den sechziger Jahren. Hier scheint ein Märchen von vorgestern wieder Wirklichkeit zu werden! Zwar geht es in einer EU-Verordnung, die uns per Dekret möglichst »euro«-weit denselben Fraß auf den Teller zu mogeln versucht, »nur« um vergleichsweise einfache Veränderungen. Wie etwa länger haltbare Tomaten, krankheitsresistente Zuckerrüben oder Kartoffeln mit höherem Stärkegehalt.

Doch schon werden warnende Stimmen laut. In einer Broschüre der Verbraucherzentralen Niedersachsen, Baden-Württemberg und Hamburg taucht die Frage auf, ob es nicht sogar zu einem Gentransfer zwischen (genmutierten) Mikro-Organismen aus der Nahrung und körpereigenen Darmbakterien kommen kann. Wer also Joghurt mit lebenden, genetisch veränderten Organismen (GVO) ißt, weiß nicht, ob auf diesem Weg neue Erbinformationen auf seine Darmflora »überspringen«. Problematisch wird dies besonders in dem Fall, wenn die GVOs ein Gen enthalten, welches gegen Antibiotika resistent ist. Ein weiteres Problemfeld sind Allergien. Entnimmt man Lebensmitteln, die bei manchen Menschen Allergien auslösen, deren Gene und baut sie in andere Lebensmit-

tel ein, könnte es plötzlich sehr ernste Schwierigkeiten auch mit bisher unbedenklichen Nahrungsmitteln geben.[72]
Zukunftsmusik? Keinesfalls, es ist vielmehr bereits »in Serie« gegangene Realität. Am Beispiel einer Genveränderung bei Pflanzen will ich das Prinzip kurz erläutern. Einer Pflanze werden einige Zellen entnommen. Im Zellkern ist ihr Erbmaterial in der DNS (Desoxyribonucleinsäure) enthalten. Nun wird ein fremdes Gen mit der gewünschten neuen Eigenschaft eingeschleust. Dies kann entweder durch Bakterien oder Viren (»Gen-Taxis«) erfolgen, oder durch direktes Einfügen beziehungsweise Einspritzen in den Zellkern. Durch diese Genübertragung hat die Zelle etwas Neues »gelernt«, sie kann nun eine neue Aufgabe erfüllen (s. Abb. 8).
Und wer nun glaubt, derartige Versuche würden sich auf Kartoffeln, Kefirpilze und Joghurt beschränken, dem muß ich diese Illusion nehmen. Bereits 1987 schufen Gentechniker in den USA die *Schiege*, eine genetische Kreuzung zwischen Schaf und Ziege. Keine andere Wissenschaft konnte in den letzten Jahren so stürmische Fortschritte verbuchen wie die Gentechnik. Bald werden die Forscher in der Lage sein, jede Bausequenz auch der menschlichen DNS nachzubauen.[73]
»Today is only yesterday's tomorrow« (Die englische Rockgruppe »Uriah Heep« in ihrem Song »Circle of Hands«).


## Auch in Kreta und Sumer...

Der erholungsuchende Urlauber, der sich heute auf der griechischen Touristeninsel Kreta die Sonne auf den Bauch scheinen läßt, ahnt wahrscheinlich nicht, daß auch dort in

# GEN-MANIPULATION
## Schematische Darstellung am Beispiel einer Pflanze

Zelle    Zellkern

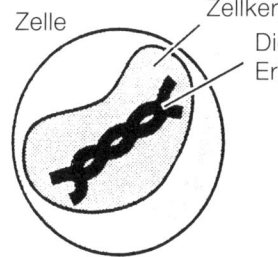

Die DNS enthält die Gene mit den Erbinformationen.

1. Schritt: Der Pflanze werden einzelne Zellen entnommen.

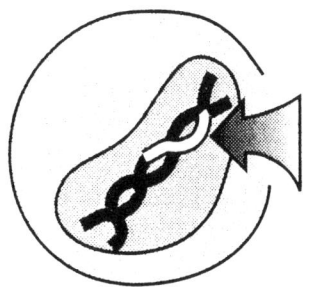

2. Schritt: Ein fremdes Gen mit den gewünschten Eigenschaften wird nun eingeschleust. Dies kann geschehen durch
• Bakterien oder Viren (»Gen-Taxi«)
• oder direktes Einspritzen oder Einsetzen in den Zellkern.

3. Das Resultat: Die Zelle hat durch die Gen-Übertragung etwas Neues »gelernt«. Sie kann nun eine neue Aufgabe erfüllen.

4. Vermehrung: Über Zellkulturen werden Pflanzen mit den neu gewonnenen Eigenschaften vermehrt.

*Abb. 8    Zukunftsmusik? Keineswegs – Genmanipulationen sind bereits heute »in Serie« gegangene Realität! Und derartige Versuche beschränken sich beileibe nicht nur auf Pflanzen.*

grauer Vorzeit Gen-Manipulationen durchgeführt wurden, die schaurige Ausgeburten hervorbrachten. Aus der griechischen Sagenwelt erfahren wir vom Minotaurus, jenem Ungeheuer mit Menschenleib und Stierkopf. Minos, der mythische König Kretas, war sicher alles andere als erfreut, als seine Gattin durch Gott Poseidon zu widernatürlicher Liebe mit einem Stier getrieben wurde. Als Ergebnis dieser ausgefallenen Liaison – womöglich eine in mythologische Umschreibungen verhüllte Erinnerung an unheimliche Gen-Experimente der »Götter« – gebar diese schließlich den Minotaurus.

Mit diesem war jedoch nicht allzu gut Kirschen essen, denn bald entwickelte er sich zu einer permanenten Gefahr für seine Umwelt. So beauftragte König Minos seinen Baumeister Daedalos, unter der Hauptstadt Knossos das *Labyrinth* zu bauen, worin das Ungeheuer eingesperrt und durch regelmäßige Menschenopfer »ruhiggestellt« wurde.

Erst der Sagenheld Theseus befreite seine in Bedrängnis geratenen Mitmenschen von dieser Gefahr, als er in das berüchtigte Labyrinth eindrang und den wildgewordenen Gen-Mutanten erschlug.

Auch bei den Hethitern – einem indogermanischen Volk, das sich ungefähr um 2000 v. Chr. im östlichen Kleinasien ansiedelte – gab es Mischwesen und genetische Verrücktheiten. Ihre Darstellungen sind im Hethiter-Museum in der türkischen Metropole Ankara zu bewundern.

Auf demselben Radius liegt das Zweistromland, Mesopotamien. Sumerische und assyrische Rollsiegel, Tempelwände und Stelen tragen zu Hunderten die Abbilder geflügelter »Genien«, Sphingen, »Tieren« mit menschlichen Köpfen und anderer Alptraumwesen. Ein besonders schönes Beispiel hierfür ist eine Stele, die den legendären Assyrerkönig Assurbanipal II. (668–626 v. Chr.) verherrlicht. Sie steht heute im Britischen Museum zu London und zeigt, wie und welche Schätze von Kriegszügen und Plünderungen heimgeschleppt wurden. Neben wohlgefüllten Säcken und Gefäßen auch lebendes Beutegut, neben Elefanten auch Zwitterwesen. Einer der abgebildeten Soldaten trägt ein affenartiges Geschöpf mit Menschenkopf auf seinen Schultern. An einer Leine führt er eine schäferhundgroße Kreatur. Diese geht aufrecht – auf menschlich anmutenden Füßen –, besitzt auch menschliche Hände und Kopf, aber den Körper und den Schwanz eines wilden Tieres![74]

Wir können sogar – nur zum Vergleich – einen kurzen Abstecher ins Reich der Mitte unternehmen und ebenfalls fündig werden. Im »Shaanxi Historical Museum« in Xian fotografierte ich einige Mischkreaturen von seltsamer Gestalt. Beispielsweise eine hundegroße Figur aus Bronze, deren gezackter Rückenkamm eher erstaunliche Anklänge an einen Stegosaurus aus dem Erdmittelalter (220–60 Mio. Jahre v. u. Z.) zeigt als an die gewohnte Tierwelt Ostasiens. Auch die »gelben Götter« des alten China haben ihre helle Freude an genetischen Experimenten gehabt, ist man hier versucht zu spekulieren.


## Der jüngste Tag im Todeslager der »Götter«

Aber kehren wir zurück in den vorderasiatischen Raum. Nach diesem Streifzug durch die Geschichte gewordenen Kulturen der Ägypter, Kreter, Hethiter, Assyrer und Sumerer wird dem Leser vielleicht schon klar, auf welche gewagte Spekulation ich hier hinauswill.

Die Außerirdischen unternahmen ausgiebige Experimente mit Gen-Veränderungen, dabei ließen sie wahrscheinlich

keine Spezies aus. Vielleicht wollten sie die für die Lebens-
verhältnisse auf diesem Planeten am besten geeigneten Lebensformen, »optimieren«. Wahrscheinlich war es aber eher
die bloße Lust am Experimentieren: Machen, was überhaupt machbar erscheint. Eines Tages jedoch sahen sie sich
vor die Notwendigkeit gestellt, diese im wahrsten Sinn des
Wortes unmenschliche Brut zu vernichten. Entweder, weil
sie wieder zu ihrem Heimatstern aufbrachen. Oder weil die
künstlich geschaffenen Mischwesen eine wachsende Aggressivität an den Tag legten, so daß sie der von den Außerirdischen favorisierten intelligenten Spezies – dem Menschen – ernsthaft gefährlich zu werden drohten.

So richteten die Fremden aus dem All mitten in der Wüste
am Südrand des Toten Meeres ein zentrales Vernichtungslager ein. Wie die nebenstehende Karte deutlich aufzeigt,
liegt diese Gegend tatsächlich sehr zentral, im Hinblick auf
die bereits genannten Hochkulturen. Von dort wurden
möglichst viele der alptraumhaften Ausgeburten gewissenloser Gentechnologie abgeholt, nach Sodom und Gomorrha
gebracht und interniert. Und eine beinahe beispiellose Ver-
nichtungsmaschinerie zum Abschluß in Gang gesetzt.

Das mag der Grund sein, warum man bei Sumerern, Kre-
tern, Assyrern und Hethitern zwar stets von Mischwesen
hört und auch in Abbildungen zu sehen bekommt, jedoch –
soweit bekannt – bei Ausgrabungen auf keinerlei Überreste
gestoßen ist. Jedenfalls nicht offiziell. In Ägypten scheinen
einige dieser Wesen »göttlicher« Herkunft dem Abtrans-
port entgangen zu sein. Zumindest legen die wenigen
Funde von zerhackstückten Kreaturen Schlüsse wie diesen
nahe. Genau wie die vorsorglich für sie bereitgestellten, ga-
rantiert ausbruchsicheren Riesen-Sarkophage.

Und was geschah mit der Mehrzahl der von den Außerirdischen geschaffenen Monster?

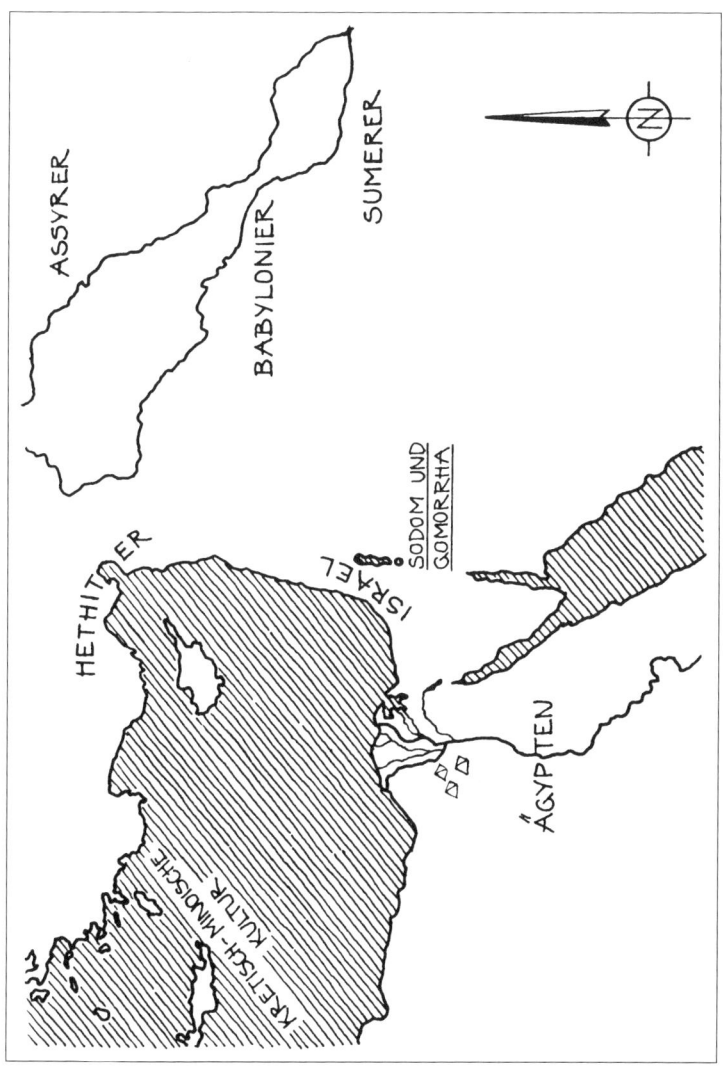

*Abb. 9   Auf der Übersichtskarte wird eine erschreckende Konsequenz
deutlich: Sodom und Gomorrha war ein zentrales Vernichtungslager.
Der atomare Holocaust diente wahrscheinlich der Vernichtung
gen-manipulierter Wesen, hervorgegangen aus den Labors außerirdischer Forscher!*

Es war ein sonniger Morgen, vielleicht ähnlich jenem 6. August 1945, der ebenfalls ein strahlend schöner Tag zu werden versprach. Und tatsächlich auch »strahlend« wurde – nur leider in einer viel schlimmeren, wahrhaft apokalyptischen Bedeutung. Zwei Mitglieder eines schnellen Eingreifkommandos hatten den Hebräer Lot, der aus wer weiß welchen Gründen in einer dieser todgeweihten Städte am südlichen Ufer des Toten Meeres lebte, mitsamt Frau und Töchtern aus der Gefahrenzone evakuiert. Keine Minute zu früh, denn die Adressaten der Rettungsaktion waren nur sehr schwer zum Aufbruch zu bewegen gewesen, und die Zeit wurde bereits gefährlich knapp.

Die Bombe war scharf gemacht, der Countdown für ihre Zündung lief unaufhaltsam. Dann, exakt zum vorausberechneten Zeitpunkt detonierte der nukleare Sprengsatz. Ein ohrenbetäubender Knall zerriß die morgendliche Stille, und die schnell aufsteigende, charakteristische pilzförmige Rauch- und Feuersäule riß alles in die Höhe. Es war, als würden »Feuer und Schwefel vom Himmel regnen«. In Bruchteilen von Sekunden stiegen die Temperaturen in dem grellen Atomblitz auf unvorstellbare Höhe, verdampfte jegliches Leben, das sich im Epizentrum dieser alles zerstörenden Schreckenswaffe befand.

Sodom und Gomorrha waren nur mehr Asche. Mit einem flammenden Inferno wurde beendet, was in den Laboratorien der Gentechniker aus dem Kosmos begonnen hatte.

# 8 Wenn die Kompaßnadel verrückt spielt: *Unglaubliche Entdeckungen im Hochland der Anden*

In den 41 Jahren meines irdischen Daseins habe ich schon eine Menge unglaublicher Dinge zu Gesicht bekommen, die mit unserem derzeit gültigen Weltbild zwangsläufig in Konflikt geraten müssen.

Wiederholt bin ich in der stickigen »Pyramide der Inschriften« von Palenque (Mexiko) gewesen. Und die zahlreichen gefährlich glitschigen Stufen hinabgestiegen, bis ich vor jener weltberühmt gewordenen Grabplatte stand, welche eine Szene wiedergibt, auf der ein Raumfahrer in seinem Vehikel dargestellt zu sein scheint. Steht man unvoreingenommen vor diesem Relikt, so scheint die Deutung im Sinne eines »phantastischen Realismus« in der Tat am plausibelsten.

Auch bei den Pyramiden im ägyptischen Giza bin ich gewesen, deren Nachbau uns heute vor schier unüberwindbare Schwierigkeiten stellen würde.

In der chinesischen Provinzhauptstadt Changsha stand ich staunend vor einer 2200 Jahre alten Landkarte, deren *Vorbild* nach Ansicht eines hochrangigen Archäologen Chinas ein Satellitenfoto sein soll – aufgenommen vor Tausenden von Jahren von einem außerirdischen Flugkörper, der unseren Planeten aus dem Erdorbit heraus kartographiert haben soll.

Last but not least führte mich mein angeborener Eigensinn in einige streng verbotene Zonen im Reich der Mitte. Dort war es mir vergönnt, jahrzehntelange Gerüchte um die behauptete Existenz zahlreicher Pyramiden in China endlich zum Verstummen zu bringen. Denn ich entdeckte Dutzende von diesen geheimnisumwobenen Bauwerken, um deren Existenz sich seither nun der Schleier des Vergessens und Verbergens lüftet. Weltweit wird darüber berichtet, in jüngster Zeit sogar auch in einer Zeitschrift des offiziellen China.[2, 75, 76, 77, 78]

In der dünnen Luft dieser Hochebene in den Anden Boliviens, 4000 Meter über dem Meeresspiegel gelegen, ist jedoch alles irgendwie anders.

Zweimal war ich bislang an diesem Ort, mithin eine der geheimnisvollsten Stätten auf unserem Planeten. Das erste Mal im Herbst 1993, ein weiteres Mal im Februar 1996, zusammen mit Dr. Johannes Fiebag, dem renommiertesten Erforscher des UFO-Phänomens im deutschen Sprachraum. Für keinen von uns beiden war es der erste Besuch an den geheimnisvollen Orten *Tiahuanaco* und *Puma Punku* – zwei Orten, deren Ursprung sich im Grau der Zeiten verliert.

## Tiahuanaco – Rätsel am Ende der Welt

Kein Mensch – so die Überlieferung – habe Tiahuanaco anders als in Ruinen gesehen, denn es sei »in einer einzigen Nacht von den Göttern erbaut worden«.[79, 80] Über diesen Ruinen, die ein unvorstellbares Alter haben müssen, liegen die Nebel der Vergangenheit und ihrer undurchdringlichsten Rätsel.

Viele Tonnen schwere Bauelemente aus härtestem vulkanischen Gestein begrenzen den »Tempel«, auch Kalasasaya genannt. Während der letzten Jahre wurden von den dort tätigen Archäologen haarsträubende, kaum wiedergutzumachende Sünden begangen: Zwischenräume, die zwischen den mächtigen Monolithen klafften, wurden vollkommen willkürlich mit Steinquadern aufgefüllt. Man »rekonstruierte« damit eine Mauer, die es in dieser Machart niemals gegeben hatte. Selbst dem Laien fällt ins Auge, wie deplaziert manche Steine in dieser Mauer sind!

In Erich von Dänikens zweitem Buch »Zurück zu den Sternen« können wir diese freistehenden, bis zu zehn Meter hohen sowie viele Tonnen schweren Monolithen noch bewundern.[81] Diese Bilder gehören jedoch dank der archäologischen »Meisterleistung« leider der Vergangenheit an. Wer schützt die Überreste unserer Vergangenheit eigentlich vor wildgewordenen Archäologen?

Sehr vieles wurde bisher über das sogenannte »Sonnentor« von Tiahuanaco geschrieben, in ungezählten Büchern wurde es abgebildet. Auf der Vorderseite dieses Tores sind 48 Figuren eingemeißelt, die ihren fliegenden Hauptgott zu beiden Seiten flankieren. Keinem Archäologen unserer Tage gelang es, auch nur eine annähernde Deutung dieser Figuren auf dem drei Meter hohen und vier Meter breiten Sonnentor zu geben.

Der verstorbene französische Autor Robert Charroux glaubte, aus dem Fries auf der Vorderseite des Tores eine phantastische Geschichte herausinterpretieren zu können. Eine Geschichte, in welcher von einer Göttin mit Namen Orejona berichtet wird, die vom Planeten Venus gekommen war. Sie soll sich mit einem Tapir gepaart haben, und aus dieser seltsamen Verbindung sei unsere Menschheit hervorgegangen.[82]

Ich weiß nicht, ob Charroux wirklich an diese obskure Story geglaubt hat; ich für meinen Teil habe da die allergrößten Probleme. Ich verstehe auch nicht, warum man Zuflucht zu derartigen Phantastereien suchen muß – denn die Realität, welche sich dort oben auf dem Altiplano abgespielt hat und sich noch immer abspielt, ist weit phantastischer!

Etwas plausibler klingen da schon die Lösungsansätze, die Professor Hans Schindler-Bellamy erarbeitet hat. Er vermeinte diese 48 Gestalten in ihrem technisch anmutenden Design als Kalender zu entziffern, der 22000 Jahre in die Vergangenheit zurückreicht.[83, 84]

Über die Datierung läßt sich streiten. Doch werde ich wohl nie verstehen, warum man das »Sonnentor« stets nur von vorne abbildet – die Rückseite des aus einem einzigen Monolithen gefertigten Tores ist nämlich bei weitem interessanter! Hat man aus dem Grund einen rostigen Stacheldrahtzaun drumherum gezogen, weil es mit dem Weltbild, wie es die Archäologen in aller Regel noch immer vertreten, nichts, aber auch gar nichts mehr zu tun hat? Die Bearbeitungen dieses aus härtestem Tiefengestein gefertigten Stückes sind, untertrieben gesagt, phantastisch. Hier muß eine Technologie angewandt worden sein, die der unseren um Längen voraus war. Wie mit dem Lineal gezogen – oder sollte man vielleicht besser sagen, wie mit dem Laser herausgeschnitten? –, sind Rillen, Kanten und Winkel exakt herausgearbeitet. Nicht die Spur einer Abweichung ist zu finden. Alles ist millimetergenau gearbeitet!

Wie konnten die Aymara-Indianer, nach Lesart der offiziellen Archäologie die Schöpfer der phantastischen Anlage, mit bescheidenen *Steinwerkzeugen* dreidimensionale, komplizierte Arbeiten an dem beinahe stahlharten Stein ausführen? Wir »modernen« Zeitgenossen benutzen hierfür laser- oder computergesteuerte Präzisionswerkzeuge. Sorry, aber die klugen Herren Archäologen gestehen den angeblichen Erbauern außer weichem Kupfer keinerlei Metalle zu.[85, 86] Vielleicht sollte man sie zur Strafe einmal dazu anhalten, mit primitivsten Werkzeugen wenigstens *eine* von diesen zahllosen staunenswerten Steinbearbeitungen nachzuvollziehen …

Aller Wahrscheinlichkeit nach wurde diese unglaubliche Anlage auf 4000 Meter Höhe sowieso von jemand *ganz anderem* errichtet. Und vor weit längerer Zeit, als die klassische Archäologie den Ruinen zugesteht.[87]

## Eine alte Raumfahrtbasis?

Versagen unsere traditionellen Erklärungsversuche bereits am Beispiel von Tiahuanaco, so werden wir vollends sprachlos angesichts der Stätte von Puma Punku, gerade einen Kilometer Luftlinie entfernt. Hier stehen wir – ich kann es nicht anders beschreiben – offensichtlich vor den gesprengten Überresten eines ehemaligen Basislagers. Kreuz und quer liegen die unzähligen, zum Teil gigantischen Bauelemente, die dem Betrachter den Eindruck von Betonfertigteilen vermitteln. Allerdings bestehen sie nicht aus Beton, sondern aus den ungleich härteren vulkanischen Ergußgesteinen Andesit und Diorit. In ihrer Härte sind diese vergleichbar mit Granit.

Läßt uns Tiahuanaco schon über die Maßen staunen, so lehrt uns Puma Punku im Gegensatz dazu das Fürchten.

Wer hat in dieser Einsamkeit am Ende der Welt, in der dünnen Luft des Andengebirges, die uns das Atmen schwermacht, so eine gigantische Anlage aus dem Boden gestampft? Und zu welchem Zweck?

Wer die überaus erfolgreiche Fernsehserie »Auf den Spuren der All-Mächtigen« von Erich von Däniken verfolgt hat, der mag sich vielleicht noch jener Computer-Animation entsinnen, die mit einer Reihe in Puma Punku gefundener Bauteile vorgenommen wurde. Hierbei kam man einer geradezu unglaublichen Sache auf die Spur: All diese Bauelemente sind miteinander verschachtelt, wobei ein geniales Baukastensystem entsteht! Wer, so frage ich hier noch einmal, kommt eigentlich als Erbauer der Anlage in Betracht?[16]

## Hinweis für den Wartungstrupp

Wer angesichts solcher Indizien noch behauptet, hier handle es sich nicht um etwas eindeutig Hochtechnisches, sondern wieder einmal mit der ewigen alten Leier mit den »Kulten« daherkommt, dem kann ich eigentlich nur noch zur Anschaffung eines weißen Stockes raten. Oder besser noch, zu einem gut ausgebildeten Blindenhund. Zu eindeutig ist der technische Bezug, insbesondere bei einem Bauelement, welches ich im Bildteil wiedergegeben habe (Nr. 25). Gleich einem modernen Piktogramm weist es auf ein für die Benützer der Anlage wichtiges Equipment hin: »Wartungstrupp links von diesem Zeichen nachsehen!«
Was mochte sich in der exakt ausgeschnittenen Öffnung links des Hinweispfeiles wohl verborgen haben? Ich persönlich vermute – weitere Hinweise siehe im Verlauf dieser Ausführungen – eine Apparatur, die mit hochfrequenter Energie betrieben wurde. Vor allen Unbilden der Witterung und auch unbefugtem Zugriff bestens geschützt, war diese einst in dem stahlharten, aus Tiefengestein gefertigten Block eingebettet. Eine breiter gearbeitete Aussparung deutet allem Anschein nach auf etwas wie eine Klappe hin, die die

gesamte Einheit nach außen hin abschloß. Und der nicht zu übersehende Hinweispfeil war nichts anderes als ein Piktogramm, ein Zeichen für die Wartungsmannschaft der geheimnisvollen Anlage.

Mit Sicherheit gingen Gefahren für Leib und Leben von jenen vormaligen Apparaturen aus. Und nachdem der Stützpunkt auf dem Altiplano geräumt und unbrauchbar gemacht wurde, nahmen die unbekannten Besucher ihre Gerätschaften wieder mit. Möglicherweise benötigten sie diese auf ihrem Heimflug in die Tiefen des Weltalls.

Gibt es noch weitere Hinweise auf den Einsatz elektrischer Geräte in dem mysteriösen Basislager auf dem Dach der bolivianischen Anden?

## Die Kompasse spielen verrückt!

Es existieren in der Tat weitere auffallende Indizien dafür, daß manche der rätselhaften Steinbearbeitungen zum Schutz vor mit Hochfrequenzenergie arbeitenden Geräten dienten – ich stieß darauf Ende Februar 1996. Ein Gedanke am Rande: Bereits 1969 vermutete Erich von Däniken anhand seltsamer, von den Archäologen als »Wasserleitungen« betitelten Halbröhren, es könne sich dabei wohl eher um *Schutzhüllen für Energiekabel* gehandelt haben. Ihm fiel insbesondere auf, daß nur die Oberteile dieser ominösen Röhren existierten. Wären es tatsächlich Wasserleitungen gewesen, hätte man doch allenfalls auf die Oberteile verzichten können, nicht jedoch auf die Unterteile.[81] Wahrscheinlich hat Erich von Däniken recht, und mit meinen Entdeckungen könnte sich der Kreis nun schließen.

Wir schreiben den 25. Februar 1996. Zusammen mit dem

eingangs erwähnten Forscher Dr. Johannes Fiebag und einer Gruppe unserer Leser befand ich mich an dem geheimnisträchtigen Ort. Unser Berliner Freund Wolfgang Siebenhaar hatte – wohl nicht ganz zufällig – auch einen Kompaß in seinem Marschgepäck. Ich erbat das Instrument von ihm und legte es auf einige der größeren Blöcke in der Anlage von Tiahuanaco. Plötzlich – wir trauten unseren Augen nicht mehr – begann sich die Nadel in ihrem Gehäuse zu bewegen. An einigen Stellen sogar mit ungewöhnlicher Heftigkeit. Dies war etwas Neues, darauf hatte vorher noch niemand geachtet!

Wolfgangs Kompaß war auch kein Einzelfall, denn zwei, drei andere Instrumente zeigten denselben Effekt.

Ich wurde nun erst richtig neugierig und startete regelrechte Versuchsreihen. Und siehe da: An allen Bauelementen, an allen Monolithen war der Ablenkungseffekt festzustellen. Ganz besonders übrigens an den schon erwähnten »Fertigbauteilen«, die in Puma Punku ohne jeden Sinn in einer Reihe aufgestellt worden waren. Von Archäologen, die zwar den Sinn und Zweck dieser uralten Anlage nicht erfaßt haben, sich aber trotzdem nicht verkneifen konnten, aus den zahllosen Steinen willkürlich ein paar Mäuerchen zusammenzuschustern.

Wie es aussieht, waren alle Bauelemente dort einer hochfrequenten Energie ausgesetzt.

Schier unglaublich waren die Ergebnisse, welche ich – immer und immer wieder – an einem Monolithen feststellen konnte, der ein wenig abseits der größten Steinplatten von Puma Punku sein Schattendasein fristet. Hier läßt sich ein Phänomen experimentell nachweisen, und immer wieder startete ich aufs neue eine aufsehenerregende Meßreihe.

In diesem Steinblock (s. Abb. 26 im Bildteil) zählt man von links nach rechts fünf genau gleiche Vertiefungen, die – wie sollte es auch anders sein – vollkommen exakt gearbeitet sind. Mit scharfen Kanten, an denen man sich noch heute seine Finger aufschneiden kann. Ich führte also den Kompaß in die erste Vertiefung von links ein und bemerkte eine Abweichung, die ziemlich genau fünf Winkelgrade ausmachte. »Probier es doch einmal ein Loch weiter!« schoß es mir durch den Kopf. Gedacht, getan, und dieses Mal konnte ich sogar eine Abweichung von genau zehn Grad ablesen.

## 5 … 10 … 20 … 40 … 80!

»Eine seltsame Sache«, dachte ich mir noch, als ich das Instrument in die nächste Nische, die dritte von links, einführte. Und ich kam aus dem Staunen nicht mehr heraus: Dieses Mal waren es exakt 20 Grad Abweichung!
Was um alles in der Welt ging an dieser unheimlichen Stätte nur vor? Meine Verwirrung wurde indes keinen Deut geringer, da der Kompaß in der nächsten Vertiefung 40 Grad Abweichung zeigte. Und, um die Verblüffung vollends auf die Spitze zu treiben, haargenau 80 Winkelgrade bei der letzten Aussparung, am rechten Ende des Blockes.
Im Klartext: Von Vertiefung zu Vertiefung *verdoppelte* sich jeweils die Deklination der Kompaßnadel. Das ist, ich kann es leider nicht anders ausdrücken, vollkommen verrückt.
Und trotz allem: Ein Phänomen, welches in einem *jederzeit wiederholbaren Experiment* dargestellt werden kann!
Was sich in diesem geheimnisumwitterten Bauelement vor unbekannten Zeiten befunden haben mag, darüber kann ich an dieser Stelle nur spekulieren. Die am plausibelsten klingende Erklärung dürfte sein, daß es sich um eine Ap-

paratur gehandelt hat, welche man im weitesten Sinne mit einem *Transformator* vergleichen kann. Ein Transformator – wer kennt ihn nicht von der elektrischen Modelleisenbahn? – hat die Aufgabe, Stromspannungen zu verändern. Zum Beispiel, wenn die Netzspannung für den ihr zugedachten Zweck entweder zu stark oder zu schwach ist. Die Leistung wird auf der primären Seite zugeführt, umgespannt, um dann auf der sekundären Seite abgenommen zu werden.

Hier muß es sich wohl um eine Anordnung von fünf *in Reihe* geschalteten Transformatoren gehandelt haben, die lange Zeiten in diesem Block gearbeitet haben. Mit einem elektromagnetischen Effekt, der noch immer meßbar ist. Die festgestellten Kompaßabweichungen machen nachdenklich, ja ratlos: Geologen wissen zwar sehr wohl um eine natürliche Magnetisierung, wie sie speziell auch bei Tiefengesteinen vorkommt; diese beruht auf der Ausrichtung kleinster magnetischer Teilchen vor dem Erkalten des Gesteins. Den Wissenschaftlern wurde es dadurch ermöglicht, anhand der magnetischen Ausrichtung des Gesteines Rückschlüsse auf wiederholte Änderungen des Erdmagnetfeldes im Verlauf der Erdgeschichte zu ziehen.[88]

Doch was ich an den Bauelementen, die ungezählt in Tiahuanaco und Puma Punku herumliegen, messen konnte, ist eindeutig zuviel des Guten, beruht keinesfalls auf natürlichem Magnetismus. Etwas anderes war dort im Gange: Benötigten außerirdische Besucher Unmengen von Energie für ihr Basislager?

Mit sichtlichem Interesse verfolgte unser deutschsprachiger Fremdenführer, was ich da fortwährend mit dem Kompaß anstellte. Ganz beiläufig bemerkte ich noch, daß magnetische Anomalien immer wieder an solchen Orten gemessen werden konnten, die Schauplatz einer Sichtung oder gar einer Landung unidentifizierter Flugobjekte, also UFOs, waren.

Damit hatte ich eine unerwartete Lawine losgetreten. Señor Reinaldo, unser Dolmetscher, schien an dieser Thematik keineswegs uninteressiert zu sein. Ganz im Gegenteil: Wußte er doch von ungeheuerlichen Vorkommnissen zu berichten, die sich in den letzten Jahren bei und über den Ruinenstädten auf der Hochebene Boliviens abgespielt hatten. Mehr noch, er arrangierte ein exklusives Interview mit einer dort ansässigen Zeugin, die eine unheimliche Begegnung der dritten Art erlebt hatte.

## Kehren die Götter von Tiahuanaco zurück?

Gloria al Diaga Cortez ist die Wirtin des kleinen, von den in letzter Zeit seltener werdenden Touristen besuchten Restaurants »La Cabana«, welches sich gerade einen Steinwurf entfernt, gegenüber den eingezäunten Ruinen von Tiahuanaco befindet.

Eines Abends – es muß etwa im April oder Mai 1989 gewesen sein – trat die Zeugin zu Fuß den Rückweg von dem ungefähr 800 Meter entfernten Dorf zu ihrem Restaurant an. Bereits beim Losgehen war ihr aufgefallen, daß immer wieder der Strom ausfiel. Noch dachte sie sich nichts weiter dabei, denn derlei Unzulänglichkeiten stehen in den abgelegeneren Landstrichen Südamerikas ja beinahe auf der Tagesordnung. Ein paar Minuten später erreichte sie auch wohlbehalten die »Cabana«.

Als sie dann das Haus betrat, fielen ihr plötzlich ihre beiden Hunde auf, die starr vor Angst am Boden kauerten und leise winselten. Irgend etwas schien nicht zu stimmen. Da gewahrte sie auch schon den hellen Lichtschein, der grell ins Haus fiel – viel zu grell, um zu einem der hier und da vorbeifahrenden Lastwagen zu gehören.

Und als sie aus dem Fenster schaute, erkannte sie über der großen Wiese, die sich im eingezäunten Bereich der Anlage befindet, eine riesige, hell erleuchtete Scheibe, die dort schwebte!

Nie zuvor hatte Gloria al Diaga Cortez an diese verrückten Geschichten über »Fliegende Untertassen« geglaubt, doch jetzt bekam sie es mit der nackten Angst zu tun. Zwei- oder drei Mal wagte sie sich jedoch vor die Tür, um beim letzten Mal Zeuge zu werden, wie sich das Flugobjekt mit unfaßbarer Geschwindigkeit am Himmel entfernte.

Schon am darauffolgenden Tag begann auf der Wiese, über der das UFO schwebend verharrt hatte, im Bereich einer kreisrunden Fläche das Gras abzusterben. Drei Jahre lang wuchs dort nichts, dann erst begann sich die Vegetation langsam wieder zu erholen. Selbst heute noch ist diese Stelle bei genauerem Hinsehen unschwer auszumachen.

Gloria war indes nicht die einzige Augenzeugin der Vorgänge jener Nacht: Auch einige Dorfbewohner, darunter ein Nachtwächter, konnten das UFO genau über der Ruinenstätte schwebend beobachten. Und ein anderes Mal, an einem nicht mehr genau zu bestimmenden Tag im Jahre 1992 oder 1993, sahen Zeugen über dem »Mondtor« von Tiahuanaco gegen zwei Uhr morgens ein sehr grelles Licht. Dieses ging gleichfalls von einer nur knapp über dem Boden schwebenden Scheibe aus.

Am Boden konnten die zu Tode erschrockenen Zeugen ein paar große, weiße Gestalten erkennen.[89]

Sind die alten »Götter«, die vor ungezählten Jahrtausenden das Basislager Tiahuanaco/Puma Punku errichtet hatten, in unseren Tagen wieder zurückgekehrt?

## Tote von den Sternen

Nicht weniger erregend sind die Rätsel, die kaum 1000 Kilometer südlich, im Norden des Andenstaates Chile ihrer Lösungen harren. Das Ganze fing mit einer jener Zeitungsmeldungen an, von denen man nicht weiß, ob man sie glauben oder nicht besser auf der Stelle unter der Rubrik »gelesen und vergessen« einordnen sollte. Am 29. April 1975 schrieb die deutsche Tageszeitung »BILD« unter der Überschrift »In Gräbern aus uralter Zeit: Tote von anderen Sternen«:

*»Der belgische Geistliche Gustavo LePaige ist davon überzeugt, daß menschenähnliche Lebewesen von anderen Planeten vor vielen tausend Jahren auf unserer Erde begraben worden sind. Padre LePaige lebt als Missionar in Chile. Seit über 20 Jahren betreibt er Forschungsarbeiten als Archäologe. Der 72jährige Missionspater hat 5424 Grabstellen von Menschen freigelegt, von denen einige nach seinen Angaben vor mehr als 100 000 Jahren gestorben sind. Einem chilenischen Reporter vertraute Padre LePaige jetzt an: ›Ich glaube, daß in den Gräbern außerirdische Wesen mitbeerdigt wurden. Einige der Mumien, die ich fand, hatten Gesichtsformen, wie wir sie auf unserer Erde nicht kennen.‹«* [90]

Über seine ersten Recherchen zu dieser Meldung berichtete Erich von Däniken in seinem Bestseller »Reise nach Kiribati«. Darin ärgert er sich, daß der Zeitungsausschnitt zu lange in seinem Archiv geschmort hat – ausgerechnet unter der Rubrik »Unwahrscheinlich«. Denn als er sich endlich entschlossen hatte, vor Ort nachzurecherchieren, lag der archäologisch versierte Kirchenmann schon im Sterben. Am 19. Mai 1980 schließlich segnete Padre Gustavo LePaige das Zeitliche. [91]

Ohne Zweifel war hier eine gute Gelegenheit unwiederbringlich verlorengegangen, weitere Informationen aus erster Hand zu bekommen.

Über verpaßte Gelegenheiten zu lamentieren, ist bekanntlich mehr als müßig. Erich von Däniken erwähnte im Zusammenhang mit dem Padre – der an seinem Wirkungsort San Pedro de Atacama ein archäologisches Museum mit reichhaltigen Exponaten aus seiner Grabungstätigkeit aufgebaut hat – auch eine kleine Holzfigur. Deren Kopfbedeckung sollte einem Astronautenhelm auf einem zylindrischen Rumpf ähneln. Nach Meinung des Paters sollte diese Figur eine Grabbeigabe darstellen, die aus dem Grab eines Außerirdischen stamme.


## Der »Astronaut« von San Pedro

Wörtlich sagte der belgische Missionar: »Man würde es mir nicht glauben, wenn ich erzählen würde, was ich sonst noch in den Gräbern gefunden habe!«

Im Januar 1992 gelangte der Schweizer Willi Dünnenberger, damals noch Erich von Dänikens Sekretär, in das Wüstennest San Pedro de Atacama. Dort stattete er dem »Museo Arquéologico R. P. Gustavo LePaige«, vor dem eine überlebensgroße Bronzefigur an den Gründer erinnert, einen Besuch ab. Sein hauptsächliches Interesse galt natürlich jenem Artefakt, das er in seinem späteren Bericht als »versteinerte Holzfigur« charakterisierte. Ein Irrtum, allerdings ein entschuldbarer, wie sich nun herausstellen sollte. Ich übernahm ihn ebenfalls, als ich in einem meiner Bücher darauf einging. Auf diesen speziellen Punkt werde ich aber noch genauer eingehen.

Willi Dünnenberger mußte einen der Museumsaufseher um

den Gefallen bitten, ihm die Figur zu zeigen, nachdem sie ihm auch bei mehrmaliger Durchsicht der Exponate nicht aufgefallen war. Schließlich fand er sie »unscheinbar neben anderen kleinen Figürchen«, und sie war »wegen (der) schrägen Position in einem Glaskasten auch nicht gut zu fotografieren.«[92] An dieser Stelle steht die Figur übrigens noch heute.

Immerhin – ein Foto gelang. Ich durfte es, mit freundlicher Genehmigung von Erich von Däniken, im Bildteil meines Erstlings »Die weiße Pyramide« veröffentlichen. Im Zusammenhang mit einer berichteten Begegnung eines Abenteurers mit »Toten von anderen Sternen« in der Mongolei, hatte ich auch über Padre LePaige, dessen Funde und natürlich über jene Astronautenfigur aus dem Museum von San Pedro de Atacama berichtet.[8] Es schien hier gewisse Parallelen zu geben ...

## Wie gut, daß es Schweizer Taschenmesser gibt!

Am 29. Februar 1996 hatte ich endlich selbst die Gelegenheit, dem Museum des Wüstenfleckens einen Besuch abzustatten. Normalerweise verschlägt es nur wenige Reisende dorthin, denn für den 08/15-Urlauber ist San Pedro völlig uninteressant. Für Insider jedoch ist das Museum ein ganz besonderes Highlight: Der Besuch desselben sollte sich auch als Erfolg erweisen!

Dank einer äußerst rührigen und an unserer Thematik durchaus nicht uninteressierten Dolmetscherin sowie eines mitgeführten Exemplares meines vorerwähnten Buches gelang, woran bisherige Besucher des Museums scheiterten.

Ohne rot zu werden, avisierte mich unsere Reiseführerin als »einen der bedeutendsten Archäologen Deutschlands« und wedelte dabei noch bedeutungsschwanger mit der entsprechenden Seite in meinem Buch. Mir war die ganze Sache verdammt peinlich – aber *sie* schaffte das Unmögliche: Ich erhielt von der Museumsleitung die Erlaubnis, die betreffende Vitrine zu öffnen, und die kleine »Astronautenfigur« eingehend zu untersuchen.

Im selben Moment streckten sich mir fast ein Dutzend Schweizer Taschenmesser entgegen, und mit zittrigen Fingern – sowie mit bis zum Hals pochendem Herzen – hebelte ich die Glasscheibe aus ihrem hölzernen Rahmen.

Nun war ich also der erste Forscher unserer *Prä-Astronautik* genannten Fachrichtung, dem es vergönnt war, die kleine Wunderstatue in Händen halten und untersuchen zu dürfen. Wie das entsprechende Foto im Bildteil dieses Buches deutlich erkennen läßt, mißt das Figürchen gerade einmal zehn bis elf Zentimeter in der Höhe.

Zugegeben, ich war einige Momente lang enttäuscht, denn *so* mickrig hätte ich mir den Grund des Museumsbesuches nicht vorgestellt. Zu allem Überfluß besteht das Artefakt aus zwei Teilen: Der Kopf ist eine Art Stöpsel, den man von dem zylinderförmigen Rumpf abziehen kann. Scherzhaft meinte ich noch, dies könne wohl die Schnupfdose eines Kokainkonsumenten sein – Schnee von gestern, wenn man so will. Auch ist der Kleine nicht versteinert, sondern es handelt sich um ganz normales, dabei sehr leichtes Holz.

Womit wir wieder bei Willi Dünnenbergers – ich deutete es bereits kurz an – entschuldbarem Irrtum wären. Seit ich diese kleine Figur in meinen Händen hielt, weiß ich, wie Willi auf die Idee gekommen sein mag, es handle sich hier um *versteinertes* Holz: Der »Kleine« ist rundum mit Sandverkrustungen bedeckt, und es gelang mir, einige Sandkörnchen mit den

Fingern abzurubbeln. Eine behutsame Reinigungsaktion würde dem Exponat sicher nicht schaden.[93] Außerdem mußte Willi das Objekt durch die geschlossene Vitrine fotografieren, durfte es nicht herausnehmen und hatte somit auch nicht die Möglichkeit, das Material einer genaueren Sichtprüfung zu unterziehen.

## Die Faszination bleibt

Eingedenk dieser neuen Erkenntnisse bin ich also sehr vorsichtig geworden, was die Altersbestimmung des kleinen Holzfigürchens betrifft. Sicher, es kann einige tausend Jahre auf dem Buckel haben – genausogut können es aber auch nur ein paar hundert sein.

Was jedoch dem Fund, nach eingehender Abwägung aller nun bekannten Informationen, nichts von seiner ursprünglichen Faszination zu nehmen vermag. Im Gegenteil: Die reichlich fremdartigen Züge, insbesondere im Bereich der Ohren, die eher an die Ausbuchtungen für in den Helm integrierte Kopfhörer erinnern, geben nach wie vor zu denken!

An seinem angestammten Platz in der Glasvitrine besitzt unser kleiner »Astronaut« übrigens eine recht interessante Nachbarschaft, von der bislang noch in keiner Publikation die Rede war. Rechts von ihm steht ein weiteres hölzernes Artefakt ähnlicher Bauart, dessen oberer Teil vermutlich verlorengegangen ist. Auffallend an diesem Stück ist jedoch die Darstellung einer Figur mit ausgeprägtem Strahlenkranz um den Kopf. Eine Gemeinsamkeit übrigens, die »Götter«-Figuren rund um unseren Globus aufweisen.

Ob auf Höhlenzeichnungen in den Vereinigten Staaten

oder im Outback von Australien, ob auf den »Incisioni rupestri« im Val Camonica in Norditalien oder eben auf dem kleinen Exponat aus dem Archäologischen Museum von San Pedro de Atacama: Es sind immer wieder diese strahlenumkränzten »Helmträger«, welche uns nachdenklich machen.

In der Umgebung des Wüstenortes gibt es weite Landstriche, die so öde sind, daß man sie gerne mit Mondlandschaften vergleicht. Was mag sich noch immer in den Weiten dieser endlosen Salzwüste verbergen? Und welche unglaublichen Funde hat der verstorbene Padre dort gemacht, daß er es vorgezogen hat, die Geheimnisse darum mit ins Grab zu nehmen?

## Ein schauriges Sammelsurium

Dank der mehrere Jahrzehnte währenden Grabungstätigkeit des dahingegangenen Padre Gustavo LePaige ist das von ihm gegründete Museum eine wahre Fundgrube, auch für menschliche Exponate. In Willi Dünnenbergers Bericht war denn auch die Rede von bis zu 5000 Schädeln, welche auch noch die verschiedenartigsten Deformationen aufweisen sollen.[92] In einer Vitrine im Eingangsbereich hat man einige besonders gut erhaltene, deformierte Totenschädel aufgestellt.

Ungleich mehr schaurige Relikte dieser Art findet man in einem für die Öffentlichkeit nicht zugänglichen Lagerraum dieses Museums. Dem Engagement der eingangs erwähnten Reiseführerin – und natürlich ein paar Dollars extra für das Personal – war es zu verdanken, daß sich auch die Türen dieses Arsenals für uns öffneten. Auf Regalen, die vom Boden bis zur Decke reichen, sahen wir einige tausend Schädel fein säuberlich aufgestapelt. Einige von ihnen sind auch mit jenen charakteristischen Deformationen versehen.

Nach überwiegender Meinung der Archäologen wurden Schädeldeformationen nur bei Angehörigen adeliger oder ähnlich hochstehender Personenkreise durchgeführt. Und sie seien nichts anderes als eine »spleenige Mode« gewesen, denn ein deformierter Kopf habe als »Schönheitsideal« gegolten.[94, 95]

Dann muß es aber ein globaler Modespleen gewesen sein, denn Schädeldeformationen kommen buchstäblich weltweit vor: Im alten Ägypten wie im ganzen Orient und in China. Afrika macht da keine Ausnahme, ebensowenig Nord-, Mittel- und Südamerika, wo diese vermeintliche Modeerscheinung besonders bei den im Hochgebirge der Anden beheimateten Kulturen auftrat.

Von den Inka in Peru ist bekannt, daß deren Priester Knaben in sehr jungen Jahren auswählten, und ihre kleinen, noch weichen Köpfe zwischen gepolsterte Bretter legten. Durch Scharniere wurden Schnüre gezogen, die langsam und stetig den Zwischenraum enger machten. Unerbittlich wuchs der Druck auf die kleinen Köpfe. Einige der bedauernswerten Geschöpfe müssen die Prozedur unter unsäglichen Qualen überstanden haben, sonst gäbe es keine deformierten Schädel ausgewachsener Männer.[96]

Bis in neuerer Zeit war die Sitte, Schädel zu verformen, auf Kreta und in Lappland üblich. Und selbst in unseren Tagen wird diese Tortur noch beim Stamm der Mangbetu in Zaire und bei diversen Stämmen im Amazonasbecken sowie im südlichen Patagonien praktiziert. Um nur ein paar Beispiele zu nennen.[97]

An dieser Stelle erhebt sich die Frage, welche Perversionen die Menschen dazu brachten, die noch nicht gefestigten

Schädel ihrer eigenen Kinder in die Länge zu quetschen. Wenn es wirklich ein Schönheitsideal war, was sollten diese deformierten Köpfe dann darstellen, oder besser gefragt, *wen* sollten sie eigentlich imitieren? Eine natürliche Schädelform in dieser oder einer ähnlichen Art kommt auf unserem Planeten nicht vor. Doch der Mensch ahmte schon von jeher mit Hingabe alles nach – und es wäre nicht verwunderlich, wenn er nicht auch versucht hätte, das Aussehen seiner »Götter« nachzuahmen. Dann hätten die prägnant veränderten Köpfe keinen anderen Sinn gehabt, als aus typisch menschlicher Eitelkeit das Aussehen der außerirdischen Besucher zu kopieren. Sei es, um diese zu verehren, oder durch die offensichtliche Ähnlichkeit mit den »Göttern« Macht über die Menschen zu erringen. Der Anfang so mancher Religion...

## Der »unmögliche« Schädel

Unter den Tausenden von Schädeln im Lagerraum des Museums von San Pedro fiel mir ein Exemplar ganz besonders auf. Es war jedoch nicht deformiert – ein ganz und gar anderer Umstand ließ mich hier stutzig werden.

Im Normalfall besteht der menschliche Schädel aus mehreren einzelnen Platten, die endgültig erst mit dem Abschluß der Pubertät fest zusammenwachsen. Und das ist ganz sinnvoll so: Der Schädel des Menschen *muß* bei der Geburt »weich« sein, während der Passage durch den engen Geburtskanal nachgeben können. Aus diesem Grund müssen die einzelnen Knochensegmente gegeneinander verschiebbar sein.

Diese überlebenswichtige Einrichtung ist ganz problemlos

an einem skelettierten Schädel – für empfindsamere Gemüter auch an einer Nachbildung für den Schulgebrauch – erkennbar: Deutlich ziehen sich ausgezackte, mäandrierende Linien durch die Knochen. Sie lassen die einzelnen Teile wie Stirnbein, Keil- und Schläfenbein, Scheitel- und Hinterhauptsbein, um hier nur die wichtigsten zu nennen, unterscheiden.[98, 99]

Bei einem der Schädel aus dem Arsenal des Museo Arquéologico R. P. Gustave LePaige sucht man jedoch vergeblich nach diesen charakteristischen Linien. Dort zieht sich keine Naht, wie zum Vergleich bei den links und rechts davon liegenden Schädeln erkennbar ist (s. Bildteil).

Der gesamte Schädel besteht hier aus einem Stück – abgesehen natürlich vom beweglichen Kiefer – was wiederum physiologisch vollkommen unmöglich ist. Der unbekannte Träger des ominösen Hauptes hätte normalerweise nie das Erwachsenenalter erreicht. Aus welchem Grund, kann jeder Arzt lapidar erklären: Der Schädel wäre bereits während des Geburtsvorganges wie ein rohes Ei zerquetscht worden!

Was könnte uns dieser stumme Zeuge einer phantastischen Vergangenheit alles´ erzählen? Von zahllosen ungeheuerlichen Experimenten, durchgeführt von unseren aus dem Weltall gekommenen Astronautengöttern? Sicher erscheint, daß das Vermächtnis des belgischen Missionspaters noch das eine oder andere sinistre Geheimnis verbirgt.

Wir sollten öfter über die Worte nachdenken, die der archäologiebegeisterte Padre einer Phänomenen gegenüber immer aufgeschlosseneren Nachwelt hinterlassen hat:

»Man würde es mir nicht glauben, wenn ich es erzählen würde, was ich sonst noch in den Gräbern gefunden habe. Ich will darüber nicht sprechen, um die Welt nicht zu beunruhigen.«

197

Damals war die Zeit wohl noch nicht reif für derlei Enthüllungen. Doch langsam wird es fünf vor zwölf, daß diese Menschheit mehr über gewisse Funde erfährt, die die Erde aus ihrer und unserer geheimnisvollen Vergangenheit preisgibt.

Die Wahrheit liegt irgendwo da draußen!

# 9  Wenn Götter Gott spielen:
## *Wann startete das »Experiment Erde«?*

Vor Zeiten kamen hochentwickelte Wesen von fernen Planeten auf unsere Erde und trieben hier unglaubliche Dinge. Mit dem vorhandenen biologischen »Material«, sprich: den verschiedenen hier existierenden Lebensformen, experimentierten jene Fremden und schufen durch kompromißlose Anwendung ihrer Gentechnologie den heutigen Menschen. Es müssen eigentlich nicht einmal stets dieselben gewesen sein, Raumfahrer einer *einzigen* außerirdischen Zivilisation. Vielleicht statteten schon Vertreter der verschiedensten kosmischen Kulturen unserer Welt ihre Besuche ab. Begannen ein Experiment, brachen es irgendwann wieder ab. Andere folgten, machten an anderer Stelle weiter, oder fingen wieder ganz von vorne an. Denkbar ist alles, unmöglich erscheint nichts – und spekulieren sollte erlaubt sein.

Für das »Produkt« dieser Versuche, das damals noch kaum intelligenter war als jene (irdischen) Geschöpfe, die zur »Züchtung« des *Homo sapiens* herangezogen wurden, konnten jene fremden Raumfahrer nichts anderes denn übernatürliche Wesen sein. Die vermochten Dinge zu tun, zu denen der Mensch nicht imstande war, von denen er nicht einmal träumen konnte. Folgerichtig mußten es – *Götter* sein!

Aus diesen Konfrontationen mit Außerirdischen, aus der Verehrung, die ihnen durch die Menschen zuteil wurde, entstanden auf der ganzen Welt die Religionen.

Was der Mensch daraus gemacht hat, ist eine beispiellose Serie von blindem Fanatismus, roher Gewalt und daraus resultierendem grenzenlosen Leid.

Diese nicht unumstrittene Theorie, wie es zur Genese und Intelligentwerdung der auf diesem Planeten vorherrschenden Spezies gekommen sein könnte, versucht seit nunmehr fast 30 Jahren die Denkrichtung der *Präastronautik* (auch: »Paläo-SETI«) mit immer neuen Indizien zu untermauern. Anfänglich als »hirnrissiger Unsinn« oder »bar jeglicher wissenschaftlicher Akzeptanz« gebrandmarkt, wird diese Möglichkeit auch in Kreisen von nüchternen Forschern mit jeder bahnbrechenden Innovation stärker ins Kalkül gezogen. Insbesondere dann, wenn diese auf zukunftsträchtigen Gebieten wie der Flugtechnik, der Raumfahrt oder gar der Gentechnologie erreicht wurde. Das erscheint einleuchtend: Was gestern noch wie Science-fiction klang und heute bereits von uns realisiert wird, kann ohne weiteres bereits vor undenklichen Zeiten von aus dem Kosmos gekommenen Vertretern einer uns überlegenen Zivilisation beherrscht worden sein.

Die Astrophysiker schätzen heute das Alter unseres Universums auf wenigstens 10 bis 20 Milliarden Jahre. Das ist eine unvorstellbar lange Zeit, noch ein Mehrfaches jener drei bis vier Milliarden Jahre, die unser vergleichsweise »junges« Sonnensystem erst hinter sich hat.


»Startschuß«

Der Gedanke ist also nur zu logisch, daß sich in den unendlichen Weiten des Weltalls Zivilisationen entwickeln konnten, die sich von der unseren vielleicht so weit unterscheiden, wie der Mensch von einer Ameise. Und dies noch lange, bevor die Atome zusammenfanden, die einmal unser Sonnensystem bilden würden. Gesellschaften, die möglicherweise schon zu interstellarer Raumfahrt fähig waren, als unsere Vorfahren noch lustvoll auf den Bäumen herumturnten. Oder bereits viel, viel früher…

Wann könnte der erste Eingriff fremder Intelligenzen in die biologischen Abläufe auf diesem dritten Planeten eines kleinen solaren Systems in einem Seitenarm unserer Galaxis stattgefunden haben?

Als die ersten Urmenschen, wie man sie immer noch gern klischeehaft darzustellen beliebt, grunzend und keulenschwingend durch die Savannen der Tertiärzeit zogen?

Vielleicht etwas früher, als sich ein von den Biologen als »Primaten« bezeichneter Stamm der Säugetiere für das Leben auf den Bäumen spezialisierte?

Oder schon gegen Ende der Kreidezeit, vor etwa 60 Millionen Jahren, als das Geschlecht der riesenhaften Saurier ausstarb und endlich eine ökologische Nische für die Entwicklung der von der Natur bis dahin eher stiefmütterlich behandelten Säugetiere frei wurde?

Am Ende gar noch in viel weiter zurückreichenden Zeiten, in denen so etwas wie *Leben* in unserem landläufigen Sinne auf der Erde noch nicht existierte?

Läuft auf diesem Planeten vielleicht seit undenklichen Zeiten ein Experiment ab, dessen Urheber letztendlich uns geschaffen haben? Es ist nicht leicht – und dessen bin ich mir durchaus bewußt – glaubwürdige Hinweise für Eingriffe außerirdischer Wesen bereits in erdgeschichtlicher Zeit zu finden. Solche Indizien sind noch ungleich schwerer zu verifizieren als beispielsweise Hinweise auf die Präsenz der Fremden in Epochen, aus denen uns wenigstens Informationen in Form von Mythen oder archäologischen Relikten

vorliegen. Hunderttausende von Jahren in einer weit zurückliegenden Periode der Erdgeschichte: Alles, was davon
übrigblieb, sind Sedimentschichten von bestenfalls ein paar
Millimeter oder Zentimeter Dicke, zusammengepreßt in
Ewigkeiten von Millionen von Jahren. Vom Menschen, dem
in diesem Ozean der Zeit nur eine winzige Spanne an Lebenserwartung beschieden ist, sind diese Zeiträume nicht
annähernd zu erfassen.

Wo soll man beginnen mit der Suche nach Hinweisen auf
die Anwesenheit außerirdischer Besucher in der langen Geschichte unseres Heimatplaneten? Macht ein solches Unter-
fangen überhaupt Sinn? Die meisten Zeitgenossen werden
müde abwinken, am Erfolg selbst tiefschürfender Recherchen zweifeln.

Und doch stößt man auf ein paar Tatsachen, die auf unerhörte Ereignisse schließen lassen.


## Atomreaktoren vor 1,7 Milliarden Jahren

Oklo, im zentralafrikanischen Staat Gabun. In einer Uranmine, deren Entstehungszeit in die *präkambrische* Epoche
(vor etwa 2 Milliarden bis 600 Millionen Jahre v. u. Z.) datiert wird, machten französische Wissenschaftler im Jahre
1972 eine völlig unglaubliche Entdeckung. Die Proben des
dort abgebauten Erzes wiesen nämlich einen dramatisch
niedrigen Anteil an $U^{235}$ auf. Für gewöhnlich enthält Uran-
erz etwa 0,72 Prozent dieses Isotopes $U^{235}$. Die Vorkommen aus dem gabunesischen Oklo enthalten jedoch weit
weniger hiervon!

Zur Erklärung: $U^{235}$ ist das radioaktive Isotop, das sich in
einer Kernreaktion spaltet. Statt dessen wurden in der Mine

bedeutende Mengen an Spaltungsprodukten gefunden, so auch das hochradioaktive Plutonium. Dieses gefürchtete Element zählt zu den sogenannten *Transuranen* (Atomgewicht 242) und ist erst 1945 durch Neutronenbeschuß künstlich hergestellt worden. Plutonium ist heute von großer militärischer Bedeutung, da es als eigentlicher Kernbrennstoff den Ausgangsstoff für Atombomben stellt. Allen radioaktiven Isotopen gemeinsam ist, daß diese oft unglaublich lange strahlen, bis sie zerfallen. Aus diesem Grund sah sich die Regierung der Vereinigten Staaten gezwungen, Südseeinseln, auf denen sie nukleare Testsprengsätze zum Detonieren gebracht hat, für die Zeit von sage und schreibe *24000 Jahren* für jeglichen Zutritt zu sperren. Ich wage zu bezweifeln, ob es dann die Vereinigten Staaten von Nordamerika überhaupt noch gibt.

Doch zurück ins zentralafrikanische Oklo-Gebiet. Die Konsequenzen, die sich aus den oben genannten Erkenntnissen ergeben können, sind schlichtweg ungeheuerlich. Die französischen Wissenschaftler unter der Leitung von Dr. F. Perrin, dem ehemaligen Vorsitzenden des *Commissariat à l'Energie Atomique* (CEA), kamen zu dem schockierenden Schluß: »Als einzig mögliche Erklärung scheint sich in diesem Fall … anzubieten, daß sich hier vor Tausenden von Millionen Jahren eine spontane Kernreaktion ereignete.« Die plausibelste Schätzung, was das Alter dieses Reaktors betrifft, beträgt 1,78 *Milliarden* Jahre und basiert auf der Bestimmung der Verhältnisse von Uran und Blei sowie von Strontium und Rubidium im umliegenden Terrain. Das Ergebnis stimmt jedoch auch mit einer Schätzung überein, die auf der Ermittlung des totalen Urangehaltes des Erzes und der Verhältnisse von $U^{238}$ und $U^{235}$ beruht.[100] Was hatte sich dort in unfaßbar weit zurückliegenden Zeiten abgespielt?

Die mit dem Phänomen befaßten Forscher spekulierten, daß urzeitliche Flüsse das Uran aus dem Erz ausgewaschen und angereichert hatten. So lange, bis mit der Zeit die »kritische Menge« erreicht war und es zu einer »natürlichen« Kettenreaktion kommen mußte. Tatsächlich war das Oklo-Gebiet in präkambrischer Zeit auch ein Flußdelta.

Zu einer nuklearen Kettenreaktion kommt es, wenn Neutronen, die durch den Zerfall von Uran entstehen, andere Uranatome bombardieren und dabei noch mehr Neutronen produzieren. Dazu müssen genau festgelegte Bedingungen erfüllt sein: Die Urankonzentration muß sehr hoch sein. Ein »Moderator« und ein Kühler müssen zur Verfügung stehen, und auch die Umgebung der Anordnung muß relativ frei von Neutronen absorbierenden Substanzen sein, da diese einer Kettenreaktion entgegenwirken. Sind dagegen zu wenige dieser Moderatoren vorhanden, so kommt es zu einer plötzlichen atomaren Explosion. Es kommt also peinlich genau an auf das richtige Verhältnis der benötigten Substanzen!

Trotzdem glauben die meisten der Wissenschaftler, es handle sich in Oklo um ein – wenn auch unglaublich seltenes – Naturphänomen, um einen »zufällig« entstandenen Atomreaktor aus der Frühzeit unserer Erde.

## Zufall unwahrscheinlich

Aber die Sache hat ein paar gewaltige Haken! Abgesehen von einer statistisch geradezu verschwindend geringen Wahrscheinlichkeit, daß ein Vorgang, der in modernen Atomkraftwerken einen immens hohen Einsatz an Technologie und Überwachung benötigt, so einfach aus purem Zufall entsteht: Untrügliche Spuren einer gebremsten Kernschmelze in präkambrischer Zeit wurden im Gebiet von Oklo mittlerweile an *elf* Stellen gefunden! Und eine weitere Erkenntnis versetzt der Hypothese von der »natürlichen« Entstehung des Oklo-Reaktors geradezu den Todesstoß. Denn die Druckverhältnisse, welche zum Start einer gesteuert ablaufenden Kettenreaktion notwendig gewesen wären, sind erst in einer Tiefe von *mindestens 11000 Metern* gegeben! Das paßt nun endgültig nicht mehr zu der Annahme, das spaltfähige Uran wäre durch fließendes Wasser ausgespült und angereichert worden.[101]

Last but not least legt noch die folgende Tatsache die Vermutung nahe, daß vor 1,7 Milliarden Jahren in Oklo *keine natürlich entstandenen* Kernreaktoren am Werk gewesen sein können: Uranproben wiesen vier Spurenelemente auf, deren Isotop-Anteile bisher nur bei von Menschenhand hergestellten Reaktoren beobachtet werden konnten. Das waren die Elemente Neodym, Samarium, Europium und Cerium.

Man kann die unbestreitbaren Tatsachen drehen und wenden, wie man will. Wenn es aller Wahrscheinlichkeit aber doch kein Zufall war, auf den die Kernreaktoren von Oklo zurückzuführen sind, dann erhebt sich die Frage: Wer war vor über einer Milliarde Jahren auf unserem Planeten technisch in der Lage, kontrollierte Kettenreaktionen ablaufen zu lassen, wie sie in modernen Druckwasserreaktoren gang und gäbe sind? Für welchen Bedarf? Das »Uralt-AKW« Oklo, so wurde festgestellt, hatte einen Energieausstoß, gegen den unsere heutigen Kernkraftwerke halbleeren Taschenlampenbatterien gleichen!

Es erscheint ungeheuerlich, an dieser Stelle noch weiterzuspekulieren, aber wir können, wir dürfen dieser Frage nicht länger ausweichen: Waren es außerirdische Besucher, die in den Anfängen unseres blauen Planeten einen Atommeiler installiert hatten? Diese über alle Maßen mysteriöse Angelegenheit ist in meinen Augen ein recht gutes Indiz für die wahrscheinlichen Manipulationen fremder Intelligenzen bereits in so frühen Zeiten, als die Entwicklung einer den Planeten dominierenden Spezies noch gar nicht abzusehen war. Da auch die Ökosphäre dieser Erde erst am Anfang ihrer Existenz stand.

Und als dann die ersten Lebensformen begannen, unsere noch junge Welt zu erobern, ergaben sich weitere vielfältige Möglichkeiten, das »Experiment Erde« voranzutreiben.


## Austauschaktion

Ein Wissenschaftler, der die Problematik um gezielte Evolutionsmanipulationen sehr gut beurteilen kann, ist der deutsche Geologe Dr. Johannes Fiebag. Er hat gute Gründe zu der Annahme, in den Fossilien einer präkambrischen Gesteinsformation Anzeichen dafür gefunden zu haben, daß ein ganz frühes Experiment außerirdischer Intelligenzen damals abgebrochen wurde. Sämtliche bis zu jenem Zeitpunkt im »Großlabor Erde« entwickelten Organismen wurden durch neue Lebensformen ersetzt.

Vor knapp 600 Millionen Jahren, am Übergang der Erdfrühzeit zum Kambrium, der ältesten Formation des *Paläozoikum* (Erdaltertum), ereignete sich etwas absolut Rätselhaftes. Bis zu diesem Abschnitt hatten in den Urmeeren nur ein- oder mehrzellige Lebewesen existiert, deren höchstentwickelte Formen bestenfalls mit den heutigen Quallen (Medusen) zu vergleichen sind. Jedoch zu Beginn des Kambriums verschwand diese als »Ediacara-Fauna« bezeichnete Lebensform buchstäblich auf einen Schlag. Genauso unvermittelt waren dann – mit Ausnahme der Wirbeltiere, welche erst im Silur auftraten – alle bedeutenden Tierstämme auf dem Schauplatz des Lebens vertreten. Gerade so, als ob sie aus dem Nichts aufgetaucht wären!

Die Paläontologen sind zugegebenermaßen ratlos, wie es denn zu dieser plötzlichen »Lebensexplosion« gekommen sein mag. Bis auf den heutigen Tag konnten noch keine Spuren gefunden werden, durch welche eine Entwicklung zu erkennen wäre. Trotzdem wimmelte es zu Beginn des Kambrium-Zeitalters in den irdischen Urmeeren nur so von Schwämmen, Hohltieren, Korallen, Weichtieren, Gliederfüßlern und vielem mehr.

Woher kamen diese zumeist mit einem Skelett ausgestatteten Tierstämme so plötzlich, wie aus heiterem Himmel gewissermaßen? Was mag da geschehen sein, am Übergang des *Eozoikums* (Erdfrühzeit) zu der erdgeschichtlich erfaßten Zeit, ab deren Beginn sich die Lebensformen unsere Erde erobert haben?

Bis zu jenem abrupten Faunenschnitt hatte die besagte Ediacara-Fauna in den irdischen Urmeeren existiert. Darunter versteht man eine Tierwelt, deren Fossilien erstmals in 680 Millionen Jahre altem Quarzsandstein in Australien, später auch in England, Südafrika, Neufundland und Sibirien entdeckt wurden. Über einen Zeitraum von an die 100 Millionen Jahren hielt sich diese Fauna erstaunlich stabil: evolutionäre Schritte konnten nicht festgestellt werden.

Lange Zeit galten die Ediacara-Organismen als Vorläufer aller später aufgetretenen Tierstämme. Doch gerade diese Schlußfolgerung erscheint in höchstem Maße unwahrscheinlich, hatten die vorkambrischen Lebewesen doch einen gänzlich anderen Körperbauplan als die nachfolgen-

den Tiere. Und weil sie völlig anders funktionierten, können sie *nicht* die Vorfahren der späteren Vielzeller gewesen sein.
Was waren sie dann?


## Ein schiefgelaufenes Experiment?

Der Tübinger Professor für Paläontologie (Erdgeschichtsforschung) und Spezialist für frühe Lebensformen, Adolf Seilacher, nennt denn diese immerhin 100 Millionen Jahre existierenden Lebewesen wörtlich »ein Experiment der Evolution, das schiefgegangen ist«.
Professor Seilacher könnte mit diesem Statement – wohl eher unfreiwillig – geradezu ins Schwarze getroffen haben, denn er stellt weiter fest: »Das Konstruktionsprinzip dieser Ediacara-Wesen ist so wenig vergleichbar mit den Bauprinzipien sämtlicher späterer und heutigen Vielzeller, daß sie eigentlich eher die Lebensform darstellen könnten, die wir immer auf irgendwelchen Planeten im All vermuten.«[102]
Man muß dieses Statement wirklich zweimal lesen und es sich geradezu auf der Zunge zergehen lassen, denn daraus sollten sich zwei erregende Konsequenzen ergeben:
1. Die Ediacara-Fauna stellt die *eigentliche* ursprünglich irdische Lebensform dar, wie sie im Präkambrium aufkam. Ihre Entwicklung endete jedoch in einer Sackgasse, und so wurde diese Fauna künstlich durch das gezielte Einsetzen neuer Tierstämme beendet.
2. Die Ediacara-Fauna war ein frühes Experiment außerirdischer Intelligenzen auf der Erde, das nicht zum gewünschten Erfolg geführt hatte und daher nach 100 Millionen Jahren unserer Zeitrechnung durch ein neues und positiver verlau-

25 Hinweis für den Wartungstrupp? Wie ein modernes Piktogramm macht dieser Pfeil auf eine Apparatur aufmerksam, die einst in dem Block eingebettet lag.

25

26 Bei diesem Bauelement verdoppelte sich die Kompaßabweichung von einer Vertiefung zur jeweils nächsten! Natürlicher Magnetismus scheidet hier eindeutig aus!

27 Absolut rätselhaft: Der Träger des Schädels in der Mitte hätte normalerweise seine Geburt nicht überlebt. Denn der Schädel besteht aus einem Stück, wäre also regelrecht zerquetscht worden!

26

27

28 *Der »Astronaut von San Pedro«: obwohl nicht ver-*
*steinert, wie ursprünglich angenommen, bleibt er doch fas-*
*zinierend. Die fremdartigen Züge im Bereich der Ohren*
*erinnern an Kopfhörer, die in einen Pilotenhelm integriert*
*sind. Ich war tatsächlich »gut drauf«, als mir erlaubt wur-*
*de, jenes mysteriöse Figürchen aus der Vitrine zu nehmen*
*und zu untersuchen.*

29 *Das Vorhandensein von in der Natur nicht vorkom-*
*menden Spaltprodukten in der Uranmine Oklo in Gabun*
*führt unweigerlich zu einer schockierenden Schlußfolge-*
*rung: Wer betrieb dort vor 1,78 Milliarden Jahren elf lei-*
*stungsfähige Druckwasser-Reaktorblöcke? Energie für den*
*Auftakt zum »Experiment Erde« ...*

28

29

30 Die andere Möglichkeit: Nach Ansicht einiger Paläontologen würde die dominierende Spezies auf unserem Planeten heute so aussehen, hätte sich das Sauriergeschlecht weiterentwickeln können. Der Stenonychosaurus besaß bereits ein relativ hochentwickeltes Gehirn. Warum starben die Dinosaurier am Ende der Kreidezeit aus? Oder führte deren Evolution nicht in eine Sackgasse? Die Ähnlichkeit mit Entitäten heutiger UFO-Begegnungen ist jedenfalls höchst verblüffend!

31 Er leitete einen Wandel im Denken unserer Zeit ein: Erich von Däniken, hier zusammen mit Hartwig Hausdorf vor der Mondpyramide von Teotihuacan (Mexiko). Es ist höchste Zeit für ein Weltbild, in dem Platz ist auch für die Vorbereitung auf den neuerlichen Kontakt mit außerirdischen Intelligenzen.

30

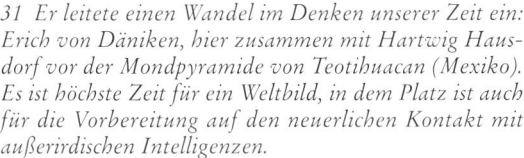

31

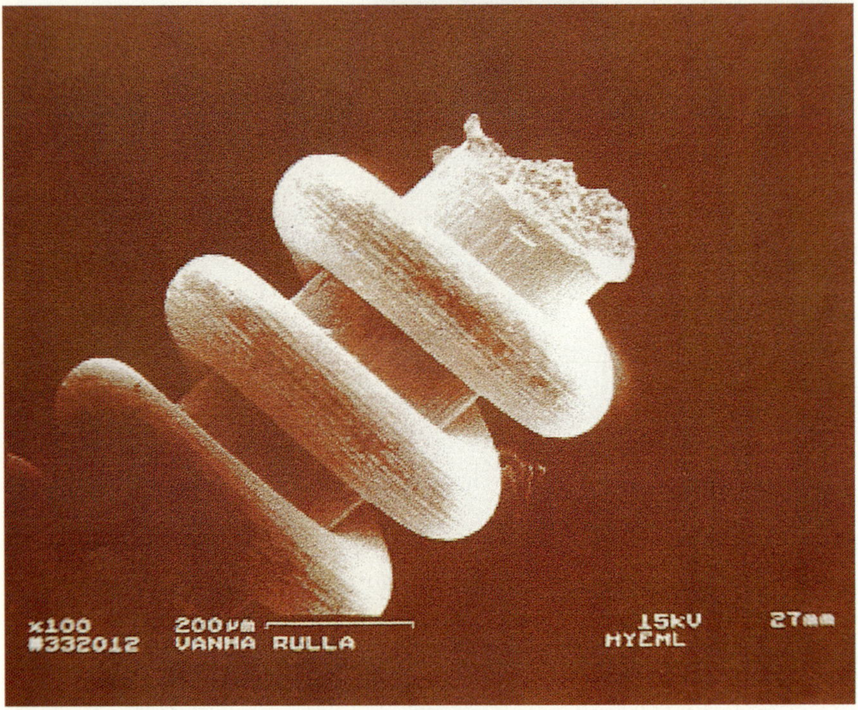

32 Einige Beispiele der zum Teil mikroskopisch kleinen, meist spiralförmigen Gegenstände, die vor kurzem am Ostrand des Ural-Gebirges in Rußland gefunden wurden.

33 Bei 100facher Vergrößerung wird das Geheimnis noch unglaublicher: Der Meßstrich unter diesem Objekt zeigt eine Strecke von nur 0,2 Millimetern im Original! High-Tech vor 300 000 Jahren – aber zu welchem Zweck?

fendes ersetzt wurde. Jenes neue Experiment läutete die Epoche des *Kambriums* ein, in welcher das Leben auf unserem Planeten geradezu »explodierte«.[103]

Jeder dieser beiden möglichen Fälle beinhaltet einen dramatischen Eingriff: Eine ganze – heute würde man es so nennen – »Software« wurde einfach ausgetauscht. Unseren heutigen Genforschern, die einige Gene auszutauschen versuchen, haftet der unselige Verdacht an, »Gott spielen« zu wollen. Um wieviel mehr gerechtfertigt wäre dieser Vorwurf dann bei jenen außerirdischen Intelligenzen, von deren Möglichkeiten wir vielleicht nicht erst zu träumen versuchen sollten!

An dieser Stelle erhebt sich unweigerlich die Frage, ob es denn überhaupt im Bereich des Denkbaren liegt, daß eine – wenn auch beispiellos fortgeschrittene – Superzivilisation in der Lage ist, über derart lange Zeitspannen hinweg ihre Experimente voranzutreiben. Aber erinnern wir uns an die eingangs getroffene Feststellung: Bei einem geschätzten Alter unseres Universums von bis zu 20 Milliarden Jahren ist die Sonne ein Stern erst der dritten Generation. Kulturen, die auf älteren Systemen entstanden sind, hatten im besten Fall ein paar *Milliarden* Jahre zur Verfügung, um sich weiterzuentwickeln. Die menschliche Vorstellungskraft reicht bei weitem nicht aus, um sich die buchstäblich unbegrenzten Möglichkeiten solcher Hyperzivilisationen zu vergegenwärtigen.

Möglicherweise hatten sie sich die Auswirkungen der *Zeitdilatation* zunutze gemacht, und so kamen sie alle 100 Millionen Jahre einmal vorbei. Und wahrscheinlich waren sie nicht permanent am Werk, wenn sie die Entwicklungsgeschichte dieses Planeten nach ihren Vorstellungen gesteuert haben. Dr. Fiebag vermutet maximal zehn dieser regulierenden Eingriffe im Verlauf unserer ganzen Erdgeschichte.[103]

Das ist eine sehr vorsichtige Schätzung, mit der man Fiebag sicher nicht den Vorwurf übersteigerter Phantasie machen kann. Denn bereits 1963 stellte der amerikanische Astronom Professor Carl Sagan emotionslos fest: »Wenn es ungefähr eine Million bewohnter Welten in der Galaxis gibt, die derartige Errungenschaften aufzuweisen haben, werden sie sich ungefähr einmal in tausend Jahren untereinander besuchen. Daraus folgt, daß in der Vergangenheit sicherlich schon mehrmals Kundschafterschiffe unsere Erde erreicht haben – vielleicht 10 000mal während der gesamten Erdgeschichte.«[104]

Für meine hier angestellten Untersuchungen ist es nicht von primärer Bedeutung, ob es letztlich nur zehn oder sogar 10 000 Besuche der Präastronauten in erdgeschichtlicher Zeit waren – die Realität dürfte wohl wie immer irgendwo in der Mitte liegen. Ich will in diesem Zusammenhang vielmehr versuchen, nach weiteren Indizien für eine *von außen* gesteuerte Evolution auf unserem Planeten Ausschau zu halten. Gibt es – ähnlich dem ungeklärten Rätsel um das plötzliche Verschwinden der Ediacara-Fauna – weitere »Unregelmäßigkeiten« in der Entwicklungsgeschichte der irdischen Lebensformen?

## »Kurzschluß«!

Eine noch immer weitverbreitete und biologisch außergewöhnlich erfolgreiche Klasse von Lebewesen hätte auf einer buchstäblich schnurgeraden Entwicklungslinie ganz »nach oben« gelangen können, wäre ihnen nicht von anderen Lebensformen diese Vorherrschaft auf der Erde streitig gemacht worden. Die Rede ist von der unglaublich artenreichen Klasse der Insekten, die rund zwei Drittel der gesamten Tierwelt ausmachen. Die Zoologen kennen rund 800 000 Arten!

An der Schwelle des Devon zur Karbonzeit, vor über 350 Millionen Jahren, bevölkerten sie die Steinkohlenwälder. Darunter befanden sich Libellenarten mit einer Spannweite von 80 Zentimetern und mehr. Sie waren bereits da, als von den gewaltigen Dinosauriern noch weit und breit nichts zu sehen war. Diese erschienen erst in der Triasperiode, der ältesten Formation des Erdmittelalters (Mesozoikum, siehe auch die nachstehende Zeittafel der Erdgeschichte) vor etwas über 200 Millionen Jahren. Die Insekten aber hatten ungleich mehr Zeit als alle anderen Lebensformen der Erde, um sich weiterzuentwickeln.

In der Geschichte des Lebens auf diesem Planeten zählen die Insekten zu den erfolgreichsten und anpassungsfähigsten Organismen. Nur einen Ansatzpunkt, wie weit sie es tatsächlich hätten bringen können, bietet die Betrachtung einiger ihrer noch heute bemerkenswerten Leistungen.

In den Insektengesellschaften existieren so hochentwickelte Merkmale wie Arbeitsteilung und soziale Hierarchie. Das allerbeste Beispiel hierfür bieten ein Bienenstock oder ein Ameisenhaufen. Daneben betätigen sich Ameisen regelrecht als »Farmer«, indem sie Blattläuse wie Kühe halten. Sie veranlassen diese, Blatthonig abzusondern, von dem sie sich dann selbst ernähren. Und nicht nur das. Manche Ameisenarten bauen sogar aus papierähnlichem Material richtige »Schutzhülsen« um die Pflanzenstengel, auf denen »ihre« Blattläuse grasen. Sie tragen die Läuse von Pflanze zu Pflanze und schützen sogar deren Nachkommenschaft während der Wintermonate, indem sie deren Eier in ihre eigenen unterirdischen Brutkammern mitnehmen. Bei solchen Verhaltensweisen kommt man nicht daran vorbei, In-

| | | | | |
|---|---|---|---|---|
| **Känozoikum (Erdneuzeit)** | Quartär | 2 | Mensch | Wiederholte Gen-Manipulationen. Ziel: *Homo sapiens* |
| | Tertiär | 60 | Prähominiden | |
| **Mesozoikum (Erdmittelalter)** | Kreide | 140 | Aussterben der Saurier | Genetische Experimente. Ziel: Säugetiere |
| | Jura | 200 | Blütezeit der Saurier | |
| | Trias | 240 | Erste primitive Säuger | |
| **Paläozoikum oder Erdaltertum** | Perm | 290 | Entfaltung der Reptilien | »Kurzschluß« in der Entwicklung der Insekten |
| | Karbon | 380 | Steinkohlenwälder | |
| | Devon | 420 | Erste Insekten | |
| | Silur | 520 | Erste Wirbeltiere | |
| | Kambrium | 600 | Leben nur im Meer | |
| **Eozoikum oder Erdfrühzeit** | Präkambrium | | Ediacara-Fauna | Austausch einer Fauna |
| | | | | Oklo-Reaktor im heutigen Gabun |
| | Entsteh. der Erde | 4000 | | |

*Abb. 10   Erdgeschichtliche Zeittafel. Die Zahlen entsprechen Jahrmillionen. In der mittleren Spalte die Stationen der Entstehung des Lebens auf unserem Planeten, ganz rechts mögliche außerirdische Eingriffe zur Steuerung des »Experiments Erde«.*

telligenz in einer sehr hoch ausgeprägten Form vorauszusetzen.

Und die hochentwickelten sozialen Strukturen in den Bauten der Bienen, Wespen, Termiten und Ameisen lassen durchaus erste Ansätze zu noch weitaus komplexeren Gesellschaften erkennen, die diese intelligenten Geschöpfe in ihrer Entwicklung hätten vervollkommnen können.[105] Vielleicht ist dies auf irgendwelchen fernen Welten auch bereits geschehen. Doch auf unserer Erde muß es in der Evolution der Insekten irgendwann einmal so etwas wie einen »Kurzschluß« gegeben haben, der die Entwicklung zu einem plötzlichen Stillstand gebracht hat. Und das war ein Glück für uns: Sonst wären möglicherweise sie die vorherrschende Spezies auf diesem Planeten, die sich technisch entwickelt hat.

War es aber tatsächlich nur »Glück«, »Zufall« – oder was sonst? Etwa ein weiterer Eingriff »von außen«, Teil der Strategie einer überlegenen Zivilisation, die seit Millionen Jahren ein gigantisches Experiment auf diesem Planeten durchzieht? In der Tat sollte dieser »Kurzschluß« zu denken geben. Und uns zu dem nächsten bemerkenswerten Vorfall in der Erdgeschichte führen, bei dem eine bis dahin dominierende Gattung von Lebewesen die Bühne des Lebens räumen mußte.

## Das große Sterben

Fast 200 Millionen Jahre beherrschten sie unseren Planeten, vom Beginn der Triasperiode das ganze Erdmittelalter hindurch, bis zum Ende der Kreidezeit vor etwa 60 Millionen Jahren: die Dinosaurier.

Nachdem in der jüngeren Karbonperiode und im Perm nur wenige Arten existierten, explodierte ihr Artenreichtum zu Beginn der Trias förmlich, und sie nahmen eine allesbeherrschende Stellung ein. Sie bevölkerten Festland und Meere, erhoben sich sogar in die Luft, und zeigten in weit über 100 Unterarten eine fast unübersehbare Vielfalt. Es gab sie in allen Größen: Unter den Landsauriern galt bis vor kurzem noch der *Brontosaurus* mit bis zu 24 Meter Länge als der gewaltigste Vertreter der Dinosaurier. Allerdings lassen im Herbst 1995 in Südamerika gemachte Funde den Schluß zu, daß man auf eine noch größere Saurierart gestoßen ist! Der gefürchtetste Vertreter jener Monster aber war der *Tyrannosaurus rex*, ein aggressiver Räuber und Fleischfresser im Gegensatz zu den anderen, meist pflanzenfressenden Arten. Die allesamt aber eines gemeinsam zu haben scheinen: Als wären sie dem Gen-Laboratorium irgendeines verrückten Forschers entsprungen...

Und plötzlich, vor geschätzten 60 Millionen Jahren, war der ganze Spuk zu Ende! Es schien, als ob auf allen Erdteilen zur selben Zeit der gleiche Virus ausgebrochen wäre, der vornehmlich die Saurier befiel. Von den Paläontologen wurden bis auf den heutigen Tag die verschiedensten Theorien aufgestellt, die das Rätsel lösen sollten. So vermutete man einen globalen Klimaumschwung, der den gigantischen Fleischbergen den Garaus machte, oder auch den abnormen Riesenwuchs selbst, der die einstigen Beherrscher des Planeten degenerieren und lebensunfähig werden ließ. Andere Forscher vermuteten, daß die ersten Säugetiere in räuberischer Manier die Eigelege der Echsen plünderten. Tatsächlich fand man in der Wüste Gobi Sauriergelege und daneben die Skelette kleiner nagetierartiger Säuger, die wohl beim Ausräubern der Nester den Tod gefunden hatten. Doch das mögen Ausnahmefälle gewesen sein, der Grund für das Aussterben der Riesensaurier waren sie sicher nicht.

Die derzeit favorisierte Version geht vom Einschlag eines gewaltigen Meteoriten aus, in dessen Folge Staubwolken die Erde verfinsterten, saurer Regen niederging, die Temperaturen in empfindlicher Weise sanken. Durch diese katastrophale Verschlechterung sei dann das Ende der Dinosaurier eingeläutet worden.

Was lange Zeit fehlte, war die mögliche Einschlagstelle jenes besagten Meteoriten. Seit 1991 aber scheint man fündig geworden zu sein. Bereits in den Jahren zuvor hatten Geologen in der Karibik mächtige Ablagerungen von Schutt und geschmolzenem Gestein in der Grenzschicht der Formationen Kreide und Tertiär gefunden. Das ließ die Annahme zu, daß der dazugehörige Krater nicht weit entfernt sein konnte. Bei der Auswertung von Satellitenaufnahmen der NASA gab es dann eine Sensation: Man war im Gebiet der mexikanischen Halbinsel Yucatan auf einen circa 200 Kilometer durchmessenden Halbkreis aus *Cenoten* (mit Wasser gefüllte Karstlöcher) gestoßen. Heute sind sich die Geologen darüber einig, daß dieser Ring den Rand jener gigantischen Einschlagsstruktur bildet, die auf den todbringenden Meteoriten zurückzuführen ist.[106]

Zufälliger Meteoriteneinschlag oder – ich gebe ja zu, daß es reichlich phantastisch klingt! – von »irgendwem« gesteuert? Wie dem auch sei: Fest steht, daß die artenreichen Riesenechsen einer neuen Gattung weichen mußten: den Säugetieren. Vielleicht »mußten« sie wirklich gehen. Denn die plötzliche und rapide Entwicklung der Säugetiere, die dann im Tertiär einsetzte, hat in Fachkreisen zu lebhaften Diskussionen geführt. Nach dem Verschwinden der Saurier hatten die Säuger schon in verhältnismäßig kurzer Zeit in den verschiedenartigsten Formen alle ökologischen Nischen besetzt, die zuvor die Reptilien innehatten. Als die große »Konkurrenz« gegangen war, okkupierten sie sofort in »explosiven Evolutionsphasen«, wie die Paläontologen sich ausdrücken, die freigewordenen Räume.[32]

»Es könnte ja sein, daß die riesigen Urviecher irgendeine Gefahr für die Erde darstellten, vielleicht weil sie alles ratzekahl gefressen hätten – Pflanzen und Tiere – und so eine vormenschliche Evolution unmöglich machten«, fragt sich Erich von Däniken nicht zu Unrecht. »Vielleicht verhinderte *jemand*, daß ein idealer Planet wie die Erde – nicht zu heiß und nicht zu kalt – dummen, riesigen Kreaturen unter die Pranken geriet, die keinerlei Voraussetzungen für Intelligenz und Werkzeugbau boten.«[107]


## »Feuer frei!« – Jagd auf die Dinos?

Bereits in den sechziger Jahren äußerten sowjetische Paläontologen eine ebenso sensationelle wie beunruhigende Vermutung. Zahlreiche Knochen von Sauriern des Erdmittelalters, die diese Wissenschaftler untersucht hatten, sind ihrer Meinung nach von Explosionsgeschossen zersplittert worden! Sie gelangten zu dieser Schlußfolgerung, weil viele der Funde Trümmerfrakturen aufwiesen, die keine andere Erklärung zuließen.[6]

Haben unsere »Götter« aus dem All regelrecht Jagd auf diese überdimensionierten Fleischberge gemacht? Auch der deutsche Paläontologe Edwin Hennig wunderte sich über die absolut chaotische Anordnung der gigantischen Reptilienknochen, als er in den Jahren 1909 bis 1911 im damaligen Tanganjika die Ausgrabungen leitete: »Die Überreste dieser Riesen, also die Beinknochen, Wirbelkörper und

Zähne waren fast ausnahmslos wirr im Einbettungsgestein verstreut. Wenn wir aber meinten, die Teile eines Tieres allmählich zusammen zu bekommen, spielte uns allzugerne ein ›Saurierkobold‹ einen Possenstreich: Drei gleiche Schenkelknochen, zwei Beckengebilde oder dergleichen ließen fast immer auf andere Exemplare der gleichen Art an einer Stelle schließen – aber sehr, sehr lange wollte sich der besonders begehrte Schädel nicht finden lassen ...«[108]

Ja, vielleicht gehen auch der »Kurzschluß« in der Evolution der Insekten sowie das große Sauriersterben auf ein und dasselbe Konto. Dann waren es notwendige Vorgänge in einem gigantischen Experiment, an dessen – vorläufigem – Ende wir Menschen der Jetztzeit stehen. Möglicherweise gäbe es ohne diese Eingriffe keine Menschen auf diesem Planeten, wäre unter Umständen irgendeine reptilische Lebensform als intelligente und den Planeten beherrschende Art hervorgegangen. Sowenig wie wir uns als »Krone der Schöpfung« ansehen dürfen, sind wir ebenso niemals der einzige Anwärter auf Ausbildung von Intelligenz unter unserer Sonne gewesen.

Als aussichtsreichster Kandidat für die hypothetische Möglichkeit eines intelligenten Reptils gilt der *Stenonychosaurus* aus der späten Kreidezeit, der bereits ein relativ großes Hirn besessen hat. Der kanadische Forscher Dale Russell hält es für wahrscheinlich, daß diese Saurierart – wäre ihr ein Überleben vergönnt gewesen – ein noch größeres Hirn und die Chance zur Entwicklung einer Zivilisation gehabt hätte.[54]

Auf jeden Fall war nun, am Übergang der Kreidezeit zum Tertiär, die notwendige ökologische Lücke geschaffen, der Weg geebnet für die Entwicklung einer Spezies aus der Klasse der Säugetiere, die genügend Aussicht auf die Ausbildung von Intelligenz versprach. In den 60 Millionen Jahren Dauer, auf die die Paläontologen das Tertiär datieren, traten nun eine Reihe affenartiger Lebewesen in Afrika und Asien auf. Aus ihnen gingen einige vormenschliche Arten hervor, die vor – hierüber gehen die Schätzungen etwas auseinander – ungefähr zwei bis drei Millionen Jahren menschenähnlicher wurden. Und erst in den vergangenen hunderttausend Jahren hat der Mensch zu seiner heutigen Gestalt gefunden.

In diesem relativ eng einzugrenzenden Zeitraum, also vor etwa drei Millionen bis 100 000 Jahren, müssen dann jene entscheidenden Gen-Manipulationen durchgeführt worden sein, die uns zu dem machten, was wir heute sind. Abgesehen wohl von einer Reihe »korrigierender« Maßnahmen in der Folgezeit. Nur den Faktor Zufall in der Evolution anzunehmen, überzeugt mich immer weniger. Denn gemessen an unendlich langen Zeiträumen, in denen sich die Evolution quasi im »Zeitlupentempo« vorwärtsbewegte, explodierte hier geradezu eine Bombe.

Diese »Bombe« hieß *Intelligenz*. Warum sie sich so plötzlich und vehement entwickelte, ist sogar für die orthodoxe Wissenschaft eines der größten Rätsel unserer Existenz schlechthin.


## Wo sich die Kritiker irren

Kritiker der Theorie von der »Beschleunigung« der Evolution durch Gen-Manipulationen der Außerirdischen argumentieren gern mit der Behauptung, die Ontogenese (Einzelentwicklung) des Menschen, die während des Heranwachsens des Embryos im Mutterleib gewissermaßen die ganze Stammesgeschichte der Wirbeltiere wiederholt, zeige keinerlei Hinweise für solche künstlich erfolgten Eingriffe.

In der Tat tragen wir alle eine 500 Millionen Jahre währende Geschichte in uns. So bildet der menschliche Embryo in seinem frühen Stadium Kiemenspalten aus, wie wir sie von den Fischen her kennen. Auch das Herz ist anfänglich ein einfacher Schlauch und erreicht seine endgültige Gestalt über Zwischenstadien, die den Ausbildungsformen bei Amphibien und Reptilien entsprechen. Die Leibeshöhle, in der alle lebenswichtigen Organe eingebettet sind, wird während der Entwicklung im Mutterleib ebenfalls komplizierter untergliedert. Der Mensch als Embryo wiederholt also gewissermaßen im Zeitraffertempo die wichtigsten Phasen »seiner« frühesten Vergangenheit.

Sollten tatsächlich keine Indizien für eine künstlich vorgenommene Mutation im Verlauf der menschlichen Evolution zu erkennen sein?

Dies wäre ein Trugschluß, ein Knick in der Logik. Denn erst mit dem Menschen, wie er seit einigen -zigtausend Jahren existiert – nach erdgeschichtlichen Maßstäben ein Klacks! –, ist die Ähnlichkeit mit unseren außerirdischen »Erzeugern« gegeben. Erst ganz zuletzt, nach vielen Millionen Jahren irdischer Entwicklung, in denen es, wie ich auf den vorangegangenen Seiten ausgeführt habe, zahlreiche Impulse »von außen« gegeben haben mag, fand der rätselhafte Sprung zum Homo sapiens statt. Darum können logischerweise im Verlauf der Ontogenese keine Hinweise auf diese künstlich vorgenommene Genmanipulation in Erscheinung treten. Das »Produkt« am Ende einer langen Reihe, sprich: der Mensch selbst, stellt diesen Hinweis dar!

Zusammen mit einer jedem Paläontologen geläufigen Tatsache: Daß seit ein paar Jahrhunderten wie verrückt nach dem von Darwin postulierten fehlenden Bindeglied (»missing link«) in der Ahnenreihe des Menschen gefahndet wird. Bislang allerdings ohne greifbaren Erfolg. Was sofort verständlich wird, wenn man die Theorie von der Beeinflussung durch außerirdische »Götter« in Betracht zieht. Dann wird aber auch schlagartig klar, daß wir jenes fieberhaft gesuchte »missing link« auf diesem Planeten nicht zu suchen brauchen.

Die in prähistorischen Zeiten zuletzt durchgeführten Genveränderungen am menschlichen Erbgut dürften dann in einer unseren Tagen bereits relativ nahen Periode realisiert worden sein.

Wahrscheinlich sind es gerade mal 10 000 Jahre, die uns hiervon trennen. Und ein noch geringerer zeitlicher Abstand könnte zwischen uns und den monströsen Versuchen liegen, die zu schreckerregenden Mischkreaturen führten. Jenen Hippokentauren, Minotauren und wie immer sie in den diversen antiken Kulturen genannt wurden. Bei ihnen hat es – wie auch bei den Dinosauriern – den Anschein, als ob sie aus der Genküche eines experimentierwütigen Wissenschaftlers entsprungen wären. Ein Versuch, der aus dem Ruder gelaufen ist.

## »Krone der Schöpfung« oder Auslaufmodell?

Womit wir bereits mitten in dem Zeitalter sind, in dem wir für unsere Theorie der außerirdischen Götterbesuche bisher die meisten Indizien zusammentragen konnten. Es ist die Zeit, als die Menschheit die ersten Gemeinschaften gründete, die kurz darauf plötzlich in Hochkulturen erblühten. Aus ihnen überdauerten schriftliche Zeugnisse die Jahrtausende, aber auch unzählige rätselhafte Hinterlassenschaften technischer Art, die mit unserem Bild von den damaligen Möglichkeiten nicht in Einklang zu bringen sind.

Darüber haben eine Reihe von Autoren viele Bücher geschrieben, und das ist auch gut so. Aber machen wir nun einen Sprung in der Zeit, in unsere Tage kurz vor der Jahrtausendwende. Eine seltsame Unruhe hat sich breitgemacht, und das nicht allein bei den vielen Religionen, die seit Beginn ihrer Existenz eine Wiederkunft der Götter in Aussicht stellen. Zahllose mehr oder weniger alte Prophezeiungen erwähnen gravierende Veränderungen, die sich um das Jahr 2000 herum auswirken sollen.[109]

Schon einmal gab es etwas Ähnliches. Gegen Ende des Jahres 999 breitete sich in Europa so etwas wie eine Massenhysterie aus. Was die Menschen auch immer taten, alles stand unter dem Eindruck des bevorstehenden Weltgerichts. Zwar hätte man von den »gerechten Christenmenschen« durchaus erwarten können, daß ihrem baldigen Einzug ins Paradies nichts entgegenstünde – allerdings war sich anscheinend keiner mehr so recht sicher, ob ihm am Tag des Jüngsten Gerichts nicht doch noch irgendeine übersehene Kleinigkeit den Strick drehen würde. So gab man sich denn die größte Mühe: Ausstehende Schulden wurden großzügig erlassen, Seitensprünge gebeichtet. Umherziehende Bettler wurden von den Wohlhabenden nicht mehr abgewiesen, sondern regelrecht gemästet, und verurteilte Missetäter aus ihren Kerkerzellen befreit. Man besann sich wieder so richtig auf die christlichen Werte, und wie das meist so üblich ist, wenn man Rückstände aufzuholen versucht, wurde alles maßlos übertrieben.

Als sich dann in der Silvesternacht zum Jahre 1000 langsam aber sicher die Erkenntnis breitmachte, daß die Welt nicht untergehen würde, der Tag des Jüngsten Gerichts also doch nicht angebrochen war, kehrte alles sehr schnell wieder zur »Normalität« zurück. *Business as usual.* Obgleich die Wochen und Monate banger Erwartung eine gute Übung in den Grundsätzen der Nächstenliebe dargestellt hatten, waren sie freilich nicht von allzu langer Dauer.[110, 111]

Wieder stehen wir an der Schwelle zu einem neuen Jahrtausend, und dieses Mal mehren sich die Stimmen noch zahlreicher, daß grundlegende Veränderungen auf die Menschheit warten. Was ist mit dem Versprechen der Götter aller Religionen, eines Tages wiederzukommen? Spielen wir den Gedanken doch mal durch: Setzten unsere kosmischen Erzeuger und Lehrmeister eine Frist, wollten sie zu einem uns bald ins Haus stehenden Zeitpunkt abchecken, inwieweit sich ihr »Produkt« – das sich ja leider immer noch in maßloser Selbstüberschätzung als »Krone der Schöpfung« versteht – in Sachen Moral, Ethik und Zivilisation weiterentwickelt hat? Steckt hinter dem bizarren UFO-Phänomen der letzten Jahrzehnte am Ende doch mehr als nur Schwindel, Einbildung, Massensuggestion oder der Planet Venus, der allen physikalischen Gesetzen spottend über den Himmel rast?

Das Erwachen muß grausam und ernüchternd gewesen sein! Zum Ende dieses 20. Jahrhunderts fanden sie eine Menschheit vor, die noch bestialischer als eh und je all ihre Technik und Energie zum gegenseitigen Umbringen nutzt. Deren technisches Potential nicht zum Wohl, sondern zur immer perfekteren Massenvernichtung eingesetzt wird. Sie finden eine Welt vor, in der die reichen Nationen tonnenweise Lebensmittel vernichten, während auf demselben Planeten in jeder Sekunde Hunderte Menschen an Hunger sterben. Der ganze Irrsinn wird von zwölf goldenen Sternen auf blauem Grund symbolisiert und von restlos verblödeten Politikern unablässig beweihräuchert. Dieselben Politiker übrigens, die tatenlos zusehen, wenn Kriege unter ehemals friedlich geeinten Völkern mit beispielloser Grausamkeit geführt werden: Das Wüten der serbischen *Tschetniks* kann man beim besten Willen nicht mehr als »tierisch« bezeichnen – es wäre eine grobe Beleidigung für die Vertreter der irdischen Fauna. Selbst bei den gefürchtetsten Raubtieren kommt derlei Barbarei nicht vor! Die Tötungsmaschinerie läuft auf Hochtouren.

Ein hoffnungsvoll gestartetes Raumfahrtprogramm, an dem sogar die »Supermächte« zusammenarbeiteten, wurde zugunsten gestiegener Rüstungsbudgets auf Sparflamme gesetzt. Sei es in Politik oder Wirtschaft, selbst im zwischenmenschlichen Bereich herrschen Lüge und Niedertracht, Korruption und Täuschung vor.

Wer vertraut noch wem?

Haben wir uns endgültig disqualifiziert, um nicht das Modewort *geoutet* zu strapazieren? Sind wir in den Augen der zurückgekehrten »Götter« noch immer Wesen, mit denen man bestenfalls experimentiert, nicht aber auf gleicher Ebene kommuniziert? C. S. Lewis, Theologe an der Universität von Oxford, faßte diesen Gedanken in Worte: »Die Götter werden erst von Angesicht zu Angesicht mit uns sprechen, wenn wir selbst ein Gesicht haben.« Sind wir reif für einen neuen Schöpfungsakt, hat die »alte« Spezies Mensch allmählich ausgedient?


## Die Außerirdischen und das Biest

Angesichts einer beängstigenden Welle von »Unheimlichen Begegnungen der vierten Art« – Entführungen von Menschen durch offenbar nicht von diesem Planeten stammenden Wesen – und dabei durchgeführten medizinisch-genetischen Experimenten fragen sich längst nicht mehr nur UFO-Forscher, ob diese Außerirdischen irgendwelche für das Überleben ihrer Art notwendigen Substanzen suchen. Langsam aber sicher bekomme ich hier einen ganz anderen Verdacht.

Sind es am Ende *wir selbst*, die ganz dringend etwas benötigen? Könnte es zutreffen, daß jene Fremden in aller Heimlichkeit, dafür um so gründlicher mit *den* Manipulationen fortfahren, denen wir unsere Existenz verdanken?

Der Mensch ist ein Wesen, wie es inkonsequenter und schizophrener wirklich nicht mehr möglich ist. Er begeistert sich für die Natur – um sie langsam, aber sicher zu zerstören. Er liebt Tiere – um sie unendlich grausam zu Tode zu quälen. Und er hängt beinahe abgöttisch an seinen Kindern – um sie zu vergewaltigen, zu schänden, zu verkaufen! Gäbe es den *Homo sapiens* nicht, so müßte man eindringlich davor warnen, ihn zu erschaffen.

Müssen unsere alten »Götter« also ihr ohne Zweifel hochgradig unvollkommenes »Produkt« Mensch nachbessern, weil mit den Jahren die gleichfalls in uns schlummernden tierischen Gene übermäßig dominant geworden sind? Unter den Abstammungsforschern macht der Begriff vom *Reptilienhirn* die Runde: Gemeint ist damit der entwicklungsgeschichtlich älteste Teil des Gehirns, der noch auf die Saurier zurückgeht und zugleich Sitz aller ererbten, aggressiven Verhaltensweisen ist. Ein unangenehmer, aber keineswegs von der Hand zu weisender Gedanke. Erleben wir es doch nicht selten bei so mancher domestizierten Gattung – tierischer oder pflanzlicher Natur –, daß diese mit der Zeit »verwildert«. Liefert uns am Ende jener momentan auf dieser Welt zu beobachtende, angsterregende Verfall elementarer Grundzüge der Zivilisation nicht ein weiteres

Indiz dafür, daß wir nur zu 50 Prozent die Gene außerirdischer Vorfahren in uns tragen?

Der Mensch hatte schon immer Angst vor dem Zorn der Götter, wenn diese eines Tages wieder aus den Weiten des Universums zurückkehren würden. Ich bin sicher, er hat derzeit auch allen Grund dazu.

Denn wir befinden uns schon mittendrin, in einem atemberaubenden Szenario, das ungleich phantastischer ist als alles, was wir bisher zu träumen wagten. *Sie* befinden sich wahrscheinlich bereits mitten unter uns, um die gesamte Menschheit durch eine beispiellose Aktion einen Schritt weiter auf der Stufenleiter der Evolution zu bringen.

Einer Evolution, die in der Tiefe des Weltalls ihren Anfang nahm und für uns schon konkret wurde, lange bevor wir selbst die Bühne des Lebens betraten.

Als das »Experiment Erde« auf dem dritten Planeten eines gerade entstandenen Sonnensystems gestartet wurde.

# 10 Umbruch:
## *Zeit für ein neues Weltbild*

Stellen Sie sich bitte einmal vor, Sie sitzen eines Morgens friedlich und nichts Böses ahnend am Frühstückstisch, schalten das Radio oder den Fernseher ein – und plötzlich wird das Programm unterbrochen. Für eine Sondermeldung, die Sie beunruhigt aufhorchen läßt.

Irgendwo im amerikanischen Mittelwesten (vielleicht auch in den endlosen Weiten Rußlands oder Ostasiens) ist ein Raumfahrzeug von eindeutig außerirdischer Herkunft gelandet. Aus unerfindlichen Gründen ließ sich der ganze Vorfall nicht mehr verheimlichen, und so sah sich die entsprechende Regierung gezwungen, die Flucht nach vorn anzutreten. Vorbehaltlose Aufklärung statt der üblichen Vertuschungstaktik – auch wenn sich das verdächtig danach anhört, was dieses Beispiel *im Moment vielleicht* noch ist: Science-fiction.

Im nächsten Moment mag Ihnen wohl Orson Welles' berühmt-berüchtigtes Hörspiel nach H. G. Wells, »Krieg der Welten« (»War of the Worlds«) einfallen, das im Jahre 1938 im Osten der Vereinigten Staaten zu einer heillosen Panik geführt hat. Beiläufig bemerkt, ein weiteres Mal anläßlich seiner Wiederausstrahlung durch einen portugiesischen Radiosender, auf den Tag genau 50 Jahre später. Dieses Mal war es das Städtchen Braga im Norden Portugals, wo sich 1988 beinahe dieselben Szenen abgespielt haben wie 1938 im Osten der USA.[112]

Sie werden womöglich noch etwas überlegen lächeln und sagen: »Das kann uns doch nicht passieren.«

Wirklich nicht?

Als nächstes werden Sie sich daran erinnern, über solch »unmögliche« Dinge schon etwas gehört oder gelesen zu haben. Aber die offiziellen Kanäle wußten dies stets geschickt herunterzuspielen, zu dementieren und ins Reich der Fabel zu verweisen. Gleichzeitig wurden diejenigen, die darüber berichteten, in eine Ecke mit Spinnern gestellt oder mitleidig als verschrobene Sonderlinge bezeichnet.

Hand aufs Herz: Ist es nicht ein prägnanter Unterschied zwischen der bloßen Möglichkeit, daß ein Ereignis eintreten *könnte*, und dem real werdenden Geschehen? Wir wiegen uns doch alle in einer gefährlich trügerischen Sicherheit, hinter der jedoch alle möglichen Unwägbarkeiten und Gefahren lauern. Nur was uns direkt und unmittelbar betrifft, macht uns auch betroffen. Vieles andere verdrängen wir der Einfachheit halber.

Und nun ist es passiert: Ihr altes Weltbild hat einen deutlichen Sprung bekommen.

Von gestern auf heute ist dann alles, was Sie bis dahin als »gesichertes« Wissen angesehen haben, was Ihnen auf der Schule beigebracht wurde und was Sie tagtäglich von den Medien eingetrichtert bekamen, keinen Pfifferling mehr wert. Nur eine Frage der Zeit, bis Ihr Weltbild endgültig zusammenstürzt.


## Eine »kulturelle Zeitbombe« tickt!

Falls Sie übrigens der Meinung sein sollten, daß sich durch eine unvorbereitete Kontaktaufnahme außerirdischer Intelligenzen mit uns »Erdlingen« sowieso nichts ändern würde, dann muß ich Ihnen *diese Illusion* jetzt rauben.

Seit undenklichen Zeiten kommen Wesen von fremden Planeten, von uns weit überlegenen Zivilisationen, auf unsere bescheidene Erde herab. Früher weit ungenierter, heute mehr im Verborgenen, treiben sie nach wie vor unerhörte Dinge. Doch käme es unerwartet und ohne jede Vorwarnung zu einer neuerlichen *offenen* Kontaktaufnahme mit jenen Intelligenzen, so wären tiefgreifende, ja geradezu revolutionäre Veränderungen in unserer Gesellschaft unvermeidlich. Eine »kulturelle Zeitbombe« tickt, die jederzeit explodieren kann!

Was wäre eigentlich, wenn UFOs, anstatt hektisch über Radarschirme zu huschen und nachts harmlose Bürger zu erschrecken, sich offen über unseren Großstädten zeigten, in den Metropolen irdischer Großmächte zur Landung ansetzten?

Ein weltweites Chaos wäre die Folge! Genauer gesagt, eine globale Autoritätskrise unabsehbaren Ausmaßes, die nicht nur Religionen und Wissenschaft, sondern alle sozialen und politischen Strukturen beträfe.[113]

Die Militärs würden verrückt spielen, wenn sie endlich gezwungen wären zuzugeben, daß unendliche Summen an Steuergeldern nutzlos in High-Tech-Waffensysteme und Überwachungselektronik verpulvert wurden. Und nun tanzen Außerirdische buchstäblich ungeniert vor ihrer Nase herum.

Die weltweit agierenden Pharmakonzerne müßten die Produktion ihrer Chemo-Bomben einstellen, da man annehmen darf, daß eine interstellare Raumfahrt betreibende Zivilisation über bessere und weitaus wirkungsvollere – gleichzeitig ungiftigere – Medikamente verfügt.

Auch die multinationalen Ölkonzerne könnten ihre Bohrungen einstellen, ihre Bohrinseln – nein, um Gottes willen *nicht* versenken! Eine fortgeschrittene Gesellschaft hätte ihre Energieprobleme längst auf saubere Art und Weise gelöst.

Selbst unser monetäres System, ausgerichtet auf größtmögliche Ungleichheit im Geber-Nehmer-Verhältnis, würde den Todesstoß erhalten. Klafft doch – um nur ein simples und alltägliches Beispiel zu nennen – eine sich permanent vergrößernde Lücke zwischen unserem Einkommen und dem, was wir umgekehrt für Leistungen aufwenden müssen. Der »kleine Mann« lebt auf Pump, und die immer beängstigendere Verschuldung selbst großer Staatssysteme brauche ich hier nicht näher zu kommentieren. Fehler im System: Da alle politischen Machtstrukturen aufs engste mit der Wirtschaft verknüpft sind, wäre auch deren Zusammenbruch nur noch eine simple Frage der Zeit.

Last but not least wären auch alle unsere großen Religionen in Frage gestellt, die nie müde wurden, den Menschen als absolute »Krone der Schöpfung« zu preisen. In dasselbe Horn stoßen auch die sich *exakt* nennenden Wissenschaften. Anders als bei den Religionen sind wir dort die Spitze der Evolution, was im Grunde genommen auf dasselbe hinausläuft: Wir sind die Größten, und wir sind die Besten. Wir betreiben eitle Nabelschau und vergessen darüber ganz, daß wir nur die Bewohner des dritten Planeten einer kleinen Sonne von mittlerer Lichtstärke in einem Spiralarm einer Galaxis von vielen im unendlichen Universum sind ...

Hoffentlich habe ich hiermit einigermaßen deutlich machen können, warum eine medienwirksame UFO-Landung auf der grünen Wiese vor dem Weißen Haus wohl erst einmal noch unterbleiben sollte. Schade eigentlich auch – wäre doch solch ein Spektakel der erklärte Wunsch einiger Erzskeptiker im Weinberg des Herrn, und die einzig denkbare Möglichkeit zu deren Wandlung »vom Saulus zum Paulus«.

Vielleicht geschehen ja bereits Zeichen und Wunder. Ende August 1996 zitierten die Zeitungen den Sprecher des Erzbistums München, Winfried *Röhmel*, anläßlich der möglichen Entdeckung von Lebensspuren in einem vom Mars stammenden Meteoriten. »Auch Außerirdische dürfen am Jüngsten Tag auf Erlösung hoffen. Falls es kosmisches Leben jenseits der Erde geben sollte, dann gehört es mit zu Gottes Schöpfung.«

Röhmel führte weiter aus, daß, wenn die Bibel von Erlösung spreche, immer der ganze Kosmos gemeint sei, nicht nur unsere Erde. Und auch die katholische Bischofskonferenz in Bonn beeilte sich zu erklären, die katholische Theologie »werde durch intergalaktisches Leben nicht tangiert«. Die Bibel spreche von Himmel und Erde und meine damit den ganzen Kosmos.[114]

Das ist starker Tobak, und es riecht verdächtig danach, daß sich langsam die Erkenntnis durchringt, daß gewisse Positionen einfach nicht länger zu halten sind.

Wie dem auch sei: Die Geschichte der Menschheit steckt voller Konfrontationen »einfacherer« Gesellschaften mit hochzivilisierten Kulturen. Und stets war – welch zuverlässiger Automatismus! – die »primitivere« Kultur auch die unterlegene. Oder, salopper ausgedrückt: Immer haben die mit den Segnungen der Zivilisation »beglückten« Menschen die Hosen angezogen. Mir ist jedenfalls kein Beispiel geläufig, wo die Eroberer dem Vorbild der »Wilden« nacheifernd ihre Hosen fallen ließen.

Ähnlich erging es dem Menschen während seiner Konfrontationen mit Außerirdischen in der Vergangenheit, ebenso wird es ihm auch bei einer neuerlichen, offenen Begegnung in nicht zu ferner Zukunft ergehen. Mit ziemlicher Sicherheit dürfte diese bevorstehende Konfrontation noch weit krasser ausfallen, denn – im Gegensatz zu vergangenen Zeiten – ist in unserem »modernen« Weltbild kein Platz mehr für die Begegnung mit einer anderen Intelligenz.

In unser aller Bewußtsein sollte sich daher schleunigst etwas ändern. Der Weg hierzu – davon bin ich mittlerweile überzeugt – ist geebnet.

## Wegbereiter einer neuen Weltsicht

Ein berühmter Zeitgenosse, der wohl den maßgeblichsten Einfluß auf den unaufhaltsamen Wandel unseres Weltbildes und auf das Denken unserer Zeit hat, ist der Schweizer Bestsellerautor *Erich von Däniken*. Exklusiv für dieses Buch hatte er aufschlußreiche Antworten zu diesem Kontext parat, als ich ihm eine Reihe von Fragen über exakt jene Veränderungen stellte, für deren Durchsetzung er mit verantwortlich zeichnet.

*Hartwig Hausdorf:* Als vor nicht ganz 30 Jahren »Erinnerungen an die Zukunft« erschien, war dies ja gewissermaßen das erste laut vernehmliche Rütteln an den Fundamenten unseres traditionellen Weltbildes. Wie war damals die Resonanz?

*Erich von Däniken:* Einige Wochen lang herrschte in den Medien helle Begeisterung. Und die Öffentlichkeit war fasziniert und gleichzeitig irgendwie geschockt. Doch dann sammelten sich die Kritiker, und es kam zum großen Entrüstungssturm. Zahlreiche Artikel und mehrere Bücher wurden *gegen* meine »Erinnerungen an die Zukunft« geschrieben. Sehr oft mit Tiefschlägen unter die Gürtellinie. Da wurden Dinge behauptet, die ich nirgendwo gesagt, nirgendwo geschrieben hatte, und auf Grund des Nicht-Geschriebenen wurde ich blendend »widerlegt«. Man stellte mich in den Regen der Lächerlichkeit und verunglimpfte mich als Scharlatan, Spinner und falschen Prophet, der sein Buch allein des Geldes wegen geschrieben und lediglich eine »Marktlücke« entdeckt habe. Ich wußte ja, daß dem nicht so war und sagte mir: »Jetzt erst recht!«

*HH:* Diese Ablehnung durch das wissenschaftliche »Establishment« scheint mir in den vergangenen Jahren doch schon ein wenig abgebröckelt zu sein. Gibt es besonders prägnante Beispiele, wie derlei Ablehnung vielleicht sogar ins Gegenteil umgeschlagen ist?

*EvD:* Die meisten Wissenschaftler sind integre Persönlichkeiten mit viel Humor und natürlich einem breiten Wissen über ihren Fachbereich. Die anderen sind die Wichtigtuer. Einige der integren Persönlichkeiten lasen schließlich »Erinnerungen an die Zukunft«, und sie fanden darin Gedankengänge, die sie aus ihrem Fachwissen heraus widerlegen wollten. Sowie sie sich jedoch ernsthaft mit der Materie auseinandersetzten, erfaßte sie plötzlich ein *Aha-Erlebnis*, und aus der geplanten Widerlegung wurde das Gegenteil. Pionier dafür ist der NASA-Chefkonstrukteur Josef Blumrich, der eigentlich meine Gedanken zum biblischen Propheten Hesekiel auseinandernehmen wollte – und überraschenderweise schließlich ein fundiertes Pro-Däniken-Buch herausgab. Dann folgten die Philosophieprofessoren Dr. Pasqual S. Schievella und Dr. Luis Navia, schließlich der Indologe Professor Dr. Kanjilal aus Kalkutta sowie der Geologe Dr. Johannes Fiebag. Sie alle schrieben Artikel und Bücher zu Gunsten eines Erich von Däniken, und mit den Jahren folgten immer mehr Wissenschaftler diesem neuen Trend.

Selbstverständlich blieben die Gegner stur bei ihren Ansichten. Kein Archäologe oder gar Theologe hat sich je für Erich von Däniken stark gemacht.

Da ich selbst alle anderthalb Jahre ein neues Buch herausbrachte, bis auf den heutigen Tag in unzähligen TV-Shows war und Tausende von Vorträgen in aller Welt hielt, bröckelte die gegnerische Front. Die integren Leute fingen an, Dänikens Gedankengut für möglich zu halten. Das Positive am Skeptiker ist ja, daß er alles für möglich hält! Es ist so gelaufen, wie erwartet: Am Anfang wird gelacht und gespottet, dann folgt eine Serie des Schweigens. Und schließlich sagt jeder: Das habe ich doch schon immer gewußt!

*HH:* Wie läßt sich heute die allgemeine Einstellung über die Präastronautik-Theorie einschätzen, die ja untrennbar mit der Persönlichkeit Erich von Däniken verbunden ist?

*EvD:* Ich selbst habe in der weltweiten Meinung dazugewonnen. Dies liegt auch an meinem Verhalten und an den Erfahrungen. Jedes Buch soll besser recherchiert und damit unangreifbarer als der Vorgänger sein. Und in keinster Weise darf ich dogmatisch oder sektiererisch auftreten. Die Theorie vom Besuch der Außerirdischen in grauer Vorzeit ist heute sehr gut begründet. Viele der von mir vorgebrachten Indizien sind schlichtweg unwiderlegbar – sofern man sich damit nur ernsthaft auseinandersetzt. Erich von Däniken ist weltweit zu einer Art »Markenprodukt« geworden. Der Name wird sofort mit Außerirdischen identifiziert. Mir ist's recht.

*HH:* Und wie urteilt *EvD* über *EvD*? Was ist – im Vergleich zu 1968 – schon alles erreicht worden?

*EvD:* Er ist besser geworden in der Argumentation, ruhiger im Streitgespräch, überzeugender in Vorträgen und öffentlichen Auftritten. Das ergibt sich aus der Erfahrung. Erreicht wurde eine weltweite Diskussion, die nicht mehr abzustoppen ist. Das Gedankengut hat Eingang in unzählige Publikationen gefunden. Wer noch immer nichts darüber weiß, schläft oder will es nicht wissen. Zudem haben wir die *An-*

*cient Astronaut Society* (AAS) gegründet, eine internationale Gemeinschaft, der jeder beitreten kann. Allein im deutschsprachigen Raum sind wir bereits über 8000 Mitglieder. Das soll mir so schnell einer nachmachen! (Genauere Informationen über die *AAS* finden Sie im Anhang dieses Buches; d. Verf.)


## »... wie Jauche an einer Marmorsäule«

*HH:* Was dürfte der Grund sein, daß einige Zeitgenossen geradezu verbohrt am ihrem alten Weltbild festhalten und zum Beispiel die mögliche Existenz außerirdischer »Götter« so kategorisch ablehnen? Man kann sich zuweilen des Eindrucks nicht erwehren, daß diese Ablehnung fast panische Züge annimmt.

*EvD:* Diese Zeitgenossen sind entweder dogmatisch verbohrt – oder sie haben schlicht und einfach »Schiß«! Es gibt ja grundsätzlich zwei Arten von Menschen: Die einen sind religiös erzogen, und denen hat man beigebracht, der *Liebe Gott* habe den Menschen erschaffen. Als »Krone der Schöpfung«. Die andere Gruppe denkt wissenschaftlich und glaubt, nach einer Millionen Jahre währenden Evolutionskette sei der Mensch die »Spitze der Evolution«. In beiden Fällen sind *wir* die Größten. Wir betreiben Nabelschau und betrachten uns als etwas Einzigartiges im gesamten Universum: So etwas wie uns gibt es nicht noch einmal! Alle so denkenden Menschen – ob religiös oder wissenschaftlich – haben Angst davor, ihre Einzigartigkeit durch Außerirdische zu verlieren. Sie schaffen es nicht, diese geistige Blockade zu überspringen. Sie wollen es auch gar nicht. *Sie* sind es, die dogmatisch sind – nicht wir! Im übrigen dürfte Dogmatismus und Rechthaberei in der Wissenschaft nichts zu suchen haben. Eine dogmatische Wissenschaft – so und nicht anders ist es leider – wird zur Religion. Und die kann mir gestohlen bleiben!

*HH:* Abschließend bitte noch eine ganz persönliche Prognose: Wann dürfte sich eine Änderung des bisherigen Weltbildes auf *breitester* Basis vollziehen, und was wird – oder muß – hierzu noch alles geschehen?

*EvD:* Diese Änderung erfolgt bereits. Sie kommt auf leisen Sohlen und schleicht sich seit Jahren in die Medien und durch die Filme. (Man denke hier nur an den Kinofilm »Das Sternentor« oder die unglaublich erfolgreiche US-Serie »X-Files«; d. Verf.) Je mehr Planeten außerhalb unseres Sonnensystems entdeckt werden – um so besser! Je fortschrittlicher unsere Raumfahrttechnologie, die den Weg zu den Sternen zumindest theoretisch realisierbar macht – um so besser! Je mehr UFOs gesichtet werden und die Menschen zum Staunen bringen – um so besser! Je raffinierter unsere Gen-Technologie wird und dem Menschen verdeutlicht, was wir alles verändern können – um so besser! Je mehr Menschen reisen, Tempel besichtigen und über die religiösen Überlieferungen anderer Kulturen erfahren – um so besser! Und je mehr die großen Religionen und die dummen Sekten ins Schwimmen kommen, weil sie stupiden Glauben anstatt fundiertes Wissen fordern – um so besser!

Die Zeit wird tagtäglich reifer für ein neues Weltbild und eine Philosophie, die Außerirdische mitberücksichtigt. Und die Entdeckungen reißen nicht ab. Ich jedenfalls lasse die Medien nicht zur Ruhe kommen. Und die unvernünftige Kritik – nichts gegen die vernünftige! – läuft an mir ab wie Jauche an einer Marmorsäule.[115]

Dem ist nichts hinzuzufügen. Außer meinem innigsten Wunsch, daß der wehrhafte Schweizer »Götterforscher« noch recht lange gegen Ignoranz und Selbstgefälligkeit im Elfenbeinturm längst überholter Dogmen ankämpfen möge. Nur der *stete* Tropfen höhlt den Stein!

## Mikrotechnik – 300 000 Jahre alt!

Erinnern Sie sich noch an das Gedankenspiel vom Anfang dieses Kapitels? Ja, genau jenes mit dem Ereignis, das Ihr Weltbild endgültig aus den Angeln hebt. Zu guter Letzt möchte ich Ihnen nämlich hier noch von einer in Rußland gemachten, ganz und gar exotischen Entdeckung berichten. Die ganze Angelegenheit ist derart grotesk, daß ich auf eine Veröffentlichung gerne verzichtet hätte – gäbe es da nicht Fotografien (s. Bilder 30 und 31) sowie Untersuchungen, die an mehreren Forschungsinstituten durchgeführt worden sind. Die Analysen dauern derzeit noch immer an, denn zu schockierend sind die Erkenntnisse, die bisher gewonnen wurden.

Um die Landung eines Raumschiffes geht es hier jedenfalls nicht – wenigstens um keine, die in unseren Tagen erfolgt wäre.

Dafür geht es um Artefakte einer uns völlig unbegreiflichen Technologie, zu der wir wahrscheinlich erst in ein paar Jahren fähig sein werden.

In den Jahren 1991 bis 1993 fanden Goldsucher am Flüßchen Narada, am östlichen Rand des Ural-Gebirges, sonderbare, meist spiralförmige Gegenstände. Die Größe dieser Objekte variierte von maximal drei Zentimeter bis 0,003 Millimeter. Bis zum heutigen Tag wurden an verschiedenen Fundorten nahe der Flüsse Narada, Kozhim und Balbanju sowie an zwei Bächen mit Namen Wetwisty und Lapchewozh Tausende dieser unerklärlichen Artefakte entdeckt. Meistens in einer Tiefe, die zwischen drei und zwölf Metern liegt. Geologen datierten diese Schichten auf ein Alter von 20 000 bis 318 000 Jahre! Nach der gängigen Datierungsmethode ist das mitten im Pleistozän, der älteren Formation des jüngsten Erdzeitalters *Quartär*.

Die spiralenförmigen Gegenstände bestehen aus verschiedenen Metallen: Die größeren aus Kupfer, die kleineren hingegen aus den seltenen Metallen *Wolfram* und *Molybdän*. Wolfram hat ein hohes Atomgewicht, dazu eine sehr hohe Dichte; sein Schmelzpunkt liegt bei 3410 Grad Celsius. Verwendet wird es vorwiegend zur Härtung von Spezialstählen, unlegiert für Glühfäden von Lampen. Molybdän besitzt gleichfalls eine hohe Dichte, dessen Schmelzpunkt liegt jedoch »nur« bei 2650 Grad Celsius. Auch dieses Metall wird zur Härtung und Veredelung von Stählen verwendet, in der Hauptsache zur Herstellung von hochbelasteten Waffenteilen und Panzerplatten.

## Unerklärliche Technologie

Mit der Untersuchung dieser mehr als mysteriösen Gegenstände wurde zwischenzeitlich die Russische Akademie der Wissenschaften in Syktywkar (der Hauptstadt der vormaligen Autonomen Sowjetrepublik Komi), in Moskau und in St. Petersburg betraut sowie ein wissenschaftliches Institut im finnischen Helsinki. Genaue Messungen an jenen oft mikroskopisch kleinen Objekten haben ergeben, daß das Teilungsverhältnis der »Spiralen« im sogenannten *Goldenen Schnitt* steht. Dieser gilt seit dem klassischen Altertum als

»ehernes Gesetz« in Geometrie und Architektur. Er kommt zur Anwendung, wenn sich bei der Teilung einer Strecke in zwei Abschnitte die ganze Strecke zum größeren Abschnitt genauso verhält wie dieser zum kleineren.

Abgesehen von solchen Feinheiten wecken diese offensichtlichen Produkte einer höchst unerklärlichen Technologie seltsame Assoziationen zu hypermodernen Steuerelementen, die in mikro-miniaturisierten Apparaturen ihren Dienst versehen. Diese Technik steckt noch in den Kinderschuhen, verfolgt jedoch hochgesteckte Ziele. So wird unter anderem an die Konstruktion von Mikro-Sonden für den medizinischen Einsatz gedacht, beispielsweise für Operationen im Inneren von Blutgefäßen.

Welcher Einsatzzweck war wohl jenem Objekt zugedacht, welches in 100facher Vergrößerung in Abbildung 31 des Bildteiles in diesem Buch wiedergegeben ist? Es ist schier unglaublich: Der Meßstrich unter dem ohne Zweifel technischen Artefakt entspricht einer Länge von 200 µ – das sind nicht mehr als 0,2 Millimeter! Alle Untersuchungen, die bisher vorgenommen wurden, attestieren den Funden ein Alter zwischen 20 000 und 318 000 Jahren – je nach Tiefe der Fundstelle.[116] Und selbst wenn es »nur« 2000 oder 3000 Jahre wären, stellt sich die peinliche Frage: Wer um alles in der Welt war zur Anfertigung solch super-filigraner Mikrotechnik fähig, die *wir* in unseren Tagen gerade erst zu realisieren beginnen?

Waren es wieder die »Götter«, die unbeirrt ihr »Experiment Erde« über Jahrmillionen fortsetzten? Und welchem Zweck dienten die »Spiralen« vom Ural, die uns staunend mit einer Technologie konfrontieren, die wir eben erst (wieder-)entdecken? Die jene Außerirdischen bereits beherrschten, als das Leben auf unserem Planeten noch in den Anfängen steckte…

## Der Kreis schließt sich

Wir haben uns aufgemacht, die ersten Schritte auf einem Weg zu gehen, der uns aller Wahrscheinlichkeit nach in dieselbe Situation führen wird, in der sich die »Prä-Astronauten« am Morgen unserer Zeiten befanden. Jene kosmischen Reisenden aus uns fremden Zivilisationen, die unsere Wege durch unvorstellbare Zeiträume nicht nur begleitet haben, sondern vielmehr durch ihr Eingreifen erst für uns die Möglichkeiten schufen, eigene Wege zu gehen. Wahrscheinlich werden wir ihr Handeln in jenem Moment besser verstehen lernen, wenn auch wir
- interstellare Raumfahrt zu betreiben in der Lage sind,
- dabei auf ferne Planeten mit erdähnlichen Lebensbedingungen stoßen,
- eine dort lebende, hominide Rasse nach unserem Ebenbild gentechnisch manipulieren und damit einen Sprung in der natürlichen Evolution bewirken,
- oder gar selbst als »Götter« Gott spielen und – wie in einem gigantischen Labor – die Entwicklung allen Lebens in die von uns gewünschte Richtung dirigieren.
Dann hat sich der Kreis geschlossen.

# Noch ein paar Gedanken
zum Schluß …

Da auch Sie diesen Schritt gewagt haben hinter jene Tür zum Unbekannten, im Begriff sind, ein deutlich gewandeltes Weltbild zu erkennen, bitte ich Sie doch, eines zu bedenken:

Es ist noch immer *unsere* Welt, unsere kleine, zerbrechliche blaue Kugel in den ungeheuren Weiten des Alls – auch wenn wir nun so manches mit völlig anderen Augen sehen. Selbst wenn wir unsere ganze Existenz einigen experimentierfreudigen »Göttern« zu verdanken haben, dürfen wir keinem wie auch immer gearteten Fatalismus anheim fallen. Wir wurden auf einen Weg geschickt, dessen Irrungen und Windungen wohl ähnlich verlaufen mögen wie bei jenem, den unsere Urväter aus den Tiefen des Kosmos lange vor uns gegangen sind. Doch wir müssen ihn selbst gehen! Dabei keinen Moment außer acht lassen, daß wir verdammt auf der Hut sein müssen, wollen wir nicht in einer Sackgasse oder gar im »Aus« landen. Denn der größte Feind des Menschen ist nun mal – der Mensch selbst!

An dieser Stelle möchte ich Sie wieder um den Gefallen bitten, es mich wissen zu lassen, wenn Sie von ungewöhnlichen Dingen erfahren haben oder direkt mit ihnen konfrontiert wurden. Mit Dingen, die mit unserem Vorstellungsvermögen kaum noch zu begreifen sind, unser althergebrachtes Weltbild aus den Angeln zu heben vermögen. Bitte schreiben Sie an:

Hartwig Hausdorf
c/o Buchverlage Langen Müller Herbig
Thomas-Wimmer-Ring 11
D-80539 München

Und sollten Sie ganz allgemein an der hier behandelten Thematik interessiert sein, möchte ich Ihnen last but not least die ANCIENT ASTRONAUT SOCIETY – kurz AAS genannt – vorstellen.
Ihr Ziel ist das Sammeln, Austauschen und Publizieren von Indizien, die geeignet sind, folgende Ideen zu unterstützen:
– In vorgeschichtlicher Zeit (und auch später noch) erhielt unsere Erde Besuch aus dem Weltall.
– Die gegenwärtige technische Zivilisation auf diesem Planeten ist nicht die erste.
– Oder beide Theorien kombiniert.
Die Mitgliedschaft in der ANCIENT ASTRONAUT SOCIETY steht jedermann offen. Im Zweimonatsabstand gibt sie ein Mitteilungsblatt heraus, das aktuell über neueste Erkenntnisse berichtet: Die »ANCIENT SKIES«. Die AAS organisiert auch Studienreisen zu interessanten archäologischen Fundplätzen, an die Stätten der Bücher ihrer Autoren. Es finden regelmäßig internationale Kongresse und nationale Tagungen statt.
Die AAS besitzt im deutschsprachigen Raum bereits über 8000 Mitglieder. Weitere Informationen über die AAS fordern Sie bitte an bei:

Ancient Astronaut Society
CH-3803 Beatenberg
Schweiz

Herzlichst
*Hartwig Hausdorf*

# Begriffserklärungen

*Bedroom-Visitor* (zu deutsch:»Schlafzimmer-Besucher«). Ein bei der ganzen Entführungs-Thematik recht verbreitetes Szenario, in dessen Verlauf die unbekannten, mutmaßlich außerirdischen Besucher unvermittelt im Schlafzimmer des Betroffenen auftauchen. In der Psychologie ist es seit längerem bekannt, es wurde dem Phänomen jedoch früher nie eine besondere Bedeutung beigemessen. Man hielt es für eine Täuschung, ausgelöst im Zwischenbereich von Wachsein und Schlaf. Erst die zahlreichen Fälle im Zusammenhang mit Abduktionen lassen vermuten, daß das Bedroom-Visitor-Phänomen auch auf der physischen Ebene abläuft – also durchaus realen Charakter besitzt!

*C 14-(Kohlenstoff 14-)Methode.* Dieses auch Radiokarbon-Methode genannte Verfahren dient zur Altersbestimmung organischer Reste. Es beruht auf der Annahme, daß das Mengenverhältnis von stabilem Kohlenstoff $C^{12}$ und dem durch Höhenstrahlung aus dem Stickstoff erzeugten, radioaktiven $C^{14}$ konstant ist. Nach dem Tod des Organismus wird kein Kohlenstoff mehr aufgenommen, und das ursprüngliche Mengenverhältnis verschiebt sich durch das mit einer Halbwertszeit von 5589 Jahren zerfallende Isotop $C^{14}$ zugunsten von $C^{12}$. Dieses Verhältnis kann bestimmt werden, woraus sich das Alter der Probe errechnen läßt.
Die C 14-Methode ist nicht unumstritten, da in früheren Zeiten das Mengenverhältnis $C^{14}$ zu $C^{12}$ ohne weiteres anders gewesen sein kann als heute. Auch kann das Ergebnis verfälscht werden: Am Rand einer Autobahn geschnittene Pflanzen, nach der Radiokarbon-Methode datiert, würden durch den »Überhang« an $C^{12}$ ein Alter von vielen tausend Jahren vortäuschen. Altersbe-

stimmungen nach dieser Methode sollten also stets mit Vorsicht behandelt werden.

*Cargo-Kulte* (von der englischen Bezeichnung für Fracht bzw. Ware). Weltweit anzutreffende, jedoch besonders häufig im asiatisch-pazifischen Raum registrierte Handlungsweisen eingeborener Populationen nach der Konfrontation mit Vertretern höher zivilisierter Kulturen. In den vierziger Jahren waren dies überwiegend Kontakte mit Truppenteilen der alliierten Kriegsparteien im Zuge der Kampfhandlungen des Zweiten Weltkrieges. Das führte dazu, daß jene noch auf einer sehr primitiven Entwicklungsstufe stehenden Eingeborenen die Fremden imitierten, im Extremfall sogar die Ausrüstung wie Funkanlagen, Antennen, ja selbst Flugzeuge aus Bambus und Stroh nachbauten. Alles in der Hoffnung, daß auch ihnen die Reichtümer der fremden Wesen – jenes *Cargo* – zuteil würde.

Wenn nun unsere Vorfahren in grauer Vorzeit ihre Begegnungen mit Vertretern hochentwickelter außerirdischer Zivilisationen ebenso falsch interpretiert hätten? Dann ließe sich die Entstehung scheinbar sinnloser Rituale – die ihre Fortsetzung bis in die Liturgie heutiger Religionen gefunden haben – auf sehr reale Begebenheiten zurückführen. Nämlich auf mißverstandene Technologie!

*Decemvirn* (oder Decemviri, lat. »zehn Männer«). Altrömisches Magistratskollegium, bestehend aus zehn gewählten Mitgliedern. Die Decemvirn besaßen im Imperium Romanum außerordentliche legislative wie auch exekutive Vollmachten.

*Desoxyribonukleinsäure (DNS)*. Die DNS ist die Trägersubstanz aller genetischen Informationen. Phosphorsäure, Zucker und daran angekoppelte Phosphorsäurebasen bilden zusammen eine Struktur, die einer zur Doppelspirale (»Doppel-Helix«) verdrillten Strickleiter ähnelt. Die beiden »Stricke« der Leiter sind abwechselnd aus Phosphatgruppen und aus Zuckermolekülen aufgebaut. Die »Sprossen« hingegen bestehen aus organischen Basen

und verbinden die sich jeweils gegenüberliegenden Zucker-
moleküle. Die Abfolge der vier unterschiedlichen Basenarten
(Adenin, Guanin, Cytosin und Thymin), von denen je zwei zur
Paarbildung tendieren, liefert den genetischen Code. In diesem
sind sämtliche Informationen für den Aufbau und die Entwicklung des betreffenden Lebewesens gespeichert.

*Entropie.* Physikalischer Begriff aus der Wärmelehre, der mit der
Richtung des Verlaufes eines Prozesses zusammenhängt. Nach
traditioneller Lehrmeinung kann die von Druck, Temperatur
und Volumen abhängige Größe der Entropie bei einem in der
Natur möglichen Vorgang nur zunehmen, nicht abnehmen, wodurch die Richtung derartiger Vorgänge festgelegt scheint. Die
Entropie gibt den irreversiblen Anteil bei einer Zustandsände-
rung eines Systems an, hängt außerdem mit dem Begriff der
Wahrscheinlichkeit physikalischer Zustände zusammen. Das
Gesetz von der Zunahme der Entropie wird auf die (theoreti-
sche) Annahme gestützt, daß in der Natur stets der Zustand an-
gestrebt wird, der unter sämtlichen denkbaren Möglichkeiten
die größte Wahrscheinlichkeit besitzt: Der Zustand größter Un-
geordnetheit.

*Fortianische Phänomene.* Nach Charles Hoy Fort (1874 bis 1932),
der in seinen Büchern als erster den Versuch gemacht hat, nicht in
das gültige Weltbild passende Erscheinungen zu sammeln und dem
Leser zu präsentieren. Aufgrund seiner in lebenslänglicher Arbeit
angelegten Dokumentation von Anomalien und Regelwidrigkeiten
im naturwissenschaftlichen Paradigma gelang ihm die Definition
vieler bis dahin verdrängter phänomenaler Realitäten, wie etwa
Frosch- und Fischregen, der Teleportation und sogar unbekannter
fliegender Objekte. In Forts Werken kam auch die Theorie des Besuches außerirdischer Intelligenzen in Vergangenheit und Gegenwart zur Sprache, so daß man ihn mit gutem Recht als frühen Vertreter der Präastronautik-Theorie bezeichnen könnte. Im angel-
sächsischen Sprachraum weiter verbreitet, erschließt sich das ge-
sammelte Material dieses »kosmologischen Revolutionärs« erst in

den letzten Jahren zunehmend auch den Lesern im deutschen Sprachraum.

*Hallstattzeit.* In der klassischen Archäologie die ältere Eisenzeit, welche auf die Bronzezeit folgte und der Latène-Periode vorausging. Sie wird zwischen 800 und 500 v. Chr. datiert, und wurde nach dem ersten Fundort (Hallstatt im österreichischen Salzkammergut) benannt, der mit ungewöhnlich reichhaltigen Funden aufwarten konnte.

*Hypnotische Regression.* Um an vermutlich verschüttete Erinnerungsinhalte zu gelangen, werden UFO-Entführungsopfer mittels Hypnose zum Zeitpunkt ihrer Abduktion zurückgeführt. Das Opfer lebt den Vorfall nochmals in allen Einzelheiten durch. Auf diese Weise kommen häufig weitere Details aus dem Unterbewußtsein zum Vorschein, an die sich die Zielperson im Wachzustand nicht mehr erinnern kann. Bedeutung erfuhr die Hypnoseregression bereits in vergangener Zeit bei der Rückführung in mutmaßliche frühere Leben der Versuchspersonen (Reinkarnation).

*Immunreaktion.* Speziell in der Transplantations-Chirurgie auftretendes Problem der Unverträglichkeit körperfremden Gewebes. Wird ein fremdes Organ, zum Beispiel ein Herz, verpflanzt, so kann durch Immunreaktion die Abstoßung des übertragenen Organs ausgelöst werden, was dann in der Regel zum Tode des Patienten führt. An dieser Unverträglichkeit scheiterten die ersten Herztransplantationen zu Ende der sechziger Jahre. Heute wird meistens durch Verabreichung starker Medikamente diese Immunreaktion unterdrückt, wodurch dann allerdings das Immunsystem zum Teil gravierend geschwächt wird.

*Implantate.* Ein nicht unerheblicher Anteil der Entführungsopfer berichtet, während der von fremden Wesen an ihnen durchgeführten medizinischen Untersuchungen kleine, sondenartige Apparaturen in ihren Körper eingesetzt bekommen zu haben. Dies sei oft durch die Nase geschehen, wobei es nachgewiesenermaßen oft zu unerklärlichem Nasenbluten gekommen ist. Mittlerweile konnten einige dieser sehr sonderbaren Objekte auf Röntgenbildern dargestellt, ja sogar herausoperiert und fotografiert werden.

*Interstellare Raumfahrt* bedeutet die Fortbewegung zwischen den verschiedenen Fixsternen (Sonnen) in den Weiten des Alls. Alle bisher von den Raumfahrt betreibenden Nationen durchgeführten, bemannten Missionen waren jedoch nichts anderes als Bewegungen im unmittelbaren erdnahen Raum, noch nicht einmal interplanetarische Flüge. Das (momentane) Unvermögen, interstellare Raumfahrt zu betreiben, führen Kritiker der Paläo-Seti-Theorie gerade als Argument gegen mögliche Besuche Außerirdischer ins Feld. Dabei wird jedoch nur unser momentaner Stand der Technik auch auf mögliche extraterrestrische Zivilisationen ausgedehnt, ohne in Betracht zu ziehen, daß jene über technische Möglichkeiten verfügen könnten, die jenseits unseres Vorstellungsvermögens liegen. Und das um so mehr, wenn diese Zivilisationen der unseren um hunderte, wenn nicht gar tausende Jahre voraus wären!

*Isotope* sind chemische Elemente derselben Ordnungszahl, jedoch verschiedener Massenzahlen, in vielen Fällen auch unterschiedlicher Radioaktivität. In chemischer Hinsicht verhalten sich die Isotope eines Elements gleich und werden mit dem gleichen Symbol bezeichnet. Die Erscheinung, daß die meisten Elemente eigentlich keine einheitlichen Stoffe sind, sondern Gemische von Isotopen, wird als Isotopie bezeichnet. Dies erklärt, warum die Atomgewichte der verschiedenen chemischen Elemente zueinander nicht im Verhältnis ganzer Zahlen stehen, wie etwa beim Uran (238,03), das als Isotop $U^{235}$ wie auch $U^{238}$ vorkommt.

*Ordnungszahl.* Auch Kernladungszahl genannt, gibt sie für chemische Elemente sowohl die Anzahl der Protonen (+) im Atomkern, als auch die der Elektronen (−) in der Elektronenhülle an. Die Ordnungszahl legt darüber hinaus die Position eines Elements im Periodensystem fest. Die niedrigste Ordnungszahl hat der Wasserstoff (H = 1), die höchste der natürlichen Elemente besitzt das Uran (U = 92). Höhere Ordnungszahlen belegen noch die sogenannten Transurane, die jedoch in der Natur nicht vorkommen.

*Paläo-Seti-Hypothese* (SETI, von Search for Extraterrestrial Intelligence): Paläo-Seti ist die Suche nach Hinweisen, die den Besuch außerirdischer Intelligenzen in vor- und frühgeschichtlichen Zeiten belegen sollen. Es mehren sich zudem die Anzeichen, daß die Einflußnahme jener Entitäten sowohl bereits in erdgeschichtlichen Zeiten begonnen haben, als auch sich bis in unsere Tage fortsetzen.

Als prominentester Vertreter der Paläo-Seti-Hypothese gilt der Schweizer Bestsellerautor Erich von Däniken. Obwohl schon vorher von Desmond Leslie (Großbritannien) oder Professor M. Agrest (ehem. Sowjetunion) als spekulative Möglichkeit geäußert, gebührt Erich von Däniken unzweifelhaft der Verdienst, diese in keinerlei Widerspruch zu gültigen Naturgesetzen stehende Hypothese weltweit bekannt und diskussionsfähig gemacht zu haben.

*Steinzeit.* In der konservativen Archäologie die Zeit der vorgeschichtlichen Kulturen vor der Entdeckung der Metalle. Man unterteilt die Steinzeit in drei Hauptabschnitte: Paläolithikum (Altsteinzeit), Mesolithikum (Mittelsteinzeit) und Neolithikum (Jungsteinzeit). Der Beginn der Altsteinzeit wird etwa auf zwischen 1 Million und 600 000 Jahre v. u. Z. datiert, das Ende der Jungsteinzeit in Europa um etwa 1800 v. Chr. Zahlreiche, nicht in unser Weltbild passende Funde aus diesem Zeitraum lassen jedoch Zweifel an der traditionellen Betrachtungsweise angeraten sein. Nach der Theorie von außerirdischen Besuchen seit frühesten Zeiten dürften mehrere genetische Manipulationen in diese Periode fallen, deren Ziel die »Züchtung« des Homo sapiens aus den auf diesem Planeten heimischen Frühhominiden war.

*Unheimliche Begegnungen der 4. Art* (auch: CE-4-Erlebnisse oder Abductions). Im Gegensatz zu bloßen Begegnungen *mit,* handelt es sich hier um vollendet ausgeführte Entführungen durch offenbar nichtirdische Wesen. Diese werden in der Regel als grauhäutige und kleinwüchsige Humanoiden beschrieben, nicht größer als ca. 1,20 bis 1,50 Meter. Derartige Entführungen erleben meist einzelne Personen, seltenen Berichten zufolge wurden auch mehrere Personen gleichzeitig (Familien) in ein offenbar außerirdisches Flugobjekt verschleppt. Symptomatisch für all diese Entführungs-Traumata sind medizinische Experimente, in deren Mittelpunkt oft künstlich durchgeführte Befruchtungen stehen, welche zur Schaffung einer Hybrid-(= Misch-)Rasse zwischen Außerirdischen und Menschen führen könnten. Diese Entführungen sind ein weltweit auftretendes Phänomen.

*Zeitdilatation.* Im Jahre 1905 erstmalig von Albert Einstein (1879–1955) beschriebener Effekt, den ein Raumflug mit annähernder Lichtgeschwindigkeit (c = 300 000 km/sec) auf die Insassen des Raumschiffes haben würde. Die Zeit für die Raumfahrer verginge – relativ zu den auf der Erde Zurückgebliebenen – wesentlich langsamer. Und dies um so mehr, je länger dieser relativistische Raumflug dauern würde. Die nachfolgende kleine Tabelle soll dies verdeutlichen:

| | |
|---|---|
| 10 Jahre im Raumschiff | 25 Jahre auf der Erde |
| 15 Jahre im Raumschiff | 80 Jahre auf der Erde |
| 20 Jahre im Raumschiff | 270 Jahre auf der Erde |
| 25 Jahre im Raumschiff | 910 Jahre auf der Erde |
| 30 Jahre im Raumschiff | 3100 Jahre auf der Erde |

Nun gibt es in zahlreichen Mythen rund um die Erde verblüffende Beschreibungen dieses Zeitverschiebungseffektes, die alle übereinstimmend besagen, daß Personen, welche – für ihre Begriffe – nur eine kurze Zeit von den »Göttern« entrückt waren, nach ihrer Wiederkehr keine lebenden Verwandten oder Freunde mehr antreffen konnten. Woher stammt dieses präzise Wissen um Vorgänge, die erst bei Annäherung an die Lichtgeschwindigkeit auftreten?

# Danksagung

Geschafft! Wieder einmal ist durch viele Recherchen und noch mehr Arbeit an der Schreibmaschine ein – wie ich hoffe – interessantes Werk entstanden. Doch was wäre der Autor ohne Hilfe jener Personen, die mit Rat und Tat zum Gelingen dieses Buches beigetragen haben? Ihnen hier meinen herzlichsten Dank auszusprechen, ist mir ein ganz besonderes Anliegen.

Dies gilt vor allem für Dr. h. c. Erich von Däniken und Dr. Johannes Fiebag, Peter Krassa und Reinhard Habeck, Uli Dopatka und Walter-Jörg Langbein, und für Wolfgang Siebenhaar – letzterem nicht nur für den Kompaß!

Ich danke Martin Jurik und Peter, unserem »guten Geist« in Bratislava, für deren Hilfe bei meinen Recherchen rund um die Geheimnisse der Karpaten. Ebenso John Roy Robert Searl und Herbert Schneider für ihr Vertrauen und ihre bereitwillige Unterstützung des exklusiven Kapitels über die bahnbrechenden Entdeckungen auf dem Sektor UFO-Technik.

Dank geht auch an meinem Freund Roland Fichtner für das Kuriosum »vor der Haustür« – wer wie ich ständig in der gesamten Welt unterwegs ist, übersieht schon mal Dinge, die sich beinahe vor der eigenen Nase abspielen. Und an Walter Kessler, der mich bereits auf mehreren Reisen begleitet und auch für dieses Buch wieder ein paar unvergleichliche Fotos beigesteuert hat. Sowie an Herrn Dr. Johann Dorner für seine Detektivarbeit rund um den »alten Lateiner« Julius Obsequinus.

Tief in der Schuld stehe ich bei Werner L. Forster und Valerij Ouvarov (Rußland), von denen ich buchstäblich in letzter Minute unglaublich sensationelles Material bekam.

Herzlichen Dank meinem Luxemburger Freund Rainer Holbe

251

für das »relaxte« Foto auf der Umschlagklappe. Es entstand während einer phantastischen Bootsfahrt auf der Vilaine in der Bretagne. Ebenso an Jutta Ostermaier, die wieder für einige der Illustrationen im Text sorgte.

Und was wäre ich ohne meine mittlerweile zahlreichen Leser in vielen Ländern: Die unzähligen Zuschriften mit Anerkennung und wertvollen Anregungen sind für mich der beste Ansporn, weiterzumachen!

Last but not least danke ich meinem Verleger, Herrn Dr. Herbert Fleissner und seiner rührigen Verlagsleiterin, Frau Dr. Brigitte Sinhuber. Auch dem ganzen an Produktion und Vertrieb beteiligten Verlagsteam möchte ich hier meinen innigsten Dank aussprechen. Und natürlich meinem Lektor Hermann Hemminger, der es wie kein Zweiter versteht, mich auf die Fährten der größten Rätsel und Geheimnisse dieser Welt anzusetzen.

*Hartwig Hausdorf*

# Dokumente

Die teilweise nur unter starker Vergrößerung erkennbaren, aus Wolfram, Molybdän und Kupfer bestehenden High-Tech-Artefakte aus dem Ural-Gebirge wurden bislang von drei der russischen Akademie der Wissenschaften angegliederten Instituten sowie einem Forschungsinstitut in Finnlands Hauptstadt Helsinki untersucht (vgl. Kapitel 10).

*Nachfolgende Seiten:*

Die Resultate der Laboruntersuchungen, vorgenommen vom *Zentralen Wissenschaftlichen Institut für Geologie und Metallurgie,* Warschauer Chaussée 129 b, Moskau. Unter dem Aktenzeichen 18/485 vom 29. November 1996 wird festgestellt, daß – abhängig von der Tiefe der geologischen Schichten am Fundort – die aufgefundenen Metallobjekte ein beträchtliches Alter aufweisen. Dieser Bericht spricht ihnen mindestens 100 000 Jahre zu, was bedeutet, daß die Artefakte auf keinen Fall unserer Kulturepoche zugeordnet werden können. Das Institut kommt – als wirklich einzige haltbare Erklärung – zu dem Schluß, daß die Fundstücke eine außerirdische technologische Herkunft haben! Weitere Untersuchungen dieser höchst mysteriösen Gegenstände sind im Gange.

КОМИТЕТ РОССИЙСКОЙ ФЕДЕРАЦИИ ПО
ГЕОЛОГИИ И ИСПОЛЬЗОВАНИЮ НЕДР «РОСКОМНЕДРА»

ЦЕНТРАЛЬНЫЙ
НАУЧНО-ИССЛЕДОВАТЕЛЬСКИЙ
ГЕОЛОГОРАЗВЕДОЧНЫЙ ИНСТИТУТ
ЦВЕТНЫХ И БЛАГОРОДНЫХ МЕТАЛЛОВ

ЦНИ
ГРИ

МОСКВА, 113545,
ВАРШАВСКОЕ ШОССЕ, 129«6»
ТЕЛЕФОН: (095) 313-18-18
ТЕЛЕТАЙП: 114142 АДУЛЯР
ФАКС: (095) 315-27-01
Р/С 208620 в АБ Интерпрогрессбанк,
г. Москва, МФО 201508
К/С 402161100 ГРКЦ ГУ ЦБ РФ
МФО 201791

Международный информационный
центр УИ "МИЦУФИ"

29. 11. 96 ___ № 18/485

на № _____ от _____

Направляем Вам результаты лабораторных исследований
W-образований из аллювиальных отложений р.Балбанью.

Ст.н.сотр. отдела
геологии,методов
поисков и экономики
россыпных месторож-
дений бл.металлов,
к.г-м.н.

Е.В.Матвеева

254

ЗАКЛЮЧЕНИЕ О НАХОДКАХ НИТЕВИДНЫХ ВОЛЬФРАМОВЫХ СПИРАЛЯХ
В АЛЛЮВИАЛЬНЫХ ОТЛОЖЕНИЯХ РЕКИ БАЛБАНЬЮ.

В период полевых работ ЦНИГРИ 1995 г. в районе нижнего течения р. Балбанью при опробовании аллювиальных золотоносных отложений из тяжелой фракции шлиха были получены два спиралевидных образца. Опробывался разрез аллювиальных отложений III надпойменной террасы левобережья р. Балбанью ориентировочно по буровой линии 108 (скв. 110-112). Здесь в целиковой стенке добычного карьера обнажены рыхлые отложения, представленные снизу вверх:

1. Структурная кора выветривания по переслаиванию известковистых и углеродсодержащих сланцев, серовато-голубовато-буро-желтая полосчатая видимой мощностью 0. 5 - 1 м.

2. Маломощные линзы (0-0. 2 м) плохо сортированного песчано-галечно-глинистого мелкощебнистого материала, который может представлять собой продукт перемыва 1 горизонта.

3. Валунно-галечные сероцветные отложения с разнозернистыми хорошо промытыми песками видимой мощностью 1-1. 7 м, представляющие собой объект исследований с точки зрения золотоносности.

4. Песчано-глинистые отложения с галькой, сероцветные, видимой мощностью 2 м, в верхней части нарушенные отвальными работами.

Шлих, содержащий спиралевидные объекты, характеризует валунно-галечные отложения 3 горизонта, которые по нашему мнению [Риндзюнская и др., 1988] представляют собой результат внутриседиментационного размыва полигенетической аккумулятивной толщи. Эти отложения могут быть датированы ориентировочно в 100 тыс. лет и отвечают низам микулинского горизонта верхнего плейстоцена.

Изучение микроморфологии проводилось на растровом электронном микроскопе JSM T-330 фирмы Jeol (Япония), состав исследуемых участков поверхности был изучен на энергодисперсионном анализаторе LinK AN -10000 (лаборатория биоматериалов НИИТ и ИО Минздравмедпрома РФ, аналитик Васин С. Л. )

При изучении вторичной минерализации прежде всего заметна ее общая четкая ориентировка по продольным ребрам спирали (рис. 1). Ориентировка отдельных кристаллов также совпадает с этим направлением (рис. 2). Такая закономерность говорит в пользу того что мы имеем дело с агрегатом в виде параллельных сростков множества кристаллических индивидов толщина которых составляет сотые доли мм., последнее хорошо объясняет ребристую боковую поверхность агрегата.

Синтетический вольфрам кристаллизуется в объемноцентрированной кубической решетке с периодом а = 3. 1647А. Природный вольфрам также обладает кубической симметрией с параметром ячейки а=3. 157 [Новгородова, 1995]. Однако нитевидная форма у минералов наблюдается вне зависимости от их состава, кристаллической структуры, типа химической связи, симметрии и фазового состояния минералообразующей среды. Примером этого служат самородные золото, серебро и медь [Малеев, 1971].

Правильность нашего предположения подтверждает снимок излома спирали на котором заметно, что внутреннее строение представлено пучком нитевидных индивидов толщиной каждого порядка 1 мкм (рис. 3) Подобные формы, в том числе и спирально закрученные, особенно широко известны у серебра. В большинстве случаев нитевидные кристаллы серебра встречаются в виде парралельных сростков множества индивидов толщина которых составляет сотые доли мм. , с ребристой боковой поверхностью [Малеев, 1971].

В этом случае дислокации боковых поверхностей действуют как центры зарождения новой фазы при распаде пересыщенного раствора или при разложении кристалла [Малеев, 1971]. На боковой поверхности спирали хорошо заметно как по мере перехода к внешней части нитевидные кристаллы, слагающие спираль, разлагаются на отдельные уплощенные участки из которых в дальнейшем развиваются более крупные, четкие кристаллы уплощенной, прямоугольной формы (рис. 4). При этом ориентировка их длинных осей является парралельной продольным ребрам. Размер их увеличивается по мере перехода от боковой к внешней части спирали. За счет более интенсивного роста грани (001) меняется форма, и в конечном итоге образуются крупные, пагодаобразные кристаллы со ступенями роста, приуроченые к гребню спирали (рис. 5).

Подобные формы могут образовываться при замене вершин куба входящими участками кубической формы (дефект роста). Такое развитие кубических граней описано на скелетных кристаллах пирита, кристалл в этом случае представлен крестообразными взаимно перпендекулярными пластинами [Шафрановский, 1968].

Форма вторичных кристаллов, как конусовидная пагодаобразная так и уплощенно прямоугольная объясняется, на наш взгляд, симметрией кристаллообразующей среды. Из-за нахождения растущего кристалла на "дне", питающие потоки поднимаются вверх или опускаются вниз перпендекулярно внешней части поверхности спирали. Такая среда обладает симметрией конуса (L P)[Шафрановский, 1968]. При этом внешняя форма кристалла сохраняет лишь одну ось и плоскости симметрии перпендикулярные к подстилающей поверхности и совпадающие с элементамии симметрии среды. При наиболее интенсивном росте в :направлении перпендекулярном крестообразнои плоскости (001), эта грань постепенно выклинивается, а кристалл принимает удлиненную,

Анализ поверхности образцов вольфрама N 1, 2 и 3 (спираль нити накала) проведен методом электронной оже- спектроскопии ЭОС на приборах ЛАС - 3000, оснащенном оже-спектрометром типа "цилиндрическое зеркало". ЭОС позволяет проводить неразрушающий анализ поверхности минералов с локальностью по глубине 5-20A в диапазоне детектируемых элементов от лития до трансурановых. Размер электронного зонда (анализируемая площадь поверхности) составляет 0,001-0,007 мм . Сочетание ЭОС с травлением поверхности образцов ионами аргона дает возможность проводить профильный анализ для изучения распределения и изменения химического состояния элементов на глубину. Условия съемки

оже-спектров следующие: энергия первичного электронного пучка Ep=3,0 кэВ, напряжения модуляции на внешнем цилиндре спектрометра - 2,5 В, вакуум в рабочей камере составил 5*10 торр., энергия ионного пучка - 2,0 кэВ при токе эмиссии 20 мА. Атомные концентрации элементов рассчитаны по стандартной формуле с использованием интенсивностей оже-пиков и коэффициентов элементной чувствительности и приведены в таблице.

О б р. N1 (т и п I). После очистки поверхности образца ионным пучком в течении 20 мин. в спектре фиксируются пики W, C и O - рис. 1. После глубокого травления (60 мин.) содержание W возросло более чем в 2 раза, а количество C и O уменьшилось в 1,6 и 1,4 раза соответственно - рис. 2. По характерной форме низкоэнергетичной части оже-пика углерода можно заключить, что этот элемент находится в виде карбида (карбид вольфрама). Дальнейшее ионное травление не привело к каким-либо существенным изменением в составе поверхности образца.

О б р. N2 (т и п II). На рис. 3 и 4 показаны оже-спектры поверхности образца после 20 и 60 мин. травление соответственно. Как следует из полученных спектров и расчетов атомных концентраций элементов заметных различий между обр. 1 и 2 не наблюдается.

О б р. N3. (с п и р а л ь н и т и н а к а л а). Из приведенных на рис. 5 и 6 оже-спектров нити накала видно, что на нее поверхности также присутствует карбид вольфрама. Содержание кислорода после 20 мин. травления почти в три раза меньше, чем на поверхности обр. 1 и 2. После 60 мин. травления кислород на поверхности данного образца не фиксируется.

Таким образом, из полученных результатов следует, что обр. 1 и 2 претерпели изменение в гипергенных условиях, выразившиеся в гидролизе и окислении их поверхности, о чем свидетельствует повышенное содержание кислорода в приповерхностных слоях этих образцов относительно обр. 3.

конусную, форму (рис. 6).

Для вторичных кристаллов растущих на боковой поверхности спирали потоки раствора будут двигаться вверх или вниз вдоль этой плоскости. В этом случае симметрия питающей среды характеризуется наличием одной единственной плоскости симметрии -P-m (симметрия "стрелы или потока"). Т. е. кристалл растущий в этих условиях может сохранить в симметрии своей внешней формы лишь одну плоскость симметрии или же окажется вовсе лишенным симметрии. Именно такие уплощенные формы наблюдаются на боковой поверхности спирали (рис. 5).

Состав вторичных кристаллов, как уплощенных прямоугольных, так и пагодаобразных, представлен чистым вольфрамом (рис. 7, 8).

Кристаллические новообразования на поверхности нитевидных агрегатов самородного вольфрама свидетельствуют о необычных условиях в верхнеплейстоценовых аллювиальных отложениях. Возраст отложений и условия отбора проб делает маловероятным предположение о том, что источником необычных нитевидных кристаллов вольфрама послужила техногенная космическая зараженность, обусловленная прохождением над Полярным Уралом трассы запуска ракет с космодрома "Плесецк". Приведенные данные позволяют поставить вопрос о их "внеземном" техногенном происхождении.

СПИСОК ЛИТЕРАТУРЫ

Геолого-геоморфологические основы поисков и прогнозирования россыпей на Урале. Коми научный центр УРО АН СССР, 1988 г. 109 с.

Малеев М. Н. Свойства и генезис природных нитевидных кристаллов и их агрегатов. Изд. "Наука" М., 1971 г.

Новгородова М. И и др. Самородный вольфрам с включениями оксида иттрия из аллювия р. Большая Полья (Приполярный Урал). ДАН РФ. 1995. Т. 340. N. 5. с. 681-684.

Новгородова М. И. Самородные металлы в гидротермальных рудах. М., Наука, 1983. 286 с.

Сокерин М. Ю. Находка W-Au-Hg-Pt соединений в аллювии реки Кожим. Геология и металлогения Приполярного Урала. Информационные материалы к совещанию. Сыктывкар. 1993 г., с. 57-58.

Шафрановский И. И. Лекции по кристалломорфологии. Изд. "Высшая школа" М., 1968. 172 с.

# Quellennachweis

1  Michel, Aimé: »Paleolithic UFO Shapes«, in: »Flying Saucer Review«, Mai/Juni 1970
2  Hausdorf, Hartwig und Krassa, Peter: »Satelliten der Götter. In Chinas verbotenen Zonen.« München 1995
3  Inman, Thomas: »Ancient Pagan and modern Christian Symbolism.« Maine/USA 1970
4  Branco, Renato C.: »Pre-Historia Brasileira.« São Paulo 1972
5  Schneider, Adolf: »Besucher aus dem All.« Freiburg 1974
6  Kolosimo, Peter: »Sie kamen von einem anderen Stern.« Wiesbaden 1969
7  Schillings, Willi: »Der Heringer-Teufel vom Müllertal«, in: »Ancient Skies«, 1/1994
8  Hausdorf, Hartwig: »Die weiße Pyramide. Außerirdische Spuren in Ostasien.« München 1994
9  Hadingham, Evan: »Ancient Carvings in Britain: A Mystery.« London 1974
10  McMann, Jean: »Rätsel der Steinzeit.« Augsburg 1990
11  Langbein, Walter-Jörg: »Das Rätsel der Steinverglasungen«, in: Däniken, Erich von (Hrsg.): »Kosmische Spuren.« München 1989
12  Däniken, Erich von: »Erinnerungen an die Zukunft.« Düsseldorf 1968
13  Baruffi, Carlo et al.: »Naquane: A History etched in Stone.« Bergamo 1989
14  Steinbauer, Friedrich: »Die Cargo-Kulte – Als religionsgeschichtliches und missionstheologisches Problem.« Erlangen 1971
15  Krassa, Peter und Habeck, Reinhard: »Die Palmblatt-Biblio-

thek – und andere geheimnisvolle Schauplätze dieser Welt.«
München 1993
16 Däniken, Erich von: »Auf den Spuren der All-Mächtigen.«
München 1993
17 Benützt wurde hier die 1964 vom Rat der Evangelischen Kirche in Deutschland (EKD) genehmigte Fassung der Bibel.
Württembergische Bibelanstalt, Stuttgart o.J.
18 Däniken, Erich von: »Prophet der Vergangenheit.« Düsseldorf 1979
19 Trump, D.: »Malta: An Archeological Guide.« London 1972
20 o.V.: »Rätselhafte Vergangenheit.« Augsburg 1992
21 Bushe, Karl-August: »Von den Anfängen der Schädeltrepanation bis zur Gehirnchirurgie heute«, in: Information der
bayerischen Julius-Maximilians-Universität. Würzburg 1983
22 Hein, Peter: »Häufigkeit, Verbreitung und Lokalisation der
Schädeltrepanation in der europäischen Vor- und Frühgeschichte.« Berlin 1959
23 Hillrichs, Hans Helmut (Hrsg.): »TERRA-X. Von den Step-
pen der Mongolen zu den Inseln über dem Regenwald.«
München 1991
24 Meschig, Rolf: »Zur Geschichte der Trepanation unter beson-
derer Berücksichtigung der Schädeloperationen bei den Kisii
im Hochland Westkenias.« Düsseldorf 1983
25 Feriz, Hans: »Schädelchirurgie im alten Peru.« k.A.
26 Kolosimo, Peter: »Woher wir kommen.« Wiesbaden 1972
27 Däniken, Erich von: »Aussaat und Kosmos.« Düsseldorf 1973
28 Fiebag, Johannes: »Die Anderen. Begegnungen mit einer
außerirdischen Intelligenz.« München 1993
29 Fiebag, Johannes: »Kontakt. UFO-Entführungen in Deutschland, Österreich und der Schweiz.« München 1994
30 Mack, John E.: »Entführt von Außerirdischen.« Essen 1995
31 Charroux, Robert: »Vergessene Welten.« Düsseldorf 1974
32 Wendt, Herbert: »Ehe die Sintflut kam.« Oldenburg 1965
33 Däniken, Erich von: »Die Spuren der Außerirdischen.« München 1990
34 Krassa, Peter: »Menschen vor 60 Millionen Jahren? Rätselhaf-

ter Fund in Rumänien stellt Geschichte auf den Kopf«, in: »Ancient Skies«, 1/1991

35 Günter, Martin: »Was uns die EU zwischen Messer und Gabel mogelt«, in: »raum & zeit«, Nr. 73/95

36 o.V.: »Diercke Weltatlas.« Braunschweig o.J.

37 Gheorghita, Florin: »Das Objekt von Aiud«, in: »Ancient Skies«, 3/1992

38 Bürgin, Luc: »Mondblitze. Unterdrückte Entdeckungen in Raumfahrt und Wissenschaft.« München 1994

39 Schrick, Armin: »Rätselhafter Fund in der UdSSR«, in: Däniken, Erich von (Hrsg.): »Kosmische Spuren.« München 1989

40 Dvorák, Pavel: »Odkryté Dejini. Dávnoveké Slovensko.« Bratislava 1974

41 Jurik, Martin: »Götterkriege in den Karpaten? Spekulation einer Möglichkeit«, in: »Explorer« 4/1994

42 Jurik, Martin: Persönliche Korrespondenz mit dem Autor vom 15. Februar 1995 und folgende

43 Jurik, Martin: Bisher unveröffentlichtes Manuskript über CE-4-Berichte in altslowakischen Mythen

44 zitiert aus: »Zeitschrift für Geschichte«, Band VI, Nr. 3. Bukarest 1967

45 Fuller, John: »Incident at Exeter.« New York 1968

46 Telefongespräch des Autors mit John Searl am 21. 12. 1995

47 Michel, Aimé: »The Truth about Flying Saucers.« London 1958

48 Schneider, Herbert: »Begegnung mit John R.R. Searl«, in: »raum & zeit«, Nr. 39, April/Mai 1989

49 Seike, Shinichi: »The Principles of Ultra Relativity.« Uwajima 1972

50 Buttlar, Johannes von: »Drachenwege. Strategien der Schöpfung.« München 1990

51 Marcus Tullius Cicero: »De Divinatione.« Leipzig 1975

52 Titus Livius: »Ab urbe condita. Liber I.« Stuttgart 1981

53 Titus Livius: »Ab urbe condita. Liber III.« Stuttgart 1981

54 Brookesmith, Peter (Hrsg.): »Lost and found.« London 1987

55 Titus Livius: »Ab urbe condita. Liber XXII.« Stuttgart 1981

56 Droysen, Johann Gustav:»Geschichte Alexander des Großen.« Leipzig 1833
57 o.V.:»Lexikon der alten Welt.« Zürich/Düsseldorf 1965
58 o.V.:»Pauly's Realencyclopädie der klassischen Altertums-
wissenschaft.« Stuttgart 1937
59 o.V.:»Der kleine Pauly.« München 1979
60 Leslie, D. und Adamski, G.:»Fliegende Untertassen sind gelandet.« Zürich 1955
61 Titus Livius:»Ab urbe condita. Liber IV.« Stuttgart 1981
62 Titus Livius:»Ab urbe condita. Liber V.« Stuttgart 1981
63 Fenoglio, A. und Pinotti, R.:»Cronista su Oggetti Volanti nel
Panato«, in:»Clypeus«, Anno III, Nr. 2. Turin 1967
64 Ritsch, V. und Tschernenko, M.:»Waren Besucher von anderen Sternen auf der Erde?«, in:»Russischer Digest«, 5/60
65 Lohse, Eduard:»Die Texte aus Qumran.« München 1964
66 Krassa, Peter:»Gott kam von den Sternen.« Berlin 1995
67 Krupkat, Günther:»Als die Götter starben.« Berlin 1967
68 Schlippe, Gunnar von:»Biblische Dokumente und die kosmische Astronautentheorie«, in: Khuon, Ernst von (Hrsg.):
»Waren die Götter Astronauten?« München 1970
69 Karst, Josef:»Eusebius' Werke – 5. Band. Die Chronik.«
Leipzig 1911
70 Mariette, Auguste:»Le Sérapéum de Memphis.« Paris 1857,
veröffentlicht von Gaston Maspera, 1882
71 Herodot:»Historia, Bücher I und II.« München 1963
72 Haß, Frauke:»Gen-Nahrung – Pfusch an Mutter Natur?«, in:
»Passauer Neue Presse«, vom 23. Februar 1995
73 Däniken, Erich von:»Wir sind alle Kinder der Götter.« München 1987
74 Langbein, Walter-Jörg:»Das Sphinx-Syndrom. Die Rückkehr
der Astronautengötter.« München 1995
75 Hausdorf, Hartwig:»Pyramiden in Chinas verbotenen
Zonen«, in:»Ancient Skies«, 2/1995
76 Summers, David M. and Cathie, Bruce L.:»No more denials.
Pyramids in China revealed«, in:»Exposure magazine«, Oct./
Nov. 1995

262

77  Coppens, Filip:»De piramides van China: Ze bestaan wel degelijk«, in:»Frontier 2000«, 1/1995

78  Schrader, Dietmar:»Reise zu den chinesischen Pyramiden«, in:»China heute«, Oktober 1996

79  Vega, Garcilaso de la:»Primera Parte de los Commentarios Reales.« Madrid 1723

80  Vega, G. de la:»Historia General de Perú.« Madrid 1722

81  Däniken, Erich von:»Zurück zu den Sternen.« Düsseldorf 1969

82  Charroux, R.:»Phantastische Vergangenheit.« München 1966

83  Bellamy, Hans S. und Allan, P.:»The Calendar of Tiahuanaco.« London 1956

84  Bellamy, Hans S. und Allan, P.:»The Great Idol of Tiahuanaco.« London 1959

85  Trimborn, H.:»Das alte Amerika.« Zürich 1959

86  Disselhoff, Hans-D.:»Geschichte der altamerikanischen Kulturen.« München 1953

87  Helfritz, Hans:»Südamerika. Präkolumbianische Hochkulturen.« Köln 1976

88  Boschke, F. L.:»Das Unerforschte.« Düsseldorf 1975

89  Hausdorf, Hartwig:»Puma Punku – ist der Raumflughafen auf dem Altiplano noch immer in Betrieb«, in:»UFO-Nachrichten«, 4/1996

90  »In Gräbern aus uralter Zeit: Tote von anderen Sternen«, in:»BILD«, 29. April 1975

91  Däniken, Erich von:»Reise nach Kiribati.« Düsseldorf 1981

92  Dünnenberger, Willi:»Außerirdische Leichen in Chile gefunden? Neue Recherchen zu einer alten Pressemeldung«, in:»Ancient Skies«, 2/1993

93  Hausdorf, Hartwig: »Tote von den Sternen. Das unheimliche Vermächtnis des Padre LePaige«, in:»UFO-Nachrichten«, 5/1996

94  Holliger, Edith:»Schon in der Steinzeit rollten Pillen.« Bern 1972

95  Dopatka, Ulrich:»Das Spiegelbild der Götter.« Bad Godesberg 1975

96  Däniken, Erich von: »Die Augen der Sphinx.« München 1989
97  Dopatka, Ulrich: »Lexikon der Außerirdischen Phänomene. Das Standardwerk der Präastronautik.« Bindlach 1992
98  »Klub Universal Lexikon.« Zürich 1969
99  Schmeil, Otto: »Der Mensch.« Heidelberg 1964
100 Lancelot, J. L. et al.: »A prehistoric nuclear reactor?«, in: »Earth and Planetary Science Letters«, Vol. 25, März 1975
101 Fiebag, Johannes: »Das Genesis-Projekt.« Vortrag anläßlich der Weltkonferenz der Ancient Astronaut Society in Bern am 18. August 1995
102 Achtnich, T.: »Fremde Welt der Ediacara-Fauna«, in. »Süddeutsche Zeitung«, 10. Mai 1984
103 Fiebag, Johannes: »Das Rätsel der Ediacara-Fauna«, in: Erich von Däniken (Hrsg.): »Kosmische Spuren.« München 1988
104 zitiert nach Erich von Däniken (Hrsg.): »Neue kosmische Spuren.« München 1992
105 Bylinski, Gene: »Life in Darwin's Universe. Evolution in the Cosmos.« New York 1981
106 »NASA-News«, Nr. 71 vom 9. Mai 1991
107 Däniken, Erich von: »Der jüngste Tag hat längst begonnen.« München 1995
108 Hennig, Edwin: »Gewesene Welten.« Zürich 1957
109 Loerzer, Sven: »Visionen und Prophezeiungen.« Augsburg 1995
110 Richards, James R.: »The Story of Human Life.« New York 1924
111 Foreman, H. J.: »The Story of Prophecies.« New York 1936
112 Hain, Walter: »Das Marsgesicht – und andere Geheimnisse des Roten Planeten.« München 1995
113 Pinotti, Roberto: »ETI, SETI und die Öffentlichkeit heute«, in: »Die Sterne«, Band 67, Heft 5, Leipzig 1991
114 »Kirche: Auch Außerirdische dürfen auf Erlösung hoffen«, in: »Süddeutsche Zeitung«, 22. August 1996
115 Interview mit Erich von Däniken vom 28. Januar 1996
116 Ouvarov, Valerij: Persönliche Mitteilung an den Autor vom 2. Oktober 1996

# Register

266

*Mit sensationellem, bisher noch nie veröffentlichtem Bildmaterial*

VORWORT: ERICH V. DÄNIKEN

HARTWIG HAUSDORF
# DIE WEISSE
AUSSERIRDISCHE SPUREN
# PYRAMIDE
IN OSTASIEN    LANGEN MÜLLER

**Langen Müller**

**R**ätselhafte Artefakte und Berichte aus Ostasien legen den Schluß nahe: Hier waren die »Götter« aus dem All über Jahrtausende hinweg besonders intensiv vertreten! Verblüffende Parallelen zu heutigen UFO-Fällen stützen die Annahme, daß die Nachfahren der »Himmelssöhne« zurückkehren.

*Unser Weltbild wird in Frage gestellt*

Hartwig Hausdorf
Peter Krassa

# Satelliten der Götter

In Chinas verbotenen Zonen

Langen Müller

**Langen Müller**

**D**en Autoren gelang es, als erste in bislang streng verbotene Zonen Chinas vorzudringen. Was beide an Bildern und Berichten mitbrachten, ist sensationell und atemberaubend wie kaum eine Dokumentation zuvor. Nun steht fest: Die »Götter« aus dem All hinterließen allgegenwärtige Spuren im Reich der Mitte.